农民教育问题初探

姜卫良　著

中国农业科学技术出版社

图书在版编目（CIP）数据

农民教育问题初探／姜卫良著．—北京：中国农业科学技术出版社，2011．1

ISBN 978-7-5116-0368-5

Ⅰ．①农…　Ⅱ．①姜…　Ⅲ．①乡村教育-研究-中国　Ⅳ．①G725

中国版本图书馆 CIP 数据核字（2010）第 245097 号

责任编辑　徐　毅
责任校对　贾晓红

出 版 者　中国农业科学技术出版社
北京市中关村南大街 12 号　邮编：100081
电　　话　（010）82106631（编辑室）（010）82109704（发行部）
（010）82109703（读者服务部）
传　　真　（010）82106636
网　　址　http://www.castp.cn
经 销 者　新华书店北京发行所
印 刷 者　山东旅科印务有限公司
开　　本　850 mm×1 168 mm　1/32
印　　张　13
字　　数　350 千字
版　　次　2011 年 1 月第 1 版　2011 年 1 月第 1 次印刷
定　　价　35.00 元

版权所有・翻印必究

序

当前我国已进入全面建设小康社会的关键时期，加快发展现代农业、建设社会主义新农村、推进城乡经济社会发展一体化，任务十分艰巨，工作十分繁重。新时期、新形势对广大农民的科学文化水平和思想道德素质提出了以往任何时期都高的要求，这就迫切要求各级农业广播电视学校继续深入贯彻科学发展观，秉承“不怕困难、勇于创新、奋发向上、超越自我”的农广精神，充分发挥体系优势、媒体优势和联合办学优势，突出抓好农民教育培训与科学普及、技术推广与信息传播服务，将农业职业教育、农业远程教育和农民科技培训有机结合，在推广农业新技术、普及科学知识、传播信息、宣传国家惠农政策等方面发挥积极作用。

山东省农业广播电视学校成立于1981年5月。近30年来，始终坚持服务“三农”的办学方向，创新性地开展工作，培养了大批农村实用人才和新型农民，为现代农业发展和社会主义新农村建设培养输送了大量人才，已发展成为齐鲁大地上覆盖面最广、规模最大的农村成人中等专业学校，为山东省农业农村经济发展作出了重要贡献。

姜卫良同志在主持山东省农广校工作期间，十分注重对农民教育培训的思考，主持和参与农民教育问题的课题研究，把实践探索与理论研究有机结合，推动了全省农民教育培训事业的发展。《农民教育问题初探》选编了姜卫良同志几年来撰写的文章和发表的讲话，从农村实用人才培养、农业职业教育、媒体资源建设、农村远程教育等内容和角度全面系统地分析了农民教育培训工作的现状、发展态势和面临的挑战，介绍了山东省农广校创新性开展工作的实践和经验。该书凝聚了姜卫良同志多年工作中积累的研究成果，也从一个侧面也反映出农广人在农民教育培训领域的辛勤耕耘和不断探索。

实践探索是理论研究的源泉和动力，理论研究反过来可以指导和推动实践的发展。希望广大农民教育培训工作者不断加强理论研究、实践探索和工作创新，不断破解农民教育培训事业发展中的理论问题和现实难题。

中央农广校常务副校长
农业部农民教育培训中心常务副主任

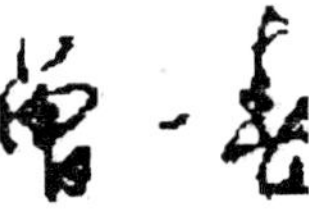

2010年10月

目　录

农村实用人才开发问题研究

胡锦涛总书记在党的十七大报告中指出：统筹城乡发展，推进社会主义新农村建设。解决好农业、农村、农民问题，事关全面建设小康社会大局，必须始终作为全党工作的重中之重。培育有文化、懂技术、会经营的新型农民，发挥亿万农民建设新农村的主体作用。报告指出：优先发展教育，建设人力资源强国。同时提出：发展远程教育和继续教育，建设全民学习、终身学习的学习型社会。

山东省国民经济发展“十一五”规划中明确提出，要“实施农村实用人才培养工程，培养一大批生产能手、能工巧匠、经营能人和乡村科技人员”。加快农村实用人才培养是建设现代农业的重要基础，农村实用人才开发是现代农业建设的重要支撑。加快农村实用人才培养是建设社会主义新农村的迫切要求。实现农民收入持续稳定增长，除了要按照“以工促农、以城带乡”的思路加大外部支持力度外，最关键的是要加快农村实用人才培养步伐，使广大农民提高自身具备市场经济知识、法律意识、民主意识，掌握各种专业技术和技能，推动农村经济的全面发展和农村社会的进步，满足新农村建设对农民的主体要求。

所谓农村实用人才，是指掌握一定技能，具有较强创业能力，既能带头致富，又能带领群众致富的“中心农户”和骨干农民，如专业大户、经营管理能人、能工巧匠、乡村科技人员。农村实用人才主要有如下一些类型：专业技能型，主要从事农业技术推广；经营管理型，主要从事大规模种养，是农村专业合作组织的带头人；市场营销型，主要从事瓜果，土特产等的购销经营；劳务输出型，不但自己走出去，而且以自己的成功，带出大批劳动力去打工，他们学会了经营管理和技术，很多人又回乡创业。具有乡土性、经营开发性、领头示范性、社会公益性的特征。

一、农村实用人才开发的重要性

对于人力资源与经济发展的关系，在联合国计划开发署1996年《人类发展报告》中有较为深入的分析。研究结论也表明，“投资于人力资本等无形资本的收益大大高于投资于自然资源开发、物质资本和有形资本的收益”。该报告还提出了“从人类发展到经济增长，从经济增长到人类发展”的双向分析回路。凡是人力资源丰富，人力资源开发利用较好的国家，其经济发展水平一般较高；而经济发展水平不高，落后的国家，一定与其人力资源质量不高，人力资源开发利用率低紧密相关。舒尔茨也有研究结论，“当代高收入国家的财富是由什么构成的？主要是人的能力。在美国国民收入的1/5来自物力资本即财产，而4/5来自人力资本。”农民是农业科学技术的直接运用者，他们对科学技术的接受程度和操作水平，直接关系到生产的结果。提高农民素质，能够促进农业科学技术的进步。因为在农民素质提高的过程中，能够产生更多的农业科学技术运用人才，产生出更多的高素质的熟练劳动者。农业技术能够进一步提高农业生产要素的生产率，改变原有的农业结构，促进经济增长与生态环境的改善，实现农业可持续发展。无论从社会生产对劳动者的要求来说，还是从社会生产的目的来说，劳动者素质的提高都是社会经济发展的首要条件。

统计资料表明，高素质的劳动力可以带来较高的收入。农民素质的高低通过对农业劳动生产率，农村劳动力转移和农民收入结构的影响与农民收入状况紧密地联系在一起。

（一）农民素质对农业劳动生产率的影响

在农业现代化的条件下，新的投入物不断增加，投入物的实物生产率也就不断变化，农民对这些新的机会进行判断，了解它们的性能，进行有效的组合，降低农产品的生产成本，以便获得更多的效益。具有较高素质的农民才具有这种能力。据联合国教科文组织统计，20 世纪 80 年代末具有小学文化程度的农民，可使劳动生产率提高 43%，中学文化程度可提高 108%，大学文化程度可提高 300%。可见高素质的劳动者其劳动生产率水平也较高。

（二）农民素质对农村劳动力转移的影响

在发展过程中，农业中存在着大量的剩余劳动力，要让农村剩余劳动力转移出去，就必须让他们掌握非农产业所必需的基本技能。文化程度越高，越易于学习和掌握先进的知识和技能，越易于为非农产业所吸纳。1998 年我国文盲半文盲、小学、初中、高中以上文化程度四类农民中，流向非农产业者占同等文化程度类型劳动力总数的比重分别为 4.69%、16.72%、38.46% 和 40.80%（根据 1998 年农村实有劳动力、农村剩余劳动力、农民家庭劳动力文化状况计算）。说明具有较高文化程度的农民更容易实现向乡镇企业和农村第二、第三产业的转移。农村的剩余劳动力离开农业，就可以扩大农民的人均资源占有量，从而也就可以提高农民的收入水平。

（三）农民素质对农民收入结构的影响

农业部 2006 年对中国农民大学函授学院问卷调查 368 户的抽样的结果，这一结果表明高中户比小学户人均收入多 333.5 元，高出 1.6 倍；初中户比小学户年人均收入多 249 元，高出

1.4 倍；小学户比文盲半文盲户人均多收入 73.9 元，高出 0.5 倍。以下表 1 是农业部 2005 年对不同区域的农民文化程度及农民人均收入进行的调查，其结果进一步说明了农民现有的知识和技术能力对其收入的高低具有直接的影响性，农民素质越高、文化程度越高其收入必然越多。

表 1　不同区域农民文化程度与农民人均收入的关系

（单位：元）

区　域	全　国	东　部	中　部	西　部
小学及小学以下	1 780.16	2 601.45	1 573.94	1 425.32
小学	2 275.38	3 009.17	1 853.75	1 822.75
初 中	2 592.43	3 455.16	2 012.81	2 022.49
高中及高中以上	2 757.78	3 600.89	2 212.04	2 086.03

二、农村实用人才开发的现状

（一）山东省农村实用人才队伍现状

山东是人口大省，幅员面积占全国的 1/60，人口却占全国的 1/14，其中农村人口 6 000多万，农村人力资源丰富。山东又是一个农业大省，农业增加值、农林牧副渔业总产值、农产品出口额、肉类产量、水产品产量、蔬菜产量、水果产量、油料产量等多项指标在全国居第一位。根据山东省农村实用人才资源统计调查，目前，全省共有各类农村人才 61.3 万人，其中，行政管理人才 20 535人，专业技术人才 109 938人，涉农企业经营管理人才 56 626人，各类农村实用人才 426 151人（详细情况见表 2，根据山东省农村实用人才开发研究调研组）。每百农户拥有农村实用人才 2.5 人。

表2　山东省农村实用人才推算表

项　　目	总计	女	40岁及以下	中专及以上学历
一、合计	426 151	15 134	196 685	30 749
其中：农民高级技师	1 201	283	494	847
农民技师	6 094	285	2 701	2 193
农民助理技师	5 083	355	2 113	2 045
农民技术员	35 445	2 407	14 218	6 274
二、生产能手	271 252	9 378	122 650	13 238
其中：种植能手	100 001	2 682	35 700	5 357
养殖能手	116 601	3 387	59 495	5 203
捕捞能手	2 819	141	1 410	282
加工能手	51 831	3 168	26 045	2 396
三、经营能人	115 214	4 552	53 435	13 420
其中：企业经营人才	80 340	3 202	38 749	9 953
农村经纪人	23 598	211	9 825	706
农民专业合作经济组织带头人	11 276	1 139	4 861	2 761
四、能工巧匠	39 685	1 204	20 600	4 091
其中：技能带动型人才	36 938	779	19 468	3 531
文体艺术类人才	2 747	425	1 132	560

从年龄结构看：40岁以下的农村实用人才196 685人，占46.15%。从性别结构看，农村实用人才中，男性411 017人，占96.45%；女性15 134人，占3.55%。

从取得技术职称情况看：农村实用人才中有47 823人取得农民技术职称，占总数的11.2%。其中，农民高级技师1 201人，农民技师6 094人，农民助理技师5 083人，农民技术员35 445人，分别占2.5%、12.8%、10.6%和74.1%（图1）。

从学历情况看：农村实用人才中，具有中专以上学历只有30 749人，占7.2%。

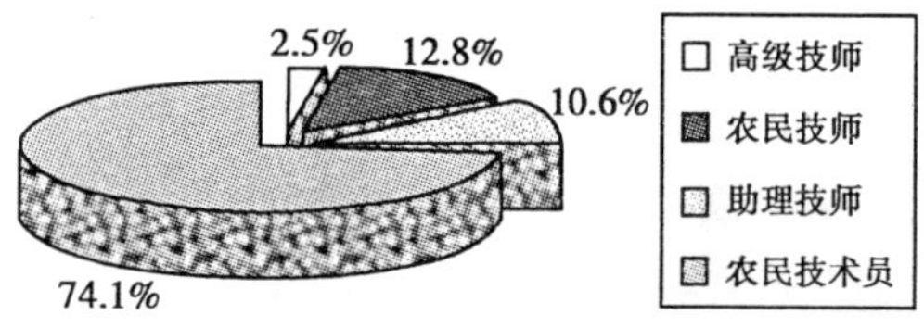

图1　农民取得技术职称情况图

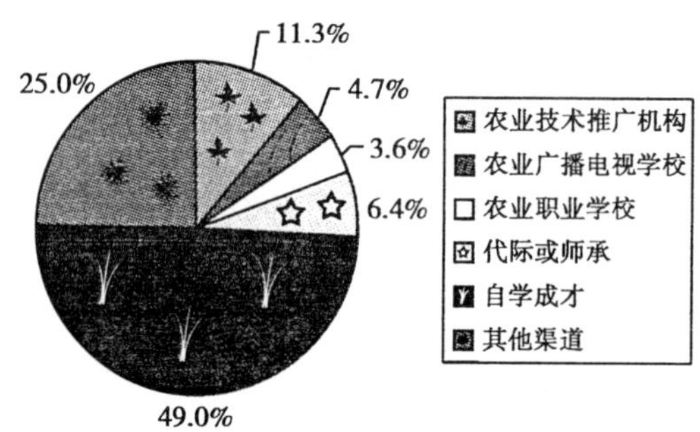

图2　农村实用人才成才渠道情况图

从农村实用人才培养渠道看：农业技术推广机构48 397人、农业广播电视学校20 016人、农业职业学校14 329人、代际或师承27 517人、自学成才208 868人、其他渠道107 024人，分别占11.3%、4.7%、3.6%、6.4%、49%和25%（图2）。

从农村实用人才从业类别看：生产能手271 252人，占63.7%，其中，种植能手100 001人、养殖能手116 601人、捕捞能手2 819人、加工能手51 831人，分别占36.9%、43%、1%、19.1%；经营能人115 214人，占26.9%，其中企业经营人才80 340人、农村经纪人23 598人、农民专业合作经济组织带头人11 276人，分别占69.6%、20.5%、9.9%；能工巧匠39 685人，占9.4%，其中技能带动型人才36 938人、文体艺术类人才2 747人，分别占93.1%、6.9%。

（二）农村实用人才开发的调查分析

为了全面掌握农村实用人才的实际状况和愿望要求，根据省农业厅在全省范围内发放的《社会主义新农村实用人才队伍建设调查统计表》，收集到有效调查问卷3 290份。从问卷涉及的18个问题中选择有代表性的六方面进行说明。

从年收入情况看：年收入1万元以下的农村实用人才898人，占27.3%；1万～5万元的1 537人，占46.7%；5万～10万元的566人，占17.2%；10万～50万元的200人，占6.1%；50万元以上的89人，占2.7%（图3）。

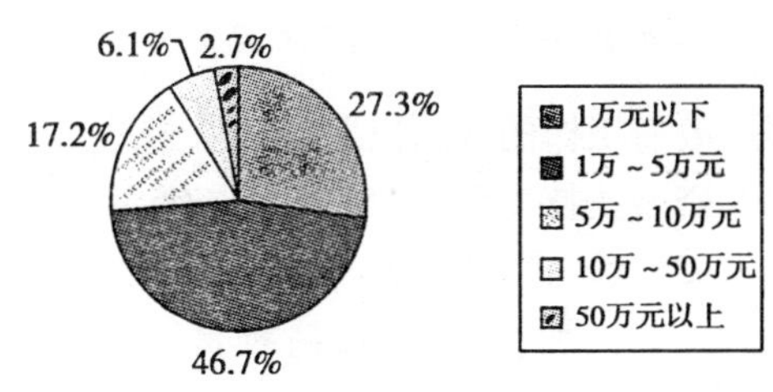

图3　农村实用人才年收入情况

从任职情况看：在村“两委”中任职的农村实用人才1 184人，占36%。

从政治面貌看：党员1 654人、占50.3%，团员319人、占9.7%，民主党派86人、占2.6%，无党派1 231人、占37.4%。

从发展的制约因素看：认为影响事业发展的主要因素依次是资金短缺2 157人、占65.6%，信息不畅1 337人、占40.6%，个人知识和技术不够1 304人、占40%。

由此可见，加大农村金融支持、健全社会化服务体系和加强知识技能培训是农村实用人才队伍建设的重点。

从发展保障的需求看：认为最需要的支持与帮助依次是资金扶持1 771人、占53.8%，技术培训1 181人、占35.9%，信息支持797人、占24.2%（图4）。

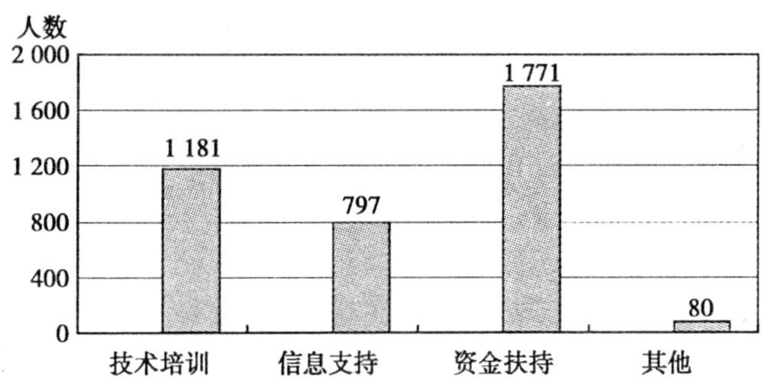

图4　最需要的支持和帮助情况

从对党委、政府工作的建议情况看：认为党委、政府最应该做的依次是加大资金扶持力度2 151人、占65.4%，加强技术和管理知识培训1 936人、占58.8%，提供与外地同行交流的机会1 028人、占31.3%，加大物质和精神激励力度972人、占29.5%等。

（三）农村实用人才开发的工作探索

山东省大力实施科教兴鲁和人才强省战略，省委、省政府在贯彻《中央关于推进社会主义新农村建设的若干意见》的实施意见中，明确提出，“到2010年，基本普及农村高中阶段教育，职业教育、继续教育全面发展，农村人口平均受教育程度9年以上，造就有文化、懂技术、会经营的新型农民”。《山东省“十一五”人才队伍建设总体思路及实施意见》把农村实用人才队伍建设作为人才队伍建设的主要任务之一，大力实施农村实用人才培养工程。全省近年来充分发挥各类农民培训机构主体作用，加大农村实用人才培训投入力度，大力实施绿色证书工程、阳光工程、新型农民科技培训工程等农村实用人才培训工程。

三、农村实用人才开发的矛盾分析

（一）农村实用人才开发与现实需求的矛盾分析

据统计，2004年，农村文盲率为10.7%，农民平均受教育年限不足7.7年，初中及以上文化程度的占39.1%，远低于城市人口65.4%的水平。正是“教育”的缺失，导致农民思想观念相对陈旧，整体素质普遍偏低。因此，培育新型农民，需要从教育入手。社会主义新农村建设，作为一项长期的艰巨的系统工程，不只是简单地通过建新屋、铺新路就能完成，它涉及到方方面面，既有经济发展问题，又有社会进步问题；既有产业结构调整层面的内容，又有体制改革深化层面的内容；既有科技手段的运用，又有经营方式的选择。因而，需要农民不断提高素质，以适应新农村建设任务的客观要求。只有新农村建设的主体素质提高了，农村的建设才能持续地进行并沿着科学发展观指引的轨道，快速、有效地推进，才能在低成本高效率、低能耗少污染的基础上，迅速发展农村生产力，全面发展农村各项社会事业，实现全面、协调、可持续发展，最终达到理想的“新面貌”。

人口素质与经济发展有很强的正相关性。经济社会的不断发展，对人口素质提出了越来越高的要求。但就目前来讲，农村人口在受教育年限、医疗水平、农村文化等方面，与城市相比，差距很大。从总体上说，与城乡协调发展和建设新农村的要求不相适应。

与城镇相比，农村教育比较落后，广大农民在教育方面的压力增大。农村教育水平的落后，直接导致城乡劳动力素质的差距。从广大农村的情况看，目前的突出问题是：第一，农村人口的受教育程度较低，农村职业教育发展滞后。据统计，农村劳动力中除农技人员外，具有一技之长的不足1%，绝大多数农村劳动力缺乏必要的专业知识。第二，教育资源城乡分配严重不平衡。例如，2002 年教育预算内经费用于农村的比例不到 30%。第三，教育费用的过快上涨，加大了广大农民的负担。例如，按农村生活费计算，在农村培养一个高中毕业生约需 2 万元，培养一个大学生则需 4.8 万元。据安徽省城调队对某县的调查，按 2004 年 2 668元的农村居民人均纯收入计算，培养一个大学生相当于该家庭一个劳力 18 年的纯收入。落后的文化阻碍了农民接受新知识，也十分不利于农民参与新农村建设。我国农村人口素质急待提高，农村实用人才开发尤为必要，凸显强化农村公共服务制肘。

城乡公共服务供给的严重失衡，使农村居民、尤其是农村贫困群体难以获得基本的公共服务，并由此导致农村最基本的生存权和发展权得不到保障，直接限制了农村人力资源的开发。2004 年，我国名义城乡收入差距为 3.2∶1，若把义务教育、基本医疗等社会保障因素考虑在内，有学者估计我国城乡实际收入差距已达 5 ~6∶1。按照这个分析，公共服务因素在城乡实际收入差距中的比例大概在 30% ~40% 左右。从广大农民最直接、最迫切需求的农村基本公共产品的供给方面得不到保障。

（二）农村劳动力的就业特点与农村实用人才开发的矛盾分析

耕地面积减少和农村人口的增长，新增劳动力数量增大，导致农村就业压力加大。根据临沂市的调查：农村人口多，总人口占全省的 1/9，农村劳动力占全省的 1/8 多，仅每年新增的农村劳动力就在 7 万人以上，到 2004 年，年新增加农村劳动力 9 万人以上。劳动力资源的增长远远超过了社会生产的需求，劳动力明显过剩。全市农村人均占有土地平均 1.3 亩，不仅不能与发达国家农业从业人员人均占有土地 120 亩以上的管理计算；与我国经济学家提出的稳定农民种植人均土地 4.6 亩的标准也相差很远，随着工业用地的不断增加，农民人均耕地每年减少，有的村农民人均耕地仅0.3亩。据课题组测算，全市以现在基本粗放式的土地种植方式，土地能容纳农村劳动力280万～300万人左右，除转移到非农行业的人员外，全市约有135万～150万农村富余劳动力，这不计农村处于季节性歇业的潜在的富余劳动力。富余劳动力占现有乡村从业人员总数的30%～32%，就业压力相当大。

农村富余劳动力的转移特点，决定了农村从业人口素质的严重下降。据临沂市统计局发布的数据：2004年上半年，全市已转移的农村劳动力总数达到167.9万人，其中，具有初中以上文化程度的占63.6%，小学及文盲文化程度占36.4%。年龄在18～40岁的占62.9%。应该说，率先转移外出务工的农村劳动力在农村中是文化素质较高，头脑灵活、适应能力强、年轻力壮的青壮年。即使是文盲，在农村中也属于比较灵巧的小能人。这部分人转移后，农村中的劳动力的文化程度更低。同时，20世纪80年代后出生的农村青年，虽然在离开家前甚至没有干过农活，但他们希望进城过城里人一样的生活，更多的是在城市中开阔眼界和寻找机会，已成为外出打工族的主力军。因此，农村中“40”“50”妇女劳动力比例增大。农村妇女劳动力在农业生产中占45%以上，已婚妇女劳动力成为了农业生产的主力，农业劳动的格局发生了根本的变化。

农村劳动力素质低，一方面难以接受科技知识，农业生产率难以提高，致使广大农村大多仍停留在传统的耕作模式上，农村劳动力退出农业生产的基础不稳；另一方面，由于劳动力素质低，适应不了非农产业的发展要求，农村劳动力进入非农产业比较困难。农村实用人才的开发难度更大。

（三）农村实用人才对科技知识的需求与现实矛盾的分析

2006年，根据枣庄市山亭区对农民教育培训需求进行的调研：有59.3%的农民愿意接受3天以内的培训，有32.1%的愿意接受4～15天的培训，仅有6.2%的人愿意接受30天以上的培训。有70.37%的农民期望接受短期培训。有85.2%的被调查农民愿意在本村接受教育培训，有74.1%的愿意在乡镇接受教育培训，愿意到县城或大城市接受教育培训的人仅占37%。农民大都愿意接受离家近的教育培训方式。

有67.9%的被调查农民能够接受的收费标准是20元以内，14.8%的人能够接受20～50元的标准，13.6%的人能够接受50～100元的标准，而100元以上的标准仅有3.7%的人能够接受。在调查的项目当中，有8.6%农民认为当前农民教育培训存在的主要问题是费用太高。在影响农民接受教育培训的主要因素方面，有24.7%的农民选择没有足够的钱来参加培训。

参加培训具有强烈的目的性。有85.19%的农民参加教育培训的目的是增加收入，有80.25%的人的目的是提高技能。另外，在农民期望接受的教育培训内容方面，种植业中，有69.1%的农民期望接受粮食种植的培训，有40.7%的人期望接受水果种植培训；养殖业中，有45.7%的人期望接受养羊相关技术培训，有35.8%的人期望接受养鸡培训；非农产业中，有32.1%期望接受农产品贮藏相关知识的培训，有27.1%的人期望接受农产品加工类的培训。这说明大多数农民愿意接受能够提高收入或提高技能的粮食种植、养羊等方面的教育培训。

在农民喜欢的教育培训方式方面：有69.1%的被调查农民喜欢面对面的授课方式，有81.5%的受调查农民喜欢现场指导实习的培训方式，有33.3%的人喜欢电视或广播的培训方式，而选择其他方式的人都不足10%。可以看出，大多数农民都选择现场指导和面对面的授课方式。

（四）农村实用人才开发的政策性、体制性因素分析

1. 农村实用人才培训力度不足

目前，相当数量的农村实用人才依赖于自我学习、自我成才、自我提高，处于一种自然成长状态，与农业和农村经济发展对农村实用人才的素质要求相比，农村实用人才的教育培训工作略显滞后。具体表现在：一是培训缺乏规划性。农村实用人才需求预测和发展规划还不够科学，培养开发上存在一定程度的盲目和无序，各种培训项目有时一哄而上，有时则形成断档。二是培训内容缺乏针对性。一些针对农村实用人才的培训多是政治理论和形势教育，缺乏对农业理论及技术的指导，导致实用人才感到学无所用，影响了参加培训的积极性。三是基层培训阵地建设滞后。部分县、市、区培训场所不足，条件简陋，缺乏必要的仪器设备，一些镇村的农民培训机构有名无实，不能发挥培训功能。四是培训资源没有充分整合。各有关部门分散掌握农村教育培训资源，缺乏有效的整合机制，存在着本来不多的投入分散和资源浪费现象。

2. 农村实用人才管理体制不完善

一是组织管理分散。农村实用人才的管理，涉及多个部门和单位，虽然在一些重大人才资源调查、培训开发工作项目中有关部门能协同配合，并较好地完成任务，但在一定程度上还存在条块分割、各自为战的局面。纵向管理系统中，市、县两级工作力度相对较大，乡镇和村两级相对薄弱。二是技术支撑乏力。部分地方的乡镇农技推广服务组织的建设和发展基本处于停顿状态，由于编制、经费等问题，新的专业对口的技术推广人才又进不来，断层现象严重。三是选拔机制不健全。各地对农村实用人才的选拔评定标准体系都在建设完善中，还未能达到科学明确的要求，选拔程序还不够严谨、规范。四是农村人才市场发育迟缓。市场培育力度不够大，农村人才市场建设步伐缓慢，与人力资源

市场化配置的发展趋势不相适应。

3. 政策扶持和资金投入力度不足

农村实用人才的培养开发投入不足。据统计，1993 年美国公共教育人均支出为1 172美元，法国为1 245美元，而我国只有9 美元，和印度尼西亚并列在 46 个对比国家和地区的最后，只相当于菲律宾的1/2，泰国的1/10。国家用于农村成人教育的经费不超过教育总经费的2%。总体上人均年教育经费不足 1 元。大部分地方对农村实用人才队伍建设工作资金投入不到位，能列出专项资金用于农村实用人才开发的地方则很少。资金的短缺已经成为农村实用人才队伍建设这项系统工程的短板，使得基层有关部门在人才和智力引进、人才培训、人才管理服务等方面显得力不从心，也使得越来越多的农村实用人才在扩大生产规模、改善生产条件时面临资金的制约。

四、农村实用人才开发的途径与措施

（一）制定科学合理的农村实用人才开发规划

加快开发我国农村人力资源，要突破旧的传统思路，要把农村实用人才开发放在整个农村经济与社会发展的总体目标中去研究。目前，我国 4.6 亿农村劳动力中，文盲、半文盲有 1 亿多人，占农业人口的 22.7%；小学文化程度的有 2 亿多人，占 45.5%。在每万名农业人口中，农业技术人员只有 7 人左右，农科大学生只有 1.2 人，只相当于美国的 0.58%，中国农村的现实状况决定了农村实用人才的开发必须建立在巩固提高农村劳动力的文化基础之上，称之为开发第一层次；在此基础上，有一定文化基础的庞大群体，有一定接受能力，也有提高生活水平的强烈愿望，开展优势项目培训，包括种植、养殖、社区服务等已经成为留守农业劳动者培训的中心内容，这应当是农村实用人才开发的第二层次；在相对发达地区，农业已经形成一些规模，例如，农作物（蔬菜）、经济作物（水果）、养殖等相对集中地区，农民要发展，需要联合起来，出现了农业规模化生产的发展趋势，规模化经营是对自给自足小农经济的超越，以社会分工为基本特征，出现了生产、营销、运输、加工等相互依赖、关系密切的分工与协作，社会分工越来越明显。这就要求对规模化生产的各个环节的从业人员提供满足其需求的各种培训，这应当是农业人才开发的第三层次；规模化经营发展的必然趋势是使中国农村经济从自给自足小农经济的桎梏中解脱出来，融入到市场经济的大潮中，在市场经济中谋生存、求发展，成为全球化的有机组成部分，生产规模、经营观念以及农村人力资源开发等问题都面临着世界经济一体化的考验。应对经济全球化挑战所产生的农村劳动力的创新意识、超前意识、民主意识、法律意识、风险意识和应变能力的农村实用人才开发与培训已经成为新的研究课题，称之为第四层次；农村经济社会发展的目标是实现农业现代化，把农民变成自我完善的新农民，建设社会主义的和谐新农村。建设学习型农村，构建农民终身教育体系成为第五层次。

要根据当地当时的阶段性特点，制定科学合理的农村实用人才开发规划。着眼全局和长远，研究制定农村实用人才开发的整体方案。对农村实用人才的预测分析，由于没有系统的历史资料和统一的统计标准，不能运用数理统计的方法进行相应分析预测。采用2004年全省农村实用人才抽样调查试点的有关数据，依据近几年农村实用人才数量增长的趋势，按每百农户现有2.5名实用人才，到2010年每百农户达到5名计算，全省农村实用人才总量将达120万人，年均培养量在10万人左右，应通过多渠道、多形式加快农村实用人才开发培养速度，以满足农村经济发展的需要。要着力培养五支队伍，培养建设新农村的带头人队伍，新农村建设的带头人包括乡村整个基层组织、党员干部，特别是村党支部和村委会；培养服务新农村建设的公益性岗位人才队伍，通过培养思想观念新、文化素质高、技术业务精、经营能力强的中高等实用型服务人才，打造一支服务于社会主义新农村公共事业建设的人才队伍。诸如：农村环境保护员、动物卫生防疫员、农村发展信息管理员、农村计划生育管理员、农村会计员、农村法律咨询员等；培养扎根农村、立志务农的农民骨干队伍，成为适应农业现代化要求的新型农民和今后农业发展的重要依靠力量；培养适应现代城市建设和农村经济发展需要的产业工人队伍，让走出农村的农民，适应现代城市、城镇的文明要求和生活节奏，最终融入市民行列；培养农民企业家和农村合作经济组织带头人队伍，将他们培养成掌握先进文化、技术和信息，能进行专业化生产和规模化经营的农民企业家，参与到建设社会主义新农村伟大历史进程中来。

（二）提高农村实用人才开发建设的战略地位的认识

要牢固树立农村实用人才是农业和农村经济社会发展的第一资源、第一资本、第一动力的理念；树立农村实用人才与党政管理人才、专业技术人才、经营管理人才同等重要的理念；树立不唯学历、不唯资历、不唯身份、不唯职称，注重实绩选人用人的理念。要把农村人力资源开发作为科教兴农和人才强农战略的重点。加快农村实用人才培养是构建社会主义和谐社会的有力措施。当前，在经济社会转型过程中，面临着就业压力加大、社会收入差距悬殊等问题，因此，必须树立人才资源是第一资源的观念，以加强农村实用人才队伍建设为着力点，以农村人才队伍建设为重点促进区域协调发展。

（三）构建农村实用人才培养服务体系

1. 整合培训资源，构建农民教育培训体系

要充分利用农业广播电视学校、农业职业院校、农业成人学校，充分利用电视教育、远程教育、网络教育等媒介，利用各级农业站所，来培养农村实用人才。建立层次分明、结构合理、布局科学、开放有序的农民教育体系，形成农业院校、农业科学院、农业技术推广中心、农业企业和农民合作组织多渠道、多形式、多层次的灵活有效的体系和机制，建立和完善高、中、初农民教育培训体系，加强农业行业领导和支持。同时，要树立大的农村实用人才开发培养观念，各级农业、教育、科技、科协等部门以及党委的领导协调是一个有机整体，必须加强农、科、教统筹协调，形成有效的合力，才能真正实现合理开发。

要充实培训力量。在建设好各类培训机构专职教师队伍的基础上，吸收分散在各涉农部门、高等院校和科研院所、农业技术推广中心、农业龙头企业的优秀科技人员，集中登记造册，建立农业技术师资信息库，组建农村实用人才培训讲师团，定期或不定期组织行业专家学者进行技术传授，弥补固定培训机构师资力量弱和专业门类不够齐全等方面的不足。

2. 改革培训形式，搭建培育新型农民的广阔平台

一是农民实用技术培训。农民实用技术培训主要是指针对农村从事农业生产的农民，围绕农民生产、生活的实际需要而开展的普及性培训、技术指导和宣传，解决农民最直接最关心的切实性、应时性问题。据调查显示，有一半以上的农民愿意接受短期内的单项实用技术培训。这部分农民主要希望通过短时间的培训，提高自己的生活、生产水平，增加农业效益和收入。实用技术培训的内容主要包括：农业实用技术、新成果新技术、农村政策法规、法律常识等，内容广泛。单项实用技术的培训主要依托各级农技推广、农广校，各类农民专业协会、农村经济合作组

织、当地龙头企业及关于农业的中介机构等，并且结合农时季节，根据农民的需求，采取举办科技大集、进村举办培训班、技术人员进村入户进行现场指导、向农民发放技术资料与农业科技小报等方式。同时，通过农村大喇叭、科技直通车和农业远程教育等多种形式对农民开展普及性培训。

二是劳动力转移职业技能培训。农村劳动力转移职业技能培训主要针对拟向非农产业和城镇转移的农村劳动力开展转移就业前的引导性培训和职业技能培训，提高农民的转移就业能力，实现稳定就业，增加收入。据调查，有33%的农民愿意接受1~3个月的综合技能培训，这部分农民一般具有初级文化基础，希望通过综合技能的培训，实现向第二、第三产业的转移。同时，还有一些农民愿意接受较长时间的学历教育或技能教育。这部分农民一般具有高中以上文化程度，其中较大部分为高考落榜生，他们希望通过继续教育，在外出务工时谋求一份好的工作。

三是农民创业培训。农民创业培训主要对具有创业欲望和基础条件的农民开展创业知识和创业能力培训，使农民经过培训能自主创业，逐步成为规模化生产、专业化经营的农场主或农民企业家。培训内容主要包括种养业、农业机械、农产品加工、农产品营销等领域的创业知识和创业能力训练。主要依托中高等农业职业院校、农广校，采取集中培训、分段学习、强化实践、跟踪服务的方式，以培养专业技能、创业能力、市场开拓能力、创新能力为核心，开展短期培训职业学历教育。

3. 创新培训内容，适应农民需求

农民对教育培训内容的需求是多方面、多层次的，要提高农民教育培训的针对性和适用性，农民科技教育培训的内容应从单纯的农业实用技术教育培训转向农民素质的全面提高。总体来说，农民教育培训内容可以分为农业内部内容和农业外部内容两大部分。

一是种植类。目前，我国仍有2亿多农民从事种植业的生产，总体上，仍然以家庭联产承包责任制为主，但在一些主要的产粮区，也出现了大规模的现代化农业生产。随着种植占地量的日益减少，农产品价格的上升，寻求高产、优质的农业生产，成了广大农民的目标。一是要增加内容的科技含量，鼓励农民采用新技术、新产品、新思路，转变传统的生产观念，促进农业的可持续发展；二是要增加关于经营方面的知识，引导农民转变经营方式，促进农业产业化、一体化结构的发展，实现规模经济，以增强市场竞争力；三是要根据国际市场的发展趋势，适应国际市场的发展要求，增加农民关于规格化、标准化的了解，经营适应性的农产品，提高农产品的国际竞争力。

二是养殖类。在对农民的教育培训中，应注意培养农民的科技意识，对其进行技术指导，并就目前国际、国内的形势予以引导，树立他们的竞争意识和品牌意识，通过加大养殖对象的科技含量、产品整体包装来获取更高的经济效益和社会效益，并制定相应的培训课程，对农民进行教育。

三是加工类。随着工业化进程的加快，农产品加工企业迅速发展，许多农产品实现了就地加工增值，针对这一农业背景，要求农民教育培训要与时俱进，适应农村加工业的发展，培养农民的创业能力，促进农村加工产业的发展。这样，一方面农产品加工企业对技术工人的数量需求增加，转移了农村剩余劳动力；另一方面，农民也从就地就近转移中增加了收入。

四是工程技术类内容。随着科学技术的发展，现代农业生产对工程技术人员的文化素质和技术水平要求越来越高，尤其是计算机技术、机电一体技术、自动化技术在农业中的广泛应用，要求工作人员必须具备很高的技术素质和知识水平，因此，将来的农业技术工人应具备综合技能素质。要建设社会主义新农村，就必须要培养造就一大批有知识、懂技术、会管理、善经营的新型农民，通过建立新型的培训制度，提升农民的科技素质。

五是社会服务类内容。社会服务类所包含的范围很广，如建筑、餐饮、娱乐、交通运输、文教卫生等。改革开放以来，我国的农村产业结构和农业劳动力结构发生了重大的变化，与之相适应，农民教育的内容与形式也应做出重大的调整。要准确、及时的根据农业产业结构和劳动力就业结构的调整、发展趋势，适时的做出调整安排，以满足广大农民发展的需求。

六是经济与管理类内容。长期以来广大农民处于自给自足的自然经济中，缺乏一定的市场经济知识，在国际市场的激烈竞争中，农民缺乏必要的应对措施。因此，教给农民一定的经济理论和管理知识，有助于帮助他们学会遵循市场经济规律以及生产力发展规律来组织生产、经营生产，优化农业经济结构，扩大农业经济规模，同时通过网络等现代化通信工具，及时的获取农业生产所需要的市场信息，以市场需求为导向来进行农业生产。

（四）完善工作机制，营造农村实用人才开发的环境

1. 完善农村实用人才储备机制

在调查摸底的基础上，统一信息统计格式，分门别类登记建档，建立起省、市、县、乡四级农村实用人才信息库，并将省级农村优秀实用人才纳入高层次人才库，实施重点管理。同时，建立后备人才库，将暂时不够突出但具有发展潜力的青年农民、完成初高中学业未能升学的毕业生以及退伍返乡的军人纳入信息库，形成可持续开发的资源优势。建立重要信息变动调整和统计年报制度，随时掌握农村实用人才的生存发展状况，为制定订科学的实用人才培养、使用规划，引导实用人才合理流动提供依据。

2. 完善农村实用人才开发机制

一是大力培育农村人才市场。适应农村实用人才高度分散性的特点，除在条件适宜的地方建立有形市场实行集中交流外，充分利用互联网优势，积极开辟无形市场，按照灵活机动、简易实

用的原则，开设“乡土人才超市”，实现技术、信息的及时交流和共享。要逐步建立和完善统一开放、竞争有序、城乡一体的人才市场，逐步取消城乡分割的就业政策，让农村实用人才和其他各类人才享有平等就业机会。要大力加强人才市场建设，建立农村实用人才信息库，建立健全农村实用人才市场网络。建立全国统一的劳动力大市场，加速农村剩余劳动力的有序转移。要制定相应的法律、法规，规范劳动力市场的健康运行，特别要在农村剩余劳动力的准入、权利保障和有序转移等方面制定法律规范。

二是大力扶持发展各类专业合作经济组织。鼓励农村优秀实用人才挑头创办协会和其他各类专业合作经济组织，指导其提升自主经营、民主管理、自我服务水平，通过优秀实用人才的示范带动作用，吸引更多的农民进入专业合作经济组织，使其迅速成长为有一技之长的人才。

三是大力推进农业产业化经营。以市场需求为导向，以龙头企业为依托，形成龙头带基地、基地联农户，产加销一体化，种养加一条龙的格局，在提高农民生产质量和效益的同时，促进农民参与经营、进入市场，在延长农业产业链条的过程中，不断提高他们的基本技能和致富本领，为他们的成长锻炼提供平台。

四是完善农村实用人才评价选拔激励机制。本着重能力、重业绩、突出农村实用人才在科技致富中的示范带动作用的原则，对现有的评定与晋升办法进行修改完善，使职称序列等级、评价标准、评定程序更加切合农村、农民实际，规范化、科学化水平有明显提升。加强协调配合，建立一套门类齐全的农村实用人才选拔标准，并实行动态调整，形成农村实用人才选拔常规机制。不断创新激励手段，注重多种激励手段的综合运用。对那些年纪较轻、技术素质较高的实用人才，通过教育培养，符合条件的及时吸收加入党组织，特别优秀的，通过合法程序选拔录用到村镇干部队伍中来。积极鼓励实用人才扩大生产经营规模、创办领办经济实体，并在资金、技术、用地、信息等方面给予倾斜和扶持。

3. 大力发展小城镇，促进农村人力资源开发、转移的良性循环

农村要实现跨越式发展，走中国特色的城镇化道路是必由之路。通过大力发展小城镇来加速我国城市化进程是切实可行的。通过推进农村城镇化，可以直接吸纳大批农村人口，特别是农村剩余劳动力；可以充分发挥城镇对农村辐射和带动效应，加速农业产业化和规模化经营；可以有效发挥城镇的聚集效应，发展服务业，全面改善和提高居民的生活水平和生活质量；可以提高生育的机会成本，从而有效控制人口的自然增长率，提高生育质量；可以大大提高人力资源的开发水平，并使农村人力资源的系统开发与有序转移形成良性循环。中国现代化的关键在于中国广大农村的现代化，而落后的中国农村要实现跨越式发展，关键又在于农村实用人才的开发。

（五）加大扶持力度，推动农村实用人才队伍发展壮大

1. 建立管理网络，健全服务体系

各级人事、农业、科技、教育、劳动等部门要立足实际，充分发挥专业职能作用，要建立和畅通的联系和沟通渠道，完善信息交流共享的机制。综合运用政策引导和资金扶持等措施，重点建设乡镇农技推广服务机构，完善市、县、乡、村四位一体的农业实用科技人才服务网络，增强试验、示范、培训、推广、经营等综合服务功能。以种养基地项目为载体，进一步完善农业技术人员开展技术承包和技术服务机制。加快乡镇公共信息网络建设，多渠道收集并及时发布农产品供求与价格信息。

2. 完善鼓励扶持创业的配套政策

认真贯彻落实中央、省、市出台的各项支农惠农政策，解决好农村实用人才在创业过程中遇到的土地流转、生产资料供应、

基础设施配套等方面的政策问题，对科技含量高、经济效益好的农村实用人才给予全方位重点扶持。引导农村金融机构制定有关规定，对实力强、资信好的农业企业和农村实用人才给予一定授信额度。要加大对农村实用人才创办产业化龙头企业的扶持力度，对领办农村合作经济组织和各类农民专业协会，从事农产品加工业、服务业、农村运销业的农村实用人才，在工商、税收、信贷等方面给予支持。探索高级专家库与农村实用人才库的对接机制，建立涉农专家联系优秀实用人才的制度，为农村实用人才创业发展提供有力保障。

3. 加大资金投入力度

加大农村实用人才队伍建设的投入力度。推行政府、社会、企业、个人相结合的多元化农村实用人才队伍建设投入模式。要加强农村实用人才培训基地建设，切实改善办学条件；加大农村实用人才队伍建设的政策扶持力度。要按照依法、自愿、有偿的原则引导土地向种养大户集中，让更多的实用人才脱颖而出，带动更多的农户致富。

（注：本文是2007年参加省委党校一年制中青班学习的毕业论文）

山东省农村实用人才队伍建设的调查与思考

山东省是人口大省，其中农村人口6 000多万，农村人力资源十分丰富。山东省又是一个农业大省，农业增加值、农林牧副渔业总产值、农产品出口额、肉类产量、水产品产量、蔬菜产量、水果产量、油料产量等多项指标居全国前列。农村经济发展和各项社会事业进步，人才是根本和关键。近年来，全省各级各部门大力实施人才强省战略，不断加大农村人力资源开发力度，培养造就了大批农村实用人才，他们立足本职，勤劳敬业，通过带头致富、技术推广、示范引导等方式，有力地推动了农村产业结构调整，促进了农业科学技术推广，带动了农村劳动力转移，加快了农业经营体制创新，是农业和农村经济社会持续健康发展的第一推动力。

一、农村实用人才队伍现状

（一）农村劳动力资源状况

根据统计，山东省农村劳动力资源总量为4 862.0万人。其中，男劳动力2 461.4万人，占50.6%；女劳动力2 400.6万人，占49.4%。农村劳动力资源中，20岁及以下61.3万人，占12.6%；21~30岁806.8万人，占16.6%；31~40岁1 113.4万人，占22.9%；41~50岁1 068.3万人，占22.0%；51岁及以上1 260.7万人，占25.9%。

农村劳动力资源中，文盲307.5万人，占6.3%；小学文化程度1 324.8万人，占27.2%；初中文化程度2 669.5万人，占54.9%；高中文化程度509.6万人，占10.5%；大专及以上文化程度50.7万人，占1.1%。

农村从业人员4 419.6万人，占农村劳动力资源总量的90.9%。其中，在第一产业就业的占67.2%（第一产业为2 970万人）；在第二产业就业的占17.6%；在第三产业就业的占15.2%。（第二、第三产业为1 449.6万人）

（二）农村实用人才队伍状况

根据2005年山东省农村实用人才资源抽样统计调查，全省共有各类农村实用人才426 151人。每百农户拥有农村实用人才2.5人。

从年龄结构看，40岁以下的农村实用人才196 685人，占46.15%。从性别结构看，农村实用人才中，男性411 017人，占96.45%；女性15 134人，占3.55%。

从取得技术职称情况看，农村实用人才中有47 823人取得农民技术职称，占总数的11.2%。其中农民高级技师1 201人，农民技师6 094人，农民助理技师5 083人，农民技术员35 445人，分别占2.5%、12.8%、10.6%和74.1%。

从学历情况看，农村实用人才中，具有中专以上学历只有30 749人，占7.2%。从农村实用人才培养渠道看，农业技术推广机构48 397人、农业广播电视学校20 016人、农业职业学校14 329人、代际或师承27 517人、自学成才208 868人、其他渠道107 024人，分别占11.3%、4.7%、3.6%、6.4%、49%和25%。

从农村实用人才从业类别看，生产能手271 252人，占63.7%，其中种植能手100 001人、养殖能手116 601人、捕捞能手2 819人、加工能手 51 831人，分别占 36.9%、43%、1%、19.1%；经营能人 115 214人，占 26.9%，其中企业经营人才 80 340人、农村经纪人 23 598人、农民专业合作经济组织带头人 11 276人，分别占69.6%、20.5%、9.9%；能工巧匠 39 685人，占9.4%，其中技能带动型人才 36 938人、文体艺术类人才 2 747人，分别占93.1%、6.9%。

二、农村实用人才队伍建设的主要做法

各级各部门把开发利用农村实用人才资源作为加快农业和农村经济发展的有力抓手，围绕农村实用人才的选拔、培养、管理和使用等环节，采取了一系列有针对性的措施，推动了农村实用人才队伍建设的快速发展。

（一）加强组织领导

为加强对农村实用人才工作的领导，山东省按照党委统一领导，组织部门牵头抓总，有关部门各司其职，密切配合，社会力量广泛参与的人才工作新格局的要求，初步形成了省委组织部、省人事厅、省农业厅及有关涉农部门密切配合的农村实用人才工作机制。为加强对培训工作的领导，全省各级都成立了政府统一领导，有关部门参与的农民培训组织协调机构，基本形成了上下配合、齐抓共管的工作局面，保障了农村实用人才培养的顺利开展。

（二）加强体系建设

健全完善的培训体系是开展农村实用人才培养的重要基础，近几年，全省农业系统着力构建三网合一的农村教育培训网络，即天网（卫星接收网）、地网（因特网）、人网（五级教育培训体系）。目前，全省 17 个市和98%的县（市、区）成立了农民（村）科技教育培训中心，省、市、县共设有农民（村）科技教

育培训中心127个，认定了500多个培训基地。卫星站已能顺利举办网络视频会议和培训班，省农业现代远程教育网已日趋完善，再加上全省已建成的88 931个农村党员干部现代远程教育接收站点，全省农村教育培训的无缝隙覆盖网络已初步形成。

（三）实施培养工程

农村实用人才队伍建设，关键在培训。近年来，围绕加大培训力度，按照农业部要求，积极整合培训资源，组织实施了各种培训工程。自1990年开始试点推广绿色证书工程以来，已累计培训150万人，有73万人取得了绿色证书。自2004年开展农村劳动力转移阳光培训工程以来，已培训各类实用人才93.9万人。新型农民科技培训工程共培养种、养、加等各类农村致富带头人110多万人，今年还利用新型农民科技培训资金，由省农业广播电视学校承担，实施农村实用人才创业培训试点工程，共培训创业农民1 550人。近30年农广校完成中专招生60万人，毕业45万人。

（四）加大政策扶持

为进一步加强农村人才队伍建设，在认真调研的基础上，今年，省委办公厅、省政府办公厅印发了《关于贯彻落实中办发［2007］24号文件精神实施山东省新农村人才资源开发“绿色行动”的意见》（鲁办发［2008］13号），明确提出，要注重发挥经济利益和社会荣誉的双重激励作用，建立政府奖励与社会奖励相结合的农村人才激励机制。建立“山东省乡村之星”选拔管理制度，每两年选拔一批，每批100名，由省政府命名表彰，并纳入全省高层次人才库，落实相关激励措施，实行重点联系服务。市、县（市、区）都要相应建立优秀农村人才选拔管理制度。对作出突出贡献的实行重奖。对政治素质好、贡献突出、群众公认的，积极支持进入各级人大、政协参政议政，优先推荐为村“两委”干部人选、劳动模范等。同时，全省还总结推广了肥城市实施农村党建“递进培养”工程的做法，“把致富能手中的优秀分子培养成党员，把勤劳致富的优秀党员培养成村干部，把党员干部培养成带头勤劳致富、带领群众共同致富的模范”，充分发挥农村人才的带头示范作用。采用这一做法，全省共选拔后备农村干部10万多名。潍坊、济宁等市制定了《优秀农村实用人才评选管理暂行办法》，对评选表彰的优秀农村实用提供扶持政策。潍坊市评选出50名市级优秀农村实用人才，享受与专业技术拔尖人才同等的政治、津贴和医疗保健待遇。济宁市评选表彰了200名市级优秀农村实用人才，每人奖励一台电脑。

（五）加大舆论宣传

充分利用各种媒体，采取多种形式，选树先进典型，广泛宣传优秀农村人才艰苦奋斗、带动致富的先进事迹，在全社会营造尊重、关心、爱护农村人才的良好氛围，是激励农村实用人才成长的重要手段。山东省寿光市孙家集街道办事处三元朱村党支部书记王乐义同志三十年如一日，艰苦奋斗，无私奉献，带动全村农民致富，足迹遍布了北方11个省、市，无偿推广冬暖式蔬菜大棚种植技术。为宣传王乐义同志的感人事迹，发挥典型人物的带动作用，2003年，山东省拍摄了五集电视连续剧《王乐义》，宣传其带动农村致富的先进事迹，在全省、全国引起强烈反响，省委专门下发文件号召全省广大干部群众向王乐义同志学习。省人事厅、农业厅在全省范围内组织开展了全省农民科技致富带头人、全省优秀农村人才评选表彰活动，并在《山东农业》、《农业知识》、山东农业信息网广泛宣传优秀农村实用人才创业致富的先进事迹。

三、农村实用人才队伍建设存在的问题

（一）对农村实用人才的重视程度还不够

从调查的情况看，农村实用人才队伍建设作为党管人才工作的一项重要内容，在一些地方和部门还没有引起足够重视，没有充分认识到农村实用人才在促进农村经济发展、解决“三农”问题中的决定性作用，没有把农村实用人才队伍建设工作摆到应有的位置，还存在“说起来重要，做起来次要”现象，组织指导较少，服务措施较少。

（二）农村实用人才总量少、结构不合理

一是人才总量不足。二是结构不够合理。种植、养殖两类实用人才比较集中，占总数的一半以上，而技能带动型人才只占8%左右，专业合作经济组织管理带头人仅占2.6%，多面手型的实用人才更是凤毛麟角，很难适应效益型、集约型、外向型农业产业化发展的需要。三是科技文化素质偏低。高中以下学历的农村实用人才占人才总数的90%以上，其中初中、小学文化程度的又占大多数，科技文化基础的薄弱给实用人才学习新知识、新技术和接受新事物带来障碍。

（三）政策扶持和资金投入力度不足

总体上看，对农村实用人才队伍建设工作资金投入不足，已经成为农村实用人才队伍建设的主要瓶颈。农村实用人才政策体系还不健全，特别是在农村实用人才的培养与使用、技术职称评定、人才市场建设等方面缺少得力的配套措施，严重制约着农村实用人才培养工作的发展。

（四）重人才务工输出，忽视本土人才开发

目前，农村青壮年农民大多走上了外出打工之路，不愿学农

务农，更不愿从事与农业生产相关的活动。虽然山东省的农村劳动力转移“阳光工程”为农村的劳动力转移作出了较大的贡献，但对本土人才开发无对应之策，使农村实用人才相对匮乏。

四、加强农村实用人才队伍建设的对策建议

（一）准确把握形势，制定科学合理的农村实用人才开发规划

要着眼全局和长远，研究制定农村实用人才开发的整体方案，制定出具体的发展计划和实施办法，提高规划的可操作性和成效的可检验性。

（二）完善农村实用人才队伍建设的政策措施

研究制定扶持农村实用人才成长的政策体系，在市场准入、税收、价格、投资、信贷、外贸、技术等方面向农村实用人才倾斜。建立完善科学的农村实用人才评价机制，使各类人才都能得到社会的认可，体现自己的价值。建立完善以业绩、品德、能力等为主要标准的选拔机制，科学认定农村实用人才。建立完善农村实用人才激励机制。不断创新激励手段，综合运用多种激励手段。

（三）健全以政府为主的多渠道投入机制

经费投入是农村实用人才开发的关键。发达国家农村人才开发之所以成效斐然，与各国政府的大力投入是密切相关的。许多西方国家在财政预算中都把农民教育培训经费作为重要内容，普遍实行对农民教育的“政府买单”。山东省下一步农村实用人才开发投入，也将援引这种模式，发挥财政在其中的主导作用。同时，要通过政策引导和市场化运作来筹集资金，鼓励和支持社会对农民教育的投入，建立社会化的经费筹措机制。特别是要出台专门的政策，督促农民工用工企业、农村经济合作组织等机构，

加大对农村实用人才开发的投入，使其在享受廉价劳动力的同时，履行应有的义务。

（四）加强农村实用人才培训体制建设

至少在短期内，大规模的农村实用人才支农不可能实现，因此，农村实用人才工作要把重点放在农民培训上。要根据农村培训开发的特点和规律，探索创新农村实用人才培训新模式，逐步形成“政府统筹、农业牵头、部门配合、体系培训、社会参与”的新型农村实用人才开发体制。突出农业科教系统在农民培训中的领头地位，建立依托农业院校、农业广播电视学校、农业科学院所、农民科技教育培训中心、农业企业和农民合作组织等机构的多层次的人才培训体系，提高农村实用人才培训的覆盖面。

（五）建立农民自我开发的利益激励机制

农村实用人才开发是要调动开发对象自我发展的欲望，要在激发农民成才欲望上下功夫，采取经济诱导的方式，对参加教育培训的农民实行补贴，调动和保护其参训的积极性。目前的农民职称以及相关证书（如绿色证书等）制度，因与职业前景和后续利益联系不大，缺少激励力度。应把教育培训与就业准入制度紧密结合起来，能在一定程度上增强农民参训的紧迫感和成才压力，提高农民参训的自觉性。

（本文为2008年10月参加农业部在昆明举办的农村实用人才高级研修班上的研修论文，与郭鹏同志合作完成）

对农业职业教育问题的认识与思考

农村、农业、农民问题始终是我国经济发展和社会进步的根本问题。我国有13亿人口，其中9亿多在农村，这是我国最基本的国情，也是农业职业教育要考虑的现实问题。改革和发展农业职业教育，不断提高广大农民的思想道德素质和科学文化素质，既是农民自身的要求，也是实现农业现代化乃至我国社会主义现代化建设的关键所在。我们应当清醒地看到，在农村和农业的发展过程中，农业职业教育还存在着许多不适应的地方，面临着许多新问题和新困难。因此，研究其存在和发展中面临的许多亟需解决的问题具有极其重要的现实意义。笔者从以下4个角度对农业职业教育进行思考，不当之处，敬请指正。

思考之一：农业职业教育的地位和作用不容忽视

从我国的国情看，职业教育仍需要积极发展。据2000年第五次全国人口普查数据测算，我国总人口中初中和小学文化程度的比例为69.64%，文盲率为6.72%，大专以上的比例为3.61%，远低于其他国家的平均水平，教育发展的重中之重还是要巩固和提高九年义务教育的普及水平。目前，我国是农业经济、工业经济、服务经济和知识经济等多种经济形态并存。从教育发展规划的角度考虑，我国2005年的高中阶段教育规模若扩大到4 800万人，每年毕业生达1 600万人左右，按照高等教育毛入学率超过15%测算，有300万人进入各类高校，还将有1 300

万人左右要通过职业教育和培训进入就业岗位。

从对农业的贡献上看，以山东为例，全省两处普通高等农业院校，一处成人高校13处普通中专学校。“九五”期间，培养硕士生、博士生457人，培养本专科生17 544人，分别比“八五”期间增长60%和47%。培养普通中专生31 000名，比“八五”期间增长65%。90%以上的县（市、区）开展了绿证教育工作，共培训学员近百万人，有36万人获得了绿色证书，培养了一支懂技术、善经营、会管理的农民技术骨干队伍。自1999年开始开展跨世纪青年农民培训工程试点工作，共安排国家级省级试点县37个，两年来共培训青年农民13万人（次），推广200多项农业实用技术。人才的大规模培养，提升了整个的农业生产力水平，2001年，山东省农业经济继续保持良好发展势头，除粮食因调减面积减产外，棉、油、瓜、菜、果、肉、蛋、奶产量和农民人均纯收入均有不同程度增长。全省农林牧渔业总产值2 454亿元，增长4.2%，其中农业产值1 416亿元，增长4.4%，牧业产值627亿元，增长5.2%。农林牧渔业增加值1 359亿元，增长4.2%。农民人均纯收入2 805元，增长5%以上。农业科技贡献率不断增加，“六五”、“七五”、“八五”和“九五”期间的农业科技贡献率逐步上升，分别为27%、35%、42%和50%，目前已达50%以上。可以这样说，农业职业教育的发展，对农业科技的发展、对农业生产力水平的提高起到了积极的推动作用，而且，随着我国已经成为世界贸易组织的成员国，对农业人才的培养上提出了新的挑战。

从国外农业职业教育的启示看，长期以来，我国在发展职业教育的问题上，思想观念上始终存在着误区，认为职校生低人一等，只能做些简单的、重复性的工作，或者认为应让高考落榜生接受高职教育等，这都是对职业教育的错误认识。职业教育与普通教育的主要区别在于：各自的培养目标不同，侧重点不同。职业教育是以能力为本位的教育，以培养实用型、技能型人才为目的，培养面向生产第一线所急需的技术、管理、服务人才。经济发达的英、美、德等国，不仅没有摒弃职业教育，反而下大力气对职业教育的内容进行改革，由原来的岗位技能培训转向综合职业能力培养。像英国的核心能力培训，德国的基础职业能力培训等都是顺应这一趋势的而产生的培训单位。在美国，职业教育也改变了传统的职业技能训练模式，使之成为思考力（thinking skill）培养课程的一部分，重新构筑职业教育。使职业教育重新焕发了勃勃生机。

思考之二：农业职业教育的发展正处于转型期，有挑战，也有机遇

改革开放20年来，我国农村产业结构已经发生了很大变化，第一产业下降，第二、第三产业上升是其主要表现和根本趋势，截至1997年底，乡镇企业已经吸纳了103亿农村剩余劳动力，而且这一趋势还要进一步扩展。产业结构的调整带来了农村经济、社会、文化结构的变化，并且带动了整个社会结构的变化，尤其是乡镇企业和小城镇的崛起，不仅给已有的农村教育体系带来了新挑战、新问题，而且为其提供了新条件、新机遇。因而，农业、农村、农民的教育体系的变化就是理所当然的了。在某种程度上可以说，农科专业的萎缩是社会发展的现阶段的必然，是社会进步的一种具体体现。但另一方面我们应该注意到，目前农科专业的变动幅度过大，超出了农业、农村结构调整所能承受的范围，造成了农村职业教育大面积“滑坡”。农业类学科的调整和削减不应过于集中，这不仅关系到农业教育问题，而且关系到农业的可持续发展问题，甚至关系到整个社会稳定的大局。因而，目前农业职业技术教育的全面萎缩虽然与整个社会发展趋势相一致，但这只是问题的一个方面，并不能说农村业职业教育不存在其他问题，恰恰相反，是其他问题的存在加剧了问题的严重程度。农业职业教育出现不正常滑坡现像真正原因还要到其他方面去寻找。传统意义上的农业职业教育在滑坡，农业职业教育的发展处于转型期，许多农业中专学校在地方政府的干预下，或与其他院校合并为综合性学院，或升格为高职学院，中专层次能够保留的只是少数。但这并非原先我们所说的根据区域、产业、基础条件最终保留的3～5所农业中专学校。如山东省，原有的13所农业中专学校，聊城农校于1999年被并入聊城师范学院，2001～2002年先后有临沂农校、昌潍农校、滨州农校、东营农校、菏泽农校、泰安农校与其他当地院校合并，2002年省畜牧兽医学校单独晋升高职。截至目前，山东省农业中专学校仅剩济南农校、济宁农校、烟台农校、德州农校、枣庄农校5所学校，其中，省部级重点仅有2所（济宁农校和烟台农校）。原有农业职业教育的重要层次（中专）面临前所未有的挑战。

从内部看，面临着“三大难点”。

（一）招生难

以2001年分析，山东省农业中专实际招生5 450人，招生计划为11 650人，12所农业中专学校（不包括聊城和日照的农业中专学校）的招生能力为12 100人，所完成招生数只有招生计划的47%和招生能力的45%。其中招生人数不及100人的有2所（济南农校62人，泰安农校25人）；200～400人的有7所（烟台农校300人，济宁农校310人，昌潍农校200人，东营农校340人，滨州农校400人，枣庄农校274人，德州农校239人）；600～900人的有2所（临沂农校600人，菏泽农校900人）；超过1 000人的只有省畜牧兽医学校，达到1 800人。“八五”期间那种办学红火的局面已难再现。

（二）办学难

生源少使得教育成本相对较高，一些新型、先进的教学设备无法购进，一些先进的、科学的教学手段无法应用，绝大多数的农业职业中专也是依靠“八五”期间积累的家底在维持、支撑，更谈不上发展。目前，农业中专学校的教育资源重组中，有些是政府部门根据规划进行的调整，但有相当一部分学校是由于办学难以为继，例如：泰安农校、滨洲农校、东营农校等。现在仍然办学的 5 所学校中，济南农校、枣庄农校、德州农校也是步履维艰，只有老牌中专烟台农校、济宁农校办学基本可以维持，但烟台农校也是把办学的相当一部分精力放在了与中国农大的联合办学上，济宁农校也存在着较大的办学隐患。

（三）农字类毕业生就业难

近年来，农字类毕业生就业相对困难。从就业率统计看，2000 年农业工程类、森林资源类毕业生初次就业率不足 60%。农业中专毕业生一次就业率不足 50%。其主要原因：一是受传统观念的影响和“干部身份”的束缚；二是农业规模经营及农民组织化程度不高，使得吸纳毕业生的能力不足；三是农技推广等事业单位受到编制的制约；四是农业院校专业设置老化，与实际需要脱节；五是毕业生怕艰苦，不愿到基层就业。农业职业学校普遍成立毕业生就业专门机构，通过联合办学，与用人单位签订安置协议等办法，提高毕业生就业率，但效果很不理想。

从外部看，当前农业职业教育受 4 个方面的影响。

（一）宏观经济的影响

职业教育与经济联系最为密切。在一定意义上说，职业教育是经济的晴雨表。20 世纪 90 年代后期是我国经济的转轨期，即由计划经济向市场经济转变，由粗放经营向集约经营转变。经济转轨标志着我国经济体制改革已向更加深入的方向发展，意味着生产力将得到极大的解放，因而能够更加有力地激活我国的经济。但是，经济转轨也有其负面影响，那就是企业要释放出多余的劳动力，造成大量的社会失业。因此，劳动就业在我国经济转轨期间就成为社会生活中的一大突出矛盾。农业职业技术教育是为农业劳动者就业而进行的职业准备教育。学校毕业生就业形势的好坏将直接影响到在校学生专业学习的热情以及学校今后的招生。由于近两年来大宗农产品的相对过剩和农民收入增长的相对减慢，社会所能提供的农业就业岗位有限，因此，必然导致农业职业院校毕业生就业困难。学生接受职业技术教育本想能借以谋得一份理想职业，但当这一目标使其感到渺茫，难以如愿时，自然也就不再选择这种就学教育，因而导致缺乏吸引力。

（二）城乡差别与择业观念的影响

我国是一个农业大国，目前尚未实现工业化，大体属于工业化的中期阶段，产业结构尚处在“一、二、三”阶段。产业结构定位的现实告诉我们，我国在产业政策上，必须加强一产，提高二产，发展三产。依据我国现时的产业政策，本该有更多的人去爱农学农务农，爱工学工务工，立志为工农业的现代化贡献力量，这是时代的要求，历史的呼唤，国家的需要。但遗憾的是，我国的青年学生、家长和社会在择业观念上却与现实发生了严重差位，有相当多的学生不再选择学农科专业和工科专业，而纷纷拥向第三产业一些热门专业，表现出择业观念的超前性。近些年来，工农业产品价格剪刀差进一步拉大，农业比较效益降低，城乡居民生活水平差距愈来愈大，也是农民弃农从工经商，“放下锄头往城里跑”的原因。大批农民外出打工已成为农业劳动力转移的一个重要渠道。打工收入已经上升为农民现金收入的主要来源。“以农为主”的农业职业教育对广大农民青年的吸引力越来越弱。

（三）双扩的影响

由于我们是在一个穷国里办大教育，在有限资金的教育投入下，对教育结构的战略选择，只能重点保障义务教育和基础教育，大力发展职业技术教育和成人教育，积极稳步发展高等教育。但是，随着我国城乡居民小康生活的实现，接受更高层次教育的物质承受能力已明显增强，因此，许多家长不希望也不需要孩子过早就业，只希望能多读一些书。家长望子成龙心切，加之我国目前就业形势严峻，企业招工盲目要求高学历等原因，近两年社会上涌动起一股“高考热”、“高教热”，即通常所说的“两高”扩招。这无疑抢夺了以初高中毕业生为录取对象的农业职业学校的生源。社会对高学历的追求，必然使众多初中毕业生选择读普通高中的道路，使得这类以培养技能型为主的农业职业教育吸引力逐渐减小。

（四）农业税费改革的影响

农业税费改革是减轻农民负担的治本之策，是理顺和规范国家、集体和农民三者利益关系的重大措施，对于调动农民的生产积极性，促进农业两个文明建设必将发挥巨大作用，归根到底将有利于农业教育的发展。但是，在调查中许多地方反映，农业职业教育的发展环境更紧了。随着社会主义市场经济的发展，农业职业学校也不断调整办学思路，拓宽服务面向，重心下移。面向农村和县乡有关部门联合举办的各种培训班，已成为农业职业学校的中心工作和生命线之一。也因农业税费改革后，原来从农业教育附加中切块和农业集资改善办学条件已经停止，而财政却无力投入，使得这些培训班只能停办。

农业职业教育面临着前所未有的挑战，但是，机遇与挑战是并存的。农业职业教育的发展也存在着难得的机遇。

一是知识经济的机遇。21 世纪生产将越来越智能化，设备更新、技术更新的速度也将不断加快，更多的岗位需要的劳动力要有良好的科学文化素质、坚实的专业技术知识和创新能力。因此，如何适应知识经济时代对人的素质的需求，已成为包括职业教育在内的一切教育面临的共同挑战。知识经济，其生产的技术条件是电子和信息革命。各种学科的软件系统会被广泛开发和采用，各种信息媒介也会广泛地应用到教学中来，这些变化将大大扩展教育方法的广度与深度，使教学方法更具科学性和艺术性。因此，教育教学过程将发生根本性变革。教育过程的重点并不只是传授知识，更着重于培养学生的能力，让学生“学会学习”、“学会生活”，为他们一生的生存和发展打好基础，这就需要改变整个教育和学习方式，使教育逐步由维持性教育转变为预期性、创新性教育。建立起与其他类型教育相互沟通、形式多样的终身学习、终身教育体系，确立包括职业教育、技术教育与培训在内的大职业教育观念，提升职业教育的办学层次，积极发展高等职业教育，实施多形式学制，满足人们自我完善、自我发展的多种需求。

二是“入世”的机遇。“入世”后，我国经济社会各行各业的发展将产生重大而深刻的变化。各行各业科技含量的增加，将促进从业人员的知识能力结构的调整和水平的提高，引发教育的体制结构作进一步调整。在短期内，将冲击旧观念、旧体制、不规范的办学行为和落后的教育管理模式，办学体制将进一步面向市场，办学主体更加多元化，民办教育和国际合作办学将进一步得到发展。国外教育机构也将直接进入我国教育市场，它带来新的教育制度、教育观念和教育手段，对我国教育改革产生一定借鉴作用。同时“入世”带来的农村劳动力就业迁移，将引发农村职业教育办学方向的调整。“入世”后，劳动力的市场化程度将更加提高，农村从业流动人口将会更多。这些转移出来的劳动力将会在一定程度上增加新的就业岗位，拓展第二、第三产业的就业空间和境外劳务输出渠道。

三是发展教育产业的机遇。发展教育产业，既是我国经济发展的需求，也是教育改革和发展的需要。从农业合作化和农村经济发展来看，21 世纪受国内外市场的影响，经济发展将从改革开放以来以消费品工业为主导的发展阶段，逐步转向以发展高加工度投资品工业为主导的新阶段，农业向质量农业和效益农业迈进。这要求农业职业教育必须为提高产品的加工程度和技术含量，提高产品质量和降低产品成本提供优秀的人才与智力支持。为农业职业技术打破包办、封闭、僵化的办学模式，建立自主、开放、灵活的运行机制，不断地进行自我调节，实现教育资源的重组和循环利用，主动适应农业和农村经济和社会发展的变化与要求提供了条件。

思考之三：农业职业教育困境形成原因是多方面的

农业职业教育在新形势下出现波折，这是正常的，是前进中出现的问题，客观分析其困境原因有利于我们找到有效的解决办法。笔者认为，产生困境的原因可归结为以下几个方面。

（一）传统就业观念的影响

“上学不种田，种田不上学”的落后观念在一些农民头脑中根深蒂固，很多农民送子女上学就是为了“跳农门”。而农业职业教育不可能使受教育者大批的到城市就业，因此，农民不愿将子女送上学。初中毕业生升学指导的偏向也防碍农民子女接受农业职业教育，笔者对某镇 342 名应届初中毕业生进行问卷调查，志愿上农村职业中学的只有 15 人，占 4.4%，而这 15 人也是准备考对口高等院校，没有人真正准备回家务农。社会上对初中升学选择流传着这样的顺口溜：“一普中，二技工（技校）、实在不行去打工。”这些因素都影响着农村初中毕业生的择学取向。

另一方面，目前初中教学质量评估也影响着初中毕业生的择学。现阶段，评判初中教学质量主要以合格率、优秀率和升入重点中学的人数为主要依据，这就迫使初中教学朝着这个目标努力，忽视了向学生宣传发展农业经济和农村职业中学的重要性。有的教师干脆对学生讲："你不好好学习，就去上职中。"把上农村职业中学当作是对学习成绩差的学生的一种惩罚，怎能不严重影响学生报考农村职业中学的积极性呢？

（二）农业职业教育的办学指导思想或者说办学定位问题

主要表现：一是对"农"字的理解太狭窄，往往局限于传统农业；二是对培养目标的定位太落后，仍然局限于培养"不离土、不离乡"的"扎根派"；三是对农民和就业市场的新需求不适应，仍然在开办游离于经济建设主战场的、对农民青年毫无吸引力的传统专业；四是把农村职业教育局限于高中阶段或者职业高中，忽视了大批不能升高中阶段的初中毕业生，而这些占初中毕业生60%以上的农村青年更加迫切需要接受不同程度的职业培训。

（三）行业主管部门在举办职业教育中的作用有所削弱

《职业教育法》规定："行业组织和企业、事业组织应当依法履行实施职业教育的义务。"我国中专学校主要由行业部门举办，但随着中央和地方机构改革，多数行业部门不再具有举办和指导行业职业教育的职能，在学校划转和合并、晋升等过程中，导致教育资源流失。特别是合并后的涉农专业，与农业行业主管部门几乎没有任何信息沟通，农业主管部门对它不掌握，它对农业主管部门的工作、规划与设想也不了解，这样的专业能否培养出合格的农业人才应是值得怀疑的。

（四）劳动准入制度和职业资格制度没有得到很好实施

《职业教育法》规定："实施职业教育应当根据实际需要，

同国家制定的职业分类和职业等级标准相适应，实行学历证书、培训证书和职业资格证书制度。”“国家实行劳动者在就业前或者上岗前接受必要的职业教育的制度。”然而，由于执法力度不够等原因，劳动准入制度没有得到很好实施，一些用人单位特别是私营企业继续招聘未经职业教育和培训的低素质劳动力，这样做不仅占用了职业学校和培训机构毕业生的就业机会，也为安全生产带来很大的隐患。

在实施职业资格制度方面，目前国家职业资格的类型相对单一，主要适用于操作型工作岗位，而且划分较细，面向较窄，国家职业资格体系尚待健全。职业资格标准与学历教育要求之间整合不够，职业学校学生取得相应的职业资格证书有一定困难。教育部门、人事部门、劳动和社会保障部门和有关行业部门尚未建立有效的沟通、协调机制，存在政出多门的问题，为整个职业资格制度的建立和完善带来不利影响。

（五）职业学校教学质量和办学效益亟待提高

目前，职业学校与就业市场联系不够紧密；学校专业设置和布局不合理，办学模式缺乏灵活性；授课教材内容中的生产技术不能及时更新；专业课教师数量不足，很多教师特别是青年教师的专业技能和实践能力不强；在校生素质不高，给学校安排教学工作、实现培养目标带来很大困难。从而，造成职业教育质量不高，缺少特色，缺少吸引力。

（六）农科教统筹结合工作的重点亟待明确

农业、科技、教育等部门携手合作，共同推进，突出发挥了农业教育特别是职业教育、成人教育培养人的功能，同时，也发挥了农业和科技部门各自的优势，在提高劳动者素质、广泛开展各种层次的科技培训，推广农业实用技术等方面取得了显著的成效。“实行农科教结合，多位一体，学校培养的人才就有了用武之地，发展经济就有了依托；生产力发展了，老百姓得到了实惠，科技、教育有了用场，也得到了实惠，这是一举三得”。但是，近几年中一些地方在实际工作中急功近利，片面强调推广农业实用技术和直接促进当前农业发展，忽略了最重要、最关键的促进农业职业教育综合改革这个主题，丢掉了农业职业教育这个最佳结合点。

思考之四：农业职业教育的发展需配套措施和政策落实

应该说，我国的农业职业教育在农业和农村经济的发展中发挥了不可替代的作用，特别是入世后很有发展潜力，因此必须采取切实可行的措施，使其真正起到应有的作用。笔者认为可从以下几个方面考虑：

（一）要有明确的指导思想和办学思路

以邓小平理论和江泽民“三个代表”重要思想为指导，进一步贯彻落实职业教育法，构建农业职业教育的新型体系，努力创建与社会主义市场经济相适应的运行新机制，理顺农业职业教育的管理体制，建立和完善职业资格证书制度，规范劳务市场招聘用工，制定优惠政策，促进农业职业教育健康发展。

（二）适应新变化，构建农业职业教育新体系

随着我国经济结构、产业结构的调整和城市化的进程，第三产业对经济增长的贡献水平逐步提高，未来经济的发展，需要大批信息通讯、计算机网络、软件开发、财政金融、法律、贸易、管理等方面高级实用型人才，特别是面向第三产业、面向企业、面向市场、面向基层的各类人才。农业职业教育必须建立起层次分明、形式灵活多样的教育体系。要重视高等职业教育与中等职业教育层次结构的调整。要建立一批农业高职院校，扩大农业高等职业专门人才的培养；现有农业中专学校要搞好资源重组，把

符合整体规划的中专学校联合有些教育资源晋升高职学院；同时，强化农村职业中学建设；农业职业教育之间、与高等教育之间要形成体制上的联系和沟通，建立起相互沟通的“立交桥”。大力发展非学历教育培训，扩大职前教育，健全职后教育和转岗培训机制，多元化办学（中专、大专、本科、培训），扩大向社会成员提供多种终身的学习机会。

农业中专学校要适应市场经济要求，在生存与发展的道路上做出正确的选择。原则有二：一要坚持农业中专教育阵地。农业中专教育是21世纪教育结构体系的重要组成部分。在一个相当长的时间里，农业将依然是我国的第一产业，农业人口也将仍然占绝大多数。农业和农村经济的发展，特别是基层农技推广人员的培养、农民的培训，都为农业中专学校的存在和发展提供了条件。二要有条件的一定要发展高职教育。办法有四种：一是单独晋升高职。如山东省畜牧兽医学校，自身就已具备晋升高职的条件，完全可以自己升，而无须与其他院校联合。二是联合升高。这也是目前大多数农业中专学校晋升高职的路子。三是在中专牌子不变的情况下，部分优势、特色专业升级“高职”，争取高职招生计划，进行“3+2”模式的教育，以高职的发展壮大、带动农业中专的发展。四是与其他高职协作，俗称“上挂”，利用高职学院招生计划，利用自己的师资、场地，联合办班。烟台农业学校积极与中国农业大学合作，为中国农大培养专科生，除个别重要课程外，均由烟农教师负责讲授，这种互惠互利的方法，既给烟农带来了不菲的经济、社会效益，又密切了与中国农大在教学、科研的合作，对烟台农校教学水平、管理水平也有很大的促进。这样在农业职业教育中就形成了中专和高职两个层次的教育。其中，中专教育也不再是传统意义上的中专教育，而是农技培训、中专学历教育、高职学历教育集一体的综合农业职业教育。

（三）改革创新，办出特色

农业职业教育的改革与发展应把重点放在内涵建设上，注重改革创新，力求在培养目标、专业设置、培养模式上办出特色。

一是培养目标有特色。这几年，鉴于培养人才的服务面向已经发生了很大的变化，由计划经济的单一主体演变为不同利益主体这一实际，我们提出了“应用型、技能型、创新型”三型人才的培养目标。“三型”人才具有鲜明的时代特征，将是职业教育面向21世纪改革的重要战略目标之一。

二是专业设置有特色。在入世的大背景下，必须以现代农业的观点，拓宽学科、专业领域，注重发展交叉学科、综合学科、边缘学科。从总体上保证培养人才的适销对路。一个省、地区的专业布局，应有统筹规划，以避免专业设置的重复与盲目发展。要重视发展培养适应农业结构调整中的养殖业，科技含量高的精品农业、加工农业、创汇农业、观光农业、籽种农业需要的应用型、技能型人才的专业；要设置并发展培养高新技术产业中应用型、技能型人才的专业；设置并发展以高新技术改造传统产业技术需要的专业；设置培养有比较优势的劳动密集型产业的应用型、技能型人才的专业。特别是要重视新兴服务业专业的设置，包括面向生活消费的房地产业，装修装饰业，物业管理业，旅游市场开发业，旅游产品促销业，社区服务业，文化产业，体育产业等，也包括主要面向生产服务的连锁经营业，物流配送业，网络服务业，信息技术应用服务业，数据库服务业等。同时要下决心淘汰严重过剩的与落后生产力相联系的专业，并推动保留专业的现代化。以专业调整培育职业教育发展的新的增长点，从而带动整个职教的发展。

三是培养模式有特色。要以职业岗位群的岗位职责为目标，以能力为基础，以需要为准绳，以够用为尺度，将职业道德、知识、技能相结合，培养应职性的新人才。同时学习和借鉴外国的先进经验，与认真总结我国自己的经验相结合，进一步突破传统的学科教育模式，向以职业岗位综合能力为基础的现代职业教育模式转轨。

（四）面向三农，服务于区域经济

农业职业教育工作者要增强全面服务意识，面向区域经济、农业现代化、农业产业化拓展教育的社会服务功能。一是根据农业经济对人才不同层次的要求，采取灵活的办学形式，积极举办为农业培养中级技艺与管理的应用型、技能型、创业型人才。同时，积极主动投入“绿色证书工程”、“农科教结合”、“跨世纪青年农民培训计划”等各类旨在提高农业从业人员和农民文化科学素质的实践活动，不断提高农民学科技、用科技的能力，加快农业科技成果的转化。二是加大直接服务区域经济的力度。在有条件的地区，学校要以市场为导向，发展中介服务，组织师生向农民宣传并指导农业的新技术、新品种等，开展农业技术讨论、农业技术服务。同时因地、因校制宜，推进农业科技成果的产业化，尽快形成集专业、产业于一体的科技产业化实体，并努力使之真正成为当地区域经济的龙头企业，与此同时，要适时组建农业中专教育集团，使存量有限的教育、科技、产业资源通过联合，发挥更大的社会效益与经济效益，并为广大农民展示现代农业与农业产业化经营的样板，使农业职业教育培养的人才从低层次适应型向高层次带动型发展。

（五）建立多元化的投资体制

在社会主义市场经济条件下，由于培养人才的主体已经起了很大变化，从而导致投资体制多元化。为此，我们必须多渠道筹措办学经费，努力增加教育投入，强化学校的基础设施建设。要大力改变传统的做法，变消费型学校为增值型学校。把教书育人、产教结合、科技开发与商品生产、经营、开源聚财有效结合起来。除努力争取国家和地方的财政支持外，要积极争取外资、侨资和企业的捐赠，发挥规模效益，要通过开展有偿技术服务，创办科技型校办产业等多元筹资的方法，加大对学校基础建设的投入，真正把校内外基地设施建成当地布局合理、设施先进、出成果、出效益的现代化示范园区；同时有条件的地区要根据农业职业教育管理体制改革和布局、结构调整的总体框架，建立资源共享的公共教学基地；要树立专业产业化的思想，以市场为导向，以高新技术为重点，因地、因校制宜地加快推进农业科技成果的产业化，尽快形成集专业、产业于一体的科技产业，使之真正成为当地区域经济的龙头专业。可采取不同形式进入农业产业，或同产业合作，走产学研合作的道路，为企业提供技术服务，开展职工培训，建立校企经济合同体，引导企业集团扩大对教育的投入。

过去，农科教结合的结合点放在农业职业教育上，“燎原计划”、“丰收计划”和“星火计划”三大计划的实施，以项目带技术，以技术促培训，以培训带推广，收到了显著的效果。在新的历史时期，要认真汲取这些成功的经验，同时，积极探索适应市场经济的新机制。中国台湾的职业教育培训配套措施就很值得借鉴，其做法是，实行教育培训合格证书发放与资金支持相结合，对获得就业准入资格的农民，政府和金融机构给予相应的资金扶持，并由农民协会作为中介组织实施、跟踪服务，以资金、技术、就业辅导相结合的方式解决了农户缺技术、缺资金、缺经营管理能力 3 个问题，比只解决了单一的技术问题，成效好得多。

（六）要尽快解决农业税费改革中的相关政策配套问题

农业税费改革以后，对于农业职业教育的专业实习基地问题、专业教育经费问题从实际出发，确定收费标准，并给予经费补助。对于农业科技培训经费，应按项目予以扶持，并允许乡、村按“一事一议”的办法筹集，这样做符合农民的根本利益。

（注：本文为2002年7月全国农业职业教育研讨会暨第21期院校长培训班经验交流材料，发表于《中国农业教育》2004.5，获中国农学会高等教育专业委员会优秀论文一等奖）

对当前职业农民教育培训工作的几点思考

提高农民素质，加快农村人力资源开发，是发展现代农业、提高农村生产力水平、建设和谐农村的重要举措，也是实现农民充分就业，推进工业化和城镇化、统筹城乡经济社会发展的必然要求。把农民教育培训工作作为一项重要的基础性建设任务来抓。不仅要开展农业职业技术教育和培训，提高农民科学种养水平和农业生产经营能力，发展现代农业，让农民当好农民；也要开展专业技能培训提高农民转移就业能力，推进农民向非农产业转移，实现长期稳定就业，让农民不再当农民。这既关系到农民的福祉，也直接关系到整个国家的发展和现代化。如何做好农民教育工作，是摆在广大农民教育工作者面前的重要而紧迫的任务。本文选取农民教育工作的几个侧面进行剖析，供参考。

一、当前农村劳动力资源的现状及特点

改革开放以来，特别是进入21世纪以来，农民教育培训工作得到了党和政府的高度重视和社会各界的广泛关注，农民职业教育迅速发展，教育培训体系初步形成，工作机制和运行模式有了改善，“绿色证书工程”、“新型农民科技培训工程”、“阳光工程”等重大专项取得了良好的实施效果。但就农村劳动力的整体状况而言，呈现如下特点：

（一）农村劳动力数量大、素质低，尤以第一产业从业者呈结构性素质下降

据农业部的调查，我国农民平均受教育年限7.8年，其中，文盲半文盲占7%，小学文化程度占25.8%，初中文化程度占49.4%，大专以上文化程度仅占1.1%；2007年上半年外出就业的农村劳动力中，接受过劳务培训的只占19.7%，大多数农民都缺乏一技之长。在农村，大量优秀的“农村人”通过升学、参军、打工、经商脱离农村，减少了农民，实现了农村劳动力的快速转移。但是农村中相应出现了“38、61、99”现象的村庄比例偏高。山东省临沂市在2004年、2005年调研结果显示，高达46%以上，农村生产靠老人妇女，以及农村许多“留守儿童”的现象，是一个特别值得关注的社会问题。

据山东省第二次农业普查数据（截至2006年末）看，全省共有2 109.0万个住户，其中，农业生产经营户1 888.6万户，占总量的89.5%，以农业收入为主有1 187.9万户，占总量的62.9%。全省共有农村劳动力资源总量为4 862.0万人。其中初中及其以下文化程度的占88.4%。全省2 992.5万人农业从业人员中，女性占55.1%。农村外出从业劳动力760.9万人，男性占67.9%，40岁以下的占78%，初中以上的占84.1%。去省外从业的劳动力占17%，大部分在本县或本市从业。外出农村劳动力中男性、年轻、文化水平高所占比例明显高于平均水平。

（二）农民需求的个性化和多元化特点更加突出，农民教育内容、路径、方式和方法选择灵活多样，农民教育更具复杂性

随着农业功能的不断拓展、农民群体的不断分化以及农村经济社会的全面发展，农民对教育培训的需求也在发生变化。农业的社会稳定功能、就业与增收功能、生态保护功能、观光休闲功能和文化传承功能等新功能的发挥，离不开一批精通生态农业、

观光农业、文化农业的农民专业人才。农民群体的分化，特别是农村分工分业的快速发展，使得农村对新型“主力军”的需求尤为凸显。培养一大批各类型的职业农民的紧迫性日益加剧。

据中央农广校《全国农民教育培训基本情况调研报告》显示：新时期的农民教育培训呈现出内容更为丰富、领域更加宽泛、区域性和地域性更加明显等特点。农民期盼接受的教育培训层次更为多元化，约 72.1% 的农民选择了短期培训，59.1% 的农民选择了“一事一训”，17% 的农户选择了证书培训和学历教育。农民最愿意接受的培训方式也各不相同。面对面的授课和现场实习最受欢迎，占 71% 以上；选择看电视、听广播学习，或多种方式结合学习的合计占 30.4%；8.3% 的农民选择了光盘学习，表明现代学习手段已开始走进农村千家万户。

调查显示，参加各种专业协会或农民专业合作组织的有 1 864人，仅占 19.1%。农村中发展农民专业技术合作组织的宣传、组织和普及的任务任重而道远。农民最愿意接受培训的时间是 2 ~3 天，地点是本村。阻碍农民参加教育培训的第一因素是“不方便”，说明进村入户开展教育培训和农村基础条件建设仍有差距。

值得注意的是，“选择内容不切实际”和“没人管”的占 29%，但在全国却具有普遍性，说明农村基层农民教育培训工作仍很不到位。另外，选择培训费用太高的占 22% 以上，说明经济因素也是阻碍农民参加教育培训的重要原因之一。

从农民最希望接受的培训内容来看，传统种养业实用生产技术依然受农民青睐。在种植业中，选择粮食生产知识占 79.4%，蔬菜生产知识占 43.4%，水果种植、特种经济作物、棚室、苗木花卉生产的教育培训需求也有相当数量。在养殖业中，选择科学养猪达到 67.4%，以后按选择百分比高低顺序为：养鸡、养牛、养羊、养鸭、水产养殖，特种养殖正在不断发展。在非农领域中，教育培训需求相对集中的是机械类和农产品加工，分别达到40.6%、32.7%。其次为运输业、建筑业和农产品储藏业。

但是，目前农民培训的教师大多为农业技术人员，其中，相当部分知识老化，缺少继续教育的机会，对新技术掌握不全，实践经验不够。据山东省调查，有近70%的教师长期在基层工作没有得到知识更新，知识结构比较单一、信息比较匮乏、培训方法比较陈旧。此外，农民教育培训还普遍存在场地缺乏、设备落后的问题。很多农民培训教师只能“身背一块黑板、手拿一支粉笔、讲课全靠一张嘴、交通全靠一双腿”，严重影响了农民培训的整体效果，难以满足农民日益多元化的教育培训需求。

（三）全社会关注农民教育、参与农民教育的氛围已经形成，但仍然没有形成有效的合力

新的形势下，农民对教育培训需求比以往更加强烈，农民教育的服务领域和发展空间迅速拓展；各级党委政府高度重视，连续出台了一系列支持政策。特别是党的十七届三中全会首次明确提出了要保证农村人人享有接受良好教育的机会，将提高农民综合素质作为切实保障农民权益的重要内容；呈现出了多部门齐抓共管，社会力量广泛参与的新格局，农民教育事业发展有了更好的社会环境；财政投入逐步增加，为农民教育事业发展提供了更有力的资金支持；已初步建立了旨在满足农民不同需要的教育培训体系，形成了新的农民教育工作机制。

但是，农民培训实施主体繁多，内容重复，农民反感。由于农民培训工作缺乏统一规划，没有统一管理的机构，各种培训机构在农村争夺“生源”、争夺“会场”的现象比较普遍，经常出现组织一批农民，先后挂几个横幅，拍一些照片和录像，作为培训成果上报。据调查，目前在各基层党委和政府部门承担农民培训任务的有组织、宣传、农林、科技、劳动、教育等10多个部门，在培训内容、培训对象和考核指标等方面各个单位各自为

政、互不衔接，经常出现一位农民被几个部门通知参加同一培训的现象，造成了财政专项资金以及人力资源的严重浪费。

（四）金融危机的影响，大量农民工返乡，使原本复杂的农民教育形势更加复杂化

根据国家统计局农民工统计监测调查，截至2008年12月31日，全国农民工总量为22 542万人。其中，本乡镇以外就业的外出农民工数量为14 041万人，占农民工总量的62.3%；本乡镇以内的本地农民工数量为8 501万人，占农民工总量的37.7%。截至春节前，返乡农民工为7 000万人左右，约占外出农民工总量（14 041万人）的50%。春节后，在返乡的7 000万农民工中，大约80%以上已经进城务工，其中，有4 500万人已经找到工作；有1 100万人仍处在寻找工作状态。

返乡农民工文化程度总体偏低。在返乡农民工中，文化程度为不识字或识字很少、小学、初中、高中、中专、大专及以上的返乡农民工分别占2.4%、14.8%、65.8%、11.1%、4%和2%，其中初中及以下的农民工占到82.9%。这说明文化程度越低的农民工越容易回流，加强培训有利于提高农民工就业的稳定性。没有耕地可种的农民工占返乡农民工总数的2.2%。在需要重新找工作的2 300万返乡农民工中，没有耕地可种的农民工占6%；绝大部分返乡农民工都有地可种。在无耕地可种的农民工中，原来就没有分地的占39.3%；耕地已转包的占15%；亲戚朋友代种的占15.7%；耕地由村集体统一经营的占14.7%；耕地被征用的占5.7%；其他占22.8%。在没有耕地可种的返乡农民工中，只有5.4%打算收回耕地自己耕种。打算收回耕地自己耕种的返乡农民工在需要重新找工作的返乡农民工中的比例为0.3%。

根据山东省农业厅在全省固定观察点对返乡农民工的调查：22个调查村共有农村劳动力12 831人，其中，外出打工的农民工2 915人，占23%，本地非农就业2 191人，占17%，本地兼

营农业与非农业的3 975人，占31%，本地纯农劳动力3 490人，占27%，闲置劳动力260人，占2%。截至调查时间，返乡农民工1 370人，占外出务工的47%。其中属于正常探亲的占47.4%（650人），仍有52.6%的劳动力面临寻找新的工作岗位的困难。外出农民工中，村里又承包地的2 615人，占89.7%。通过家庭其他成员耕种的占45.1%（1 179人），返乡后继续经营的20%（524人），流转集体或他人的8.9%（234人）。调查显示：100%的都希望参加技术培训。愿意参加农业技术培训的劳动力为年龄在36~50岁的占54.5%；对于培训组织者的选择上，20个村选择政府部门，占90.9%；农村劳动力最希望的培训方式为集中学习、在岗学习和远程教育，分别占59.1%、22.7%和18.2%；最佳培训时间选择一周、一月、三月左右的分别45.5%、40.1%、13.6%。愿意参加非农结业技能培训的劳动力年龄在16~25岁的占50%，26~35岁的占40.9%，男性为主占59.1%；68.2%的村更愿意参加政府部门组织的非农就业技能培训，用人单位培训也是重要选择，占31.8%；50%的调查村喜欢集中学习的培训方式，22.7%的愿意在岗学习；63.6%的调查村希望培训时间为一个月左右。

综上分析，农村务农劳动力呈结构性素质下降趋势，农村常驻农民职业教育培训工作任务更重、难度更大；农民需求的个性化和多元化特点更加突出（尤其是金融危机的影响），农民教育内容、路径、方式和方法选择灵活多样，农民教育更具复杂性；农民职业教育培训条件机构更需加强、体系更需完善、措施更需到位。

二、对新型农民职业教育培训体系的构想

（一）建立农民职业教育体系必须强化三种意识和观念

农民职业教育的实质是为农村经济发展提供强有力的人力支

撑，因此必须摒弃部门、行业观念，摒弃利益之争，在农民教育的大局观之下沟通和协调。

一是树立大农民教育观。现代农业已不是传统的种植业、养殖业的概念，而是“贸、工、农”结合，第一、第二、第三产业并举协调发展的大农业概念。农民职业教育必须适应新形势，应树立大教育观，适应不同规格人才需求的要求，构建农民职业终身教育体系，形成农业职业教育与普通教育、高等教育等各类教育相互衔接、相互沟通、互为补充的灵活的现代农业教育体系，修建人才成长的“立交桥”。走多层次、多类别、多规格办学的路子。

二是树立现代农民教育观。“现代农民”除需具有一个农村劳动者必须具备文化知识的基本素质外，还必须培养具有复合型特点、具有创新精神和创新能力、具有良好心理素质和身体素质的综合型人才。

三是农民教育应树立为“三农”服务的教育观。教育是为经济服务的，农民职业教育必须面向三农。农民教育资源不仅要为培养高素质的农民服务，同时要服务于当地农业生产和农村经济。在培养人才上，要增加实践教学内容，培养过硬的应用型人才；在办学上，要服务于当地农村经济发展，为当地的结构调整、农民增收提供强有力的技术支撑。

（二）构建农民职业教育体系的思路和构想

目前，我国通过创新机制、整合资源，初步建立起政府主导、面向市场、多元办学、开放运行的农民职业教育培训体系，已形成了以农业广播电视学校、农业职业院校和农业技术推广服务体系为主要依托，广泛吸收高等院校、科研院所、龙头企业和民间组织参加，从中央到省、地、县、乡相互衔接、上下贯通的农民职业教育培训体系。但在新的形势下，如何适应社会主义市场经济体制要求和各区域产业结构状况，构建起一个政府主导、全社会参与，能够推动农民有效就业，包括目标体系、结构体系、教学体系、管理体系、支撑体系和评估体系等方面内容的农民职业教育体系框架，并促使其内部组织机制、投融资机制、管理机制、激励机制高效运行，仍是我们迫切的任务。

在推进农业现代化的同时，通过城镇化和工业化将一部分农村人口转变为城镇人口，并将留在农业领域的人口转变为新型农民。农民职业教育在农民社会角色转换中担负着重要职责。要使农民职业教育履行好这一职责，必须依靠政府加强观念引导、加大财政投入、健全政策供给，积极探索制度改革与创新的突破口，为农民职业教育的发展提供良好环境。具体而言，制度改革与创新体现在以下几个方面：一是促进投资主体多元化，形成以政府投资办学为主体、各种办学形式共同发展的新格局；二是依据不同区域的产业结构及本地劳动力的主要流向，搞好规划，发挥农民教育体系的主渠道作用，开展农民职业培训；三是提高农民职业教育产业化水平，充分利用市场机制，大力培育中介服务机构，为农民提供教育培训和服务。

一是以中央农业广播电视学校多年来建立起来的农民教育网络体系为农民教育的主体，构建功能齐全、手段先进、运转灵活、适应农民需求的在岗农民职业教育培训体系。以适应现代农业发展要求，适应农业产业化、规模化和社会化服务水平提高需要，满足农民分工细化，专业化、职业化、系统化职业教育日趋明显愿望，满足农民职业教育就近、方便、实效、非全日制职业教育的特点。二是以现有农业职业院校、县域农村职业教育中心为主体，构建岗前农民职业教育培训体系。通过对在岗农民和岗前农民的职业教育培训，提高广大农村从业者的综合素质，把各单位、各部门的力量联合起来，形成合力，建立起我国新型的农民教育体系与培训机制。

综上所述，依托中央农广校体系和县域内农职教中心分别建立在岗和岗前农民职业教育培训体系，充分发挥农广校、县域职教中心的农民教育培训主渠道地位，是适应新形势下农民需求的战略任务。

三、对农民职业教育远程教育平台建设的构想

远程教育作为一种新型的教育手段和方式，是在教育资源短缺的条件下办好大教育，满足农民再学习和终身学习的愿望和需求的有效途径。建议国家立项：切实解决媒体制作平台（中央校、省级）、媒体传输平台（市、县级）、媒体扩散平台（乡村）的平台体系建设，解决农业科技最后一公里的问题。建立政府主导、市场多元化投入参与的教学媒体资源开发机制。区别不同类型和层次开发印刷媒体、音像媒体、计算机多媒体课件三大类课件资源。同时适应农民个性化需求的特点，开办网上学校。

一是搞好农广校三级平台建设。建议国家立项：切实解决媒体制作平台（中央校、省级）、媒体传输平台（市、县级）、媒体扩散平台（乡村）的体系平台建设，切实解决农业科技最后一公里的问题。

二是制定整体规划，加强媒体课件资源的开发利用。教学资源是指支持教学活动的各种资源。从它们的表现形式和功能特点来看，大体可分为印刷媒体、音像媒体、计算机多媒体课件等三大类。作为文化知识基础和学习培训条件较差、学习时间和学习场所不太固定的群体，印刷媒体、音像媒体仍然是农民首选的教育培训资源，但音像媒体资源其具有的直观、形象、生动、易于理解掌握的特点，更加适合农民学习。因此，音像媒体应是当前一个阶段农村远程教育媒体资源建设工作的重点。随着农村电脑、互联网的普及，农民个性化需求的特点，网上学校的开播势在必行。

作为课件资源的开发，必须坚持建立政主导、市场多元化投入的机制和原则。政府要建立引导性、支撑性的项目支持，同时构建起市场化、多元化的投入机制。制定中长期资源建设规划，进行教学总体规划设计。在具体资源建设中，要开展资源建设一体化系统方案设计，通过对各种媒体资源内容进行系统设计，使不同媒体资源间形成互补，保证资源建设符合农民教育培训的基本要求，便于农民选择和使用。要通过国家项目的实施建设一批“精品资源”。同时，还应本着“优势互补、资源共建、利益分享、共同发展”的原则共建共享农民教育媒体资源。

四、对当前农民职业教育惠农政策方面的建议

（一）农业广播电视学校的中专层次属于中等职业教育，半脱产的办学形式适应了农民就地就近学习的在岗学习需求，且成本低、效益高。理应纳入助学或免费政策体系

农广校中专教育属于成人中等职业教育，其招生根据各地教育行政部门要求进行统一电子注册，学生来源主要是农村应往届初高中毕业生和具有初中以上文化程度直接从农业生产的农民。为体现教育公平、满足农民对中等职业教育的迫切需要、满足农民受多重因素限制不能全脱产学习的需求，国家应将农广校非全日制中专学员纳入补贴或免费政策体系。可采取单独立项形式给予补贴。补贴额度生均 1 200元/年（含伙食、交通等补助、误工补贴、学费教材费等）。按每年招收 10 万名非全日制农民学员计算，每年供补贴资金 1.2 亿元。补贴专业为全国统开专业为主。

（二）关于农业广播电视学校的项目支撑问题

农业广播电视学校利用广播、电视、互联网等现代化教学手段，开办了“空中课堂、流动课堂、固定课堂、田间课堂”，把

农民教育搬到了乡镇、村屯、田间、地头，既为农村解决了办学缺师资无教材的状况，也为农民学习提供了方便，广大农民可以不离岗，不离乡，就地就近参加学习，较好地解决了工学矛盾。农业广播电视学校这种远程教学方式，打破了时间和空间限制，具有低成本、大容量、广覆盖的优势，是政府办得起、农民学得起的农民教育，是实现大规模开展、大范围普及的农民职业教育。这种农民职业教育形式，缓解了农村教育资源严重不足的局面，是农民教育的一个伟大创举，是一种较为成熟的农民教育方式，是实施农民终身教育，构建农村学习型社会的重要途径。但是，农广校自建校之初就是先天性不足，硬件建设是短腿。因此，必须强化条件建设和项目支撑。

一是解决农民教育实施的主体，没有一个体系的项目（指有投入的项目）作支撑的问题。近年来，中央农广校在农民培训的立项上出了不少主意，例如“三进村”行动、“百万中专生”计划、直通车等，但是没有资金支持的项目特别是农民培训项目太难了。基层较大部分参与了农民培训的科技项目和阳光工程，但是不连贯和系统，合力没有形成，体系的作用没有得到充分发挥。

二是切实解决农广校科技入户直通车的利用和管理归属问题。直通车项目应当说是中央校最早提出并且实施的（起源于招远市），农广校的这个项目的实施也是最有效益和最能发挥作用的。建议理顺。

（注：本文是2009年4月8日中国教育战略学会农村教育专业委员会的发言，发表在《山东省农业管理干部学院学报》2009.4，《中国农业教育》2009.4）

山东省县域职业教育培训和农村劳动力素质调研报告

“三农”问题的核心是农民，农民问题的关键是素质，素质的根本在教育。教育是一种具有政治功能、经济功能、文化传播功能等多种功能的社会事业。发展农民教育，开展农民培训，提高农民素质，是建设社会主义新农村和发展现代农业、促进农民增收、统筹城乡经济发展的重要举措。但由于长期以来轻农思想的影响，国家对农村教育的投入严重不足，农民教育的发展严重滞后于经济社会的发展。

为贯彻落实党的十七届三中全会提出的“发展农村教育，促进教育公平，提高农民科学文化素质，培育有文化、懂技术、会经营的新型农民”；“健全县域职业教育培训网络，加强农民技能培训，广泛培养农村实用人才”的精神，了解和掌握县域职业教育与农村劳动力素质结构的基本情况，近期对部分县市县域职业教育培训和农村劳动力素质进行了调研。通过调查和对有关数据的统计分析，我们认为，当前县域职业教育培训面临着许多新的课题，农村劳动力素质亟待进一步提高。

一、调查内容与方法

（一）调查内容

本次调查包括 4 个方面的内容：（1）县域经济基本情况，

包括人口、耕地基本情况，经济情况，劳动力结构情况。(2) 县域职业教育培训资源情况，包括职业培训情况，中等职业教育情况，教育培训条件情况。(3) 全村基本情况，包括人口、耕地基本情况，劳动力结构情况，农民教育资源情况。(4) 农户基本情况，包括家庭基本情况，家庭生产情况，从业情况，培训情况。

(二) 调查方法

按照全省经济发展和地理分布，抽取了经济发达地区招远市(东部地区)、经济中等发达地区淄博市临淄区（中部地区)、经济欠发达地区阳谷县（西部地区）3个样本县（市、区)，每个样本县又抽取3个乡镇，每个乡镇抽取3个村，每个村抽取10个农户。

2009年5月6日至11日，全省派出3个调研组分别调查走访了3个样本县的统计局、教育局和职业学校以及9个乡镇、27个行政村和270户农民，填写调查表格300余张。在调研过程中，调研人员走村串户深入田间地头进行工作，保证了数据的真实性和可靠性。全部表格统一编号，检查核实后将数据输入计算机，建立相应的数据库，利用分析软件进行统计分析。

二、基本情况

(一) 县域经济基本情况

山东省地处中国东部、黄河下游，是中国主要沿海省市之一，主要指标居全国前列，成为中国东部沿海经济大省。山东省一直把农业作为发展经济的基础产业，农业产值居全国第一，是全国重要的粮食产区；山东植棉历史悠久，是中国重要的产棉区；山东还是中国最大的花生产区，花生出口量占全国一半以上。近年来，山东省的蔬菜生产成为农业中第二大主导产业，被称为全国最大的“菜篮子”。山东是著名的水果之乡，主要生产高品质的苹果、梨、桃、杏、枣、葡萄、西瓜等，产量居全国第一。

招远市位于胶东半岛，是中国著名的黄金产地，是山东省沿海强县市之一。招远市农业主导产业以果业为主（表1），招远苹果闻名遐迩；以拥有全国最大的黄金矿田和全国最高的黄金产量而被誉为“中国的金都”；是龙口粉丝的发祥地和主产区，以生产优质的粉丝而被世人称为“银丝之乡”；是最早引种日本红富士苹果的地方，以产量高，果质好而被称为“中国红富士之乡”。

表1　招远、临淄、阳谷的主导产业

	农业	工业
招远	果品	矿产　粉丝
临淄	种植业	化工
阳谷	种植业、畜牧业	铜及铜加工、机械、食品加工、化工

淄博市临淄区位于鲁中丘陵地区的北缘，是周代齐国的故都，境内资源丰富，有优质煤、铁、硫磺等20多种矿产资源，建有辛店、大武和乙烯三个热电厂，拥有化工、塑料、建材等主导产业，是著名的化工之乡。临淄农业一直跻身全国先进行列，有“鲁中粮仓”美称，形成了粮食、瓜菜、林果、肉蛋奶四大生产基地。

阳谷县地处鲁西平原，黄河北岸，冀、鲁、豫三省交界处，京九铁路穿境而过，是打虎英雄武松的故乡。全县农业主导产业为种植业、畜牧业，工业以铜及铜制品加工、机械制造、食品加工、化工产业为四大主导产业。

3个样本县都是中等大小（表2），人口数量在60万人左右，农村人口占总人口数量的72%左右，相比之下，阳谷县人口较多，农村人口所占比重略大，达到87%。

表2　招远、临淄、阳谷的人口

	人口总数	农村人口	百分比（%）
招远	568 789	377 423	66. 36
临淄	606 090	383 528	63. 28
阳谷	786 696	685 496	87. 14
平均	653 858	482 149	72. 26

人均占有土地面积1. 3亩左右（表3），以招远最高，达1. 5亩，且人均占有林地面积最大，达0. 29亩。招远属于山区，林果业发达，种植业的收入主要来自于果业，尤其是苹果。

表3　招远、临淄、阳谷的土地面积　　（单位：亩）

	耕地面积	人均耕地	人均林地
招远	579 888	1. 54	0. 29
临淄	488 992	1. 27	0. 01
阳谷	898 860	1. 31	0. 02
平均	655 913	1. 36	0. 09

3个样本县中，临淄是工业区，经济实力最强，国民生产总值、全县财政收入和人均收入最高（表4），农业产值较低。招远是全国著名的水果生产基地，农民的果业收入较丰厚，因而农民人均收入最高。两地农民收入都高于全省的平均水平5 641元。阳谷是农业大县，农业产值最高，而国民生产总值、全县财政收入、全县人均收入和农民人均收入都最低，农民人均收入低于全省平均水平。

表4　招远、临淄、阳谷的国民经济　（单位：万元）

	国民生产总值	农业产值	全县财政收入	全县人均收入	农民人均收入
招远	3 694 700	201 200	155 550	1.1163	0.8488
临淄	5 596 525	190 714	165 150	1.2081	0.8267
阳谷	1 309 000	434 700	22 700	0.589	0.5018

1. 县域经济快速发展，工资性收入不断增加

2008 年全省经济建设成效显著，实现生产总值 31 072.1亿元，增长 12.1%；农业连续 6 年丰收，粮食总产达到 426.05 亿斤；规模以上工业增加值达到 16 718.8亿元，增长 13.8%；地方财政收入 1 956.9亿元，增长 16.8%。

几年来，招远市经济发展速度较快，2001 年在全国百强县评比中位居第 71 位，2007 年上升到第 44 位。招远市乡镇和村办企业发展较好，各乡镇和村都有自己的支柱产业，如玲珑镇全国闻名的玲珑金矿，享有“黄金之乡”和“全国黄金第一镇”的美誉；张星镇的粉丝，享有“龙口粉丝第一镇”和“银丝之乡”等美誉；大秦家镇发展镇村企业 70 多家，已形成黄金及机械加工、建筑与新型建材、化工等三大支柱产业。县域经济的持续快速协调发展，大幅度增加了城乡居民的收入，其中产业发展带动人均工资性收入快速提高。2008 年，农民人均纯收入 8 400 元（表 5），比上年增长 16%，其中，农民工资性收入 3 100元，占年总收入的 37%。

表5　招远、临淄、阳谷的农民人均收入　（单位：元）

	总数	工资性收入	百分比（%）
招远	8 488	3 133	36.91
临淄	8 267	3 702	44.78
阳谷	5 018	3 210	63.97
平均	7 257.67	3 348.33	46.14

2008年，淄博市临淄区国民经济保持平稳较快增长，实现生产总值（GDP）559.7亿元，较上年增长12.5%；地方财政收入完成16.5亿元，增长23%。人民生活水平持续提高，农民人均纯收入达8 267元，增长15.1%，其中农民工资性收入3 702元，占农民人均纯收入的44.8%，增长13.8%。镇域经济增势强劲。全区规模以上工业总产值过10亿元的乡镇街道有12个，销售收入过15亿元的有10个。

2008年，阳谷县全县生产总值130.9亿元，财政收入为2.27亿元，全县人均收入5 890元，农民人均纯收入5 018元；其中工资性收入占64%。农业总产值43.47亿元，粮食播种面积131.4万亩，年产量60.06万吨，蔬菜面积达32.36亩，年产量135.52万吨，大牲畜、猪、羊、家禽出栏分别达到7.8万头、48.75万头、46.35万头、5 123万只；工业以铜及铜制品加工机械制造、食品加工、化工产业为四大主导产业，规模以上企业158家，工业总产值达314.28亿元。

2. 农业机械化水平提高，农业生产雇工现象普遍

由于收入的增加和劳动力的减少，使农业生产的机械化程度大大提高，从图1中可见，在农作物生产中，耕作、播种、收割的机械使用率都比较高，达90%，只有田间管理的机械使用率比较低，只有27%。农业雇工现象也比较普遍，在被调查的农户中有37.6%的需要雇工，多数使用临时雇工，也有少数是互相帮忙和请社会服务组织。

3. 市场规律催生农村服务组织。近年来在市场规律作

用下，农产品出现了买方市场，“卖难”问题突出。如何在一家一户的基础上扩大生产规模、实现农产品加工增值以及解决部分先富起来的农民的闲置资金利用问题，都要求农民联合起来开拓市场。在国家和政府的支持下，各地农民成立了诸如“公司+农户”、“订单农业”、“专业合作社”、“专业协会”等农村

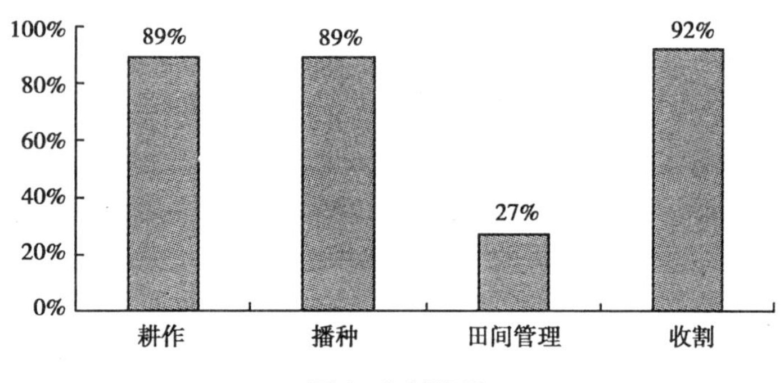

图1　机械使用

专业合作组织和农技服务组织（表6）逐步实现了农产品生产，加工、包装、贮运、销售一体化经营，不仅解决了卖难的问题，还改善了农业生产条件，安置了富余劳动力，为农民增产增收上了“双保险”。

表6　招远、临淄、阳谷的农村服务组织　（单位：个）

	农村专业合作组织			农技服务组织		
	总数	紧密型	松散型	总数	国有	民营
招远	139	122	17	96	86	10
临淄	81	29	52	34	14	20
阳谷	59	41	18	335	45	290
合计	279	192	87	465	145	320

（二）县域职业教育的现状

山东省政府工作报告提出：发展与产业结构调整和就业需求相适应的职业教育，重点支持农村中等职业教育，完善工学结合、校企合作培养模式，加快培养技术型、实用型人才。全省职业教育发展按照2005年《国务院关于大力发展职业教育的决定》的要求，本着“设施先进、专业配套、结构合理、机制灵活、富有活力”的目标，合理调整职业学校布局，形成以国办职业教育学校为龙头，民办职业学校为重要补充的职业教育格局，保持与普通高中相当的办学规模；在不断提高教育质量的过程中，坚持为“三农”服务，为当地经济建设服务的办学宗旨，努力提高受教育者的专业知识水平和实践技能。按照“扶持主导产业、培训专业农民、进村办班指导、全年跟踪服务、发展‘一村一品’”的服务模式，系统培训，入户指导，跟踪服务，教育培训取得了显著成效。

招远市共有职业教育学校8所，其中，五所全日制中等职业学校（表7），（高级职业学校、第一职业中等专业学校、第三职业中等专业学校、第四职业中等专业学校、第五职业中等专业学校），三所成人中等职业学校（商校、农机化学校、农业广播电视学校）；承担职业培训任务的有5所，承担中等职业教育的有7所，其中农广校、高级职业学校和第一中等职业学校既承担培训任务，又承担中等职业教育任务；全市共有职业教育培训教师531名，年培养各类专业人才17 110人；年投入办学经费3 139万元。

表7　招远、临淄、阳谷的县域职业教育培训资

	职业培训		中等职业教育		办学经费（万元）	教师数（人）
	学校数量（所）	年培训规模（人）	学校数量（所）	年招生规模（人）		
招远	5	15 260	7	1 849	3 138.5	531
临淄	6	52 596	3	2 582	5 201.1	657
阳谷	7	4 880	5	1 460	1 594	524

截至2008年底，淄博市临淄区承担职业教育的学校共有6所，淄博市工业学校、临淄区教育中心、临淄区就业训练中心、临淄区蓝翎职业培训学校、临淄区农业机械化学校和临淄区农广

校；6所学校都承担职业培训任务，年培训规模52 596人；其中3所同时承担中等职业教育的任务，年招生规模2 582人；全县职业教育年办学经费共5 474万元，拥有职业教育教师698人。

阳谷县现有各种职业教育机构7家，其中公办有5家，分别是山东省农业广播电视学校阳谷分校、阳谷县职业中专、阳谷县第二职业中专、阳谷县第三职业高中、阳谷县劳动技校，承担着职业培训和中等职业教育的任务；民办有2家，分别是县兴华技校和县魁星技校，承担着职业培训的任务。全县共有职业教育教师524人，年职业培训规模5 000人，中等职业教育1 500人。

各地针对农业人口状况，有的放矢地开展了形式多样的职业教育培训，有力地提升了农民的科技素质和思想观念。

1. 完善制度，强化考核，确保教育质量

山东省职业教育从完善就业和培训制度入手，积极培育职业教育市场，实行了“先培训、后就业，先培训、后上岗”的政策，建立起了较为完备的劳动力市场体系，全面推行劳动预备制度和劳动准入制度。用人单位招用技术工种劳动者，必须从经过技能培训并取得相应职业资格证书的人员中录用，新工人和转岗人员全部要求实行持证上岗。同时，严把学生考核关，采用“双证书”（文化课和专业课）考核制度，确保学生质量。毕业生参加技术等级考核，合格后发给相应的技术等级证书，作为用人单位录用和确定工资待遇的重要依据。

2. 教育投入加大，培训能力逐步增强

近几年，招远市政府及市教体局、市农业局非常重视学校基础设施建设和师资力量建设，各校的硬件和师资水平都走在全省前列。全市实习基地面积达35 103平方米，建筑面积16 835平方米，校舍面积146 240.02平方米，设备总值1 970万元，办学经费3 139万元。

淄博市临淄区区委、区政府高度重视农民职业教育培训和农村劳动力转移培训工作，始终把农业科技教育列入重要议事日程并不断加大对农业职业教育的投入。全区实践培训基地面积26 200平方米，建筑面积14 500平方米，设备总值6 607万元，校舍面积212 237平方米，办学经费5 201万元。9个被调查村的教育场所5 124平方米，人均为0.48平方米，现有设备133.5万元，人均为12.9元。

山东省农业广播电视学校阳谷分校为农业部门主办，是全国育才兴农百强示范校，以开展中等职业教育、农民科技培训、农业实用技术培训及农村劳动力转移引导性培训为主。阳谷县3所职业中专、高中为教育部门主办，以中等职业教育和职业技能培训为主，侧重于工业类职业教育，同时开展各类专业性较强的技能培训。县劳动技校为劳动部门主办，主要以中等职业教育和培训职业技能为主，侧重于工业及服务业类技能的培训。县兴华技校和魁星技校属社会力量办学机构，主要开展专业技能培训，培训时间短、中、长相结合，转移就业率比较高。全县现有职业教育教师524人，年办学经费1 594万元，教学设备价值2 980万元，校舍面积12.5万平方米，实验实习基地18.9万平方米。

3. 面向市场、面向农村、面向未来办教育，为新农村建设培养了大量的实用人才

山东省各职业教育培训机构上下配合、左右联动，培养造就了众多的技术人才。以2008年为例，3个样本县共培训各类人才78 627人，包括农业类、工业类、服务类共40多个专业，为区域经济的大发展、大繁荣作出了自己应有的贡献。

为实现可持续发展，各职业学校纷纷与企业联合办学，既为企业储备了技术力量，又为职教生就业吃了“定心丸”。根据企业需求，各职业学校纷纷调整教学计划，着重培养有一技之长的应用型人才。招远市农广校根据全市主导产业发展需要，通过开展培训教师进村、媒体资源进村和人才培养进村为内容的农民教

育培训“三进村”行动、实施国家新型农民教育培训项目和农村劳动力转移培训“阳光工程”等，年培养新型农民6万多人次，极大提升了农民的科技素质和思想观念，一大批创业型农民脱颖而出，成为农民创业就业的典范。目前，招远市共有100多名农民经过系统的创业培训，创办了自己的企业，走上了自主创业之路。

阳谷县大力开展农民科技培训，为社会主义新农村建设提供了人才支撑。2007年，全市共培养农民绿色证书学员2 000余人，培育科技示范带头户、龙头企业、专业协会骨干1 100多人。他们活跃在广大农村，为农民传授农业新技术、科技新知识，在本村承担着果树、粮油、蔬菜、养殖、保护地栽培的技术指导任务，成为农村经济发展和农民增收的中坚力量，成为一支留得住，用得上，懂技术，会管理的农民技术员队伍。

（三）农村劳动力现状

1. 农村劳动力素质有所提高，但相对仍然较低

随着经济的发展和省委、省政府对农民教育的重视和投入的加大，农村劳动力的受教育水平不断提高。由图2可见，农村劳动力受教育水平比2005年有所提高，小学文化水平占24.24%，比2005年下降1.6%，初中占54.06%，比2005年上升4.7%，高中以上占21.69%，比2005年上升3.8%。但相对而言仍然较低，小学及以下文化水平占24%，初中占54%，亦即有78%的农村劳动力属于高中以下文化水平，需要继续接受教育培训。

参照2007年的统计，山东省人口总数9 367万，2008年预计净增60万，2008年应约9 427万；城镇人口占46.75%，农村人口约53.25%，全省应约有农村人口5 020万；按照我们的调查，劳动力占农村人口的57.5%（表8），即全省有农村劳动力2 887万；再扣除55岁以上的19.23%（表9），555万，由于年龄原因，他们对接受职业教育培训积极性已经不高；全省55岁

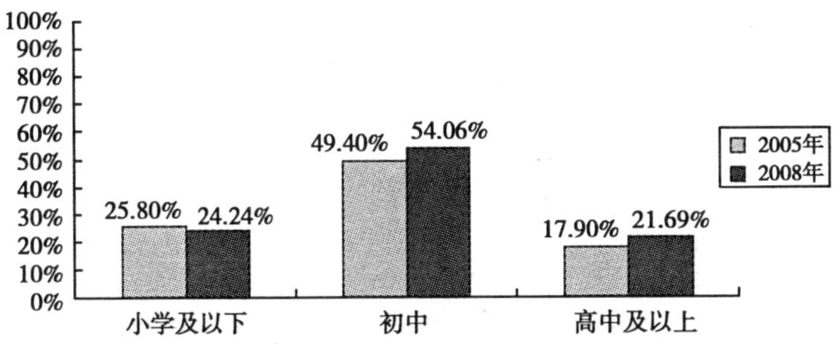

图2　农村劳动力受教育水平比较

以下农村劳动力约有2 332万人；在这一人群中，还有78%也就是1 819万人属于高中水平以下。即农村劳动力中有1 819万人需要继续进行职业教育培训。这一数据还不包括高中毕业生17.79%（表10），323万。农村劳动力的职业教育培训任重道远。

表8　招远、临淄、阳谷的劳动力占农村人口百分比

	农村人口（人）	劳动力（人）	百分比（%）
招远	377 423	237 062	62.81
临淄	383 528	242 020	63.10
阳谷	685 496	318 600	46.48
平均	482 149	265 894	57.46

表9　招远、临淄、阳谷的55岁以上劳动力占劳动力总数的百分比

	劳动力总数（人）	55岁以上劳动力（人）	百分比（%）
临淄	232	42	18.10
招远	232	51	21.98
阳谷	233	41	17.60
合计	697	134	19.23

表 10　招远、临淄、阳谷的高中文化水平占劳动力百分比

	劳动力总数（人）	高中（人）	百分比（%）
临淄	232	42	18.10
招远	232	51	21.98
阳谷	233	31	13.30
合计	697	124	17.79

2. 剩余劳动力需继续转移

近年来，省委、省政府高度重视农村劳动力转移培训工作，把它作为农村工作的一项重要内容来抓，取得了显著成绩。但3个样本县不同程度的都还有相当数量剩余劳动力需要转移（表11）。相比之下，招远市剩余劳动力数量较低。招远市的农业主导产业是水果业，尤其是苹果种植面积较大，果树的田间管理不能使用机械，而且用工量较大。加之招远市的乡镇和村办企业发展较好，大量农民就业于村镇企业，所以剩余劳动力比例相对较低。

表 11　招远、临淄、阳谷的农村剩余劳动力

	劳动力总数（人）	剩余劳动力（人）	百分比（%）
招远	237 062	16 918	7.14
临淄	242 020	65 130	26.91
阳谷	318 600	80 520	25.27
平均	265 894	54 189	20.38

参照2007年的统计，2008年山东省55岁以下农村劳动力约2 332万，20.38%的剩余劳动力约475万。劳动力转移压力还很大。

3. 农业从业人员素质偏低，女性偏多，年龄偏大

随着经济的腾飞、城镇化进程的加快和乡镇企业的发展，农

民的概念已经变得模糊，农民进城务工或就职于乡镇企业已是普遍现象，特别是有文化的年轻人。所以，农业从业者表现出文化素质偏低、女性偏多、年龄偏大。

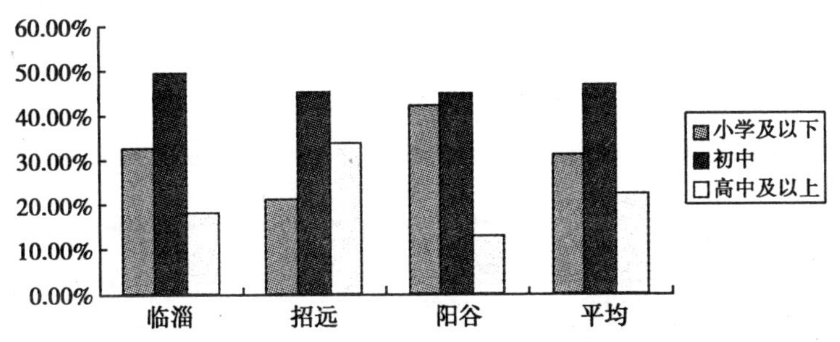

图3　农业从业者文化构成

由图3可见，农业从业者中小学及以下文化水平占31%，初中占46.5%，即有77.5%的农业从业者处于高中水平以下，需要继续进行职业教育培训。按全省2 332万55岁以下农村劳动力计算，务农人员占60.55%（表12），农业从业者1 412万，高中以下约1 094万，即全省有1 094万农业从业者需要继续进行农业类职业教育培训。

表12　招远、临淄、阳谷的50岁以上占农民从业人员百分比

	劳动力总数（人）	务农（人）	占劳动力总数的百分比（%）	其中50岁以上（人）	百分比（%）
临淄	232	155	66.81	70	45.16
招远	232	151	65.09	96	63.58
阳谷	233	116	49.79	44	37.93
合计	697	422	60.55	210	48.89

由表12可见，在农业从业人员中，50岁以上占49%，另外还有许多65岁以上的老人继续参加农业生产。农业从业人员年

龄老化现象严重。

在农业从业人员中，女性所占比例较高（表13），比较明显的是介于30到60岁，30岁以下务农者很少，而60岁以上的男同志已很少在外打工，所以男女比例的失衡主要表现在30岁到60岁。许多男性劳动力以外出打工和自谋职业为主，只是在农忙时回来帮忙。在很少的中年男性农业从业者中，还有相当数量的村干部。因此，真正从事传统农业尤其是种植业的基本以妇女和老人为主。

表13　招远、临淄、阳谷的农业从业人员中女性百分比

	31~40岁			41~50岁			51~60岁		
	总数（人）	女性（人）	百分比（%）	总数（人）	女性（人）	百分比（%）	总数（人）	女性（人）	百分比（%）
临淄	41	28	68.29	39	21	53.85	42	26	61.9
招远	19	13	68.42	56	31	55.36	45	24	53.33
阳谷	14	6	42.86	34	19	55.88	30	18	60
平均	74	47	63.51	129	71	55.04	117	68	58.12

由此可见，轻农思想的长期影响，农业生产经济效益的低下，使得农业从业人员年龄偏大，文化水平偏低，接受农业职业教育的积极性不高，很大程度上制约着农业职业教育的发展。反过来，农业职业教育的滞后又阻碍了农业科学技术的推广和农业经济效益的提高，促使年纪轻，有文化的劳动者脱离农村，如此形成不良循环，使农业发展后劲不足，“三农”问题解而不决。

三、农业职业教育培训存在的主要问题

（一）对职业教育的重视程度不够，认识不到位

地方政府主管部门对农民职业教育培训工作缺乏足够的重视，大都存在重普教、轻职教的倾向，好的政策措施多向基础教

育领域倾斜；部分企业虽然也认识到熟练技术工人和高级技术工人对于企业的重要性，但是过于注重当前利益，不愿对职业教育进行长远投入；一些单位用人标准重学历、轻技能以及就业准入制度和职业资格证书制度执行不力，导致了社会人才观和择业观的偏颇，从而造成了社会、家长、学生产生重学历教育轻职业教育的思想（图4）。

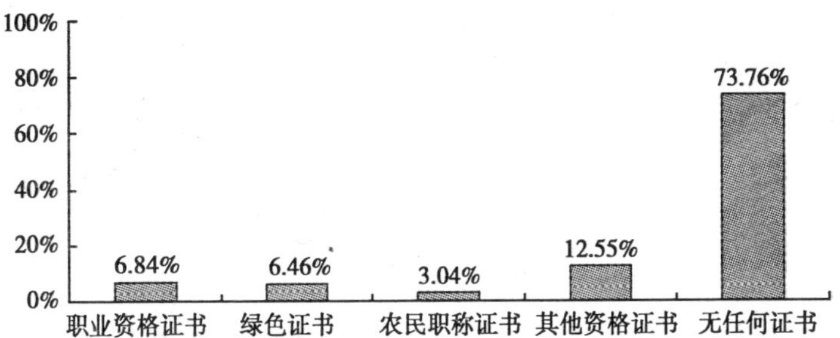

图4　农业从业人员证书持有情况

部分农民对职业教育培训的重要性和紧迫性也认识不足，特别是年龄较大的农民，认为职业教育可有可无，缺乏主动要求接受职业教育培训的积极性。从调查情况看，有73.76%的调查对象没有任何职业资格证书；有42%的认为有没有证书无所谓；有11%的认为证书没多大用途（图5）。

（二）投入不足，职业教育培训条件相对较差

山东是经济强省，教育质量在全国也是名列前茅，但对职业教育的重视程度和投入与普通教育相比差距较大。

由表14可见，职业教育人均占有的教育资源相对较低。教育部门和劳动部门的职业教育培训机构虽有比较稳定的办学经费和部分自己的实训设备，但设备更新缓慢，远远不能满足现代化企业对技能高、操作熟练的高级技术工人的需求。

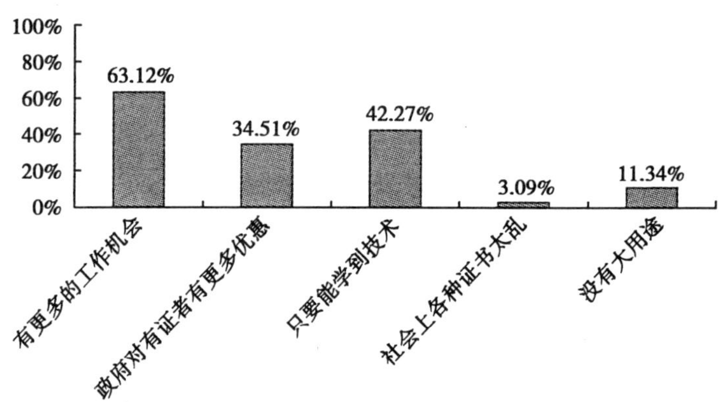

图5　农民对证书的看法

表14　人均占有教学资源

实习基地面积（m^2）	实习基地建筑面积（m^2）	设备总值（万元）	校舍面积（m^2）	年办学经费（万元）	教师数（人）
4.46	0.63	0.15	6.15	0.13	0.02

（三）投入不平衡，涉农专业设置偏少

山东省虽是农业大省，但农业是弱质产业，农村劳动力的职业教育又是弱势教育，两个阴影的叠加使得农民教育历史欠账太多，条件手段落后。

由表15可见，职业教育培训年培训总数72 736人，农业类只有6 505人，占8.9%，开设专业23个，农业类只有5个，占22%；中等职业教育年招生总数5 891人，农业类只有639人，只占10.85%，开设专业25个，农业类只有5个，只占20%。农业类无论是培训人数还是开设的专业数都偏少。与农业大省和农业强省不相称。

表 15　农业部门在职业教育中的位置

	职业培训		中等职业教育	
	年职业培训规模（人）	开设专业数（个）	年职业培训规模（人）	开设专业数（个）
总数（人）	72 736	23	5 891	25
农业类（人）	6 505	5	639	5
百分比（%）	8.94	21.74	10.85	20

农业部门主办的农广校主要从事着农业类专业的科技教育培训工作，掌握着充分的农业科技相关信息，教育培训人员的年龄段跨度大，培训的对象主要是农业从业者，能够更有效、更有针对性地解决对农民的科技教育培训问题，对提高广大农民的科学技术水平和整体素质发挥着无可替代的作用。但经费的匮乏、设备的陈旧、教学条件的简陋致使农广校难以高质量、高效率、深层次的开展农民科技教育培训。由表 16 和表 17 可见，农广校承担着 6.95% 的职业培训任务，58.3% 的农业类职业培训任务；7.6% 的中等职业教育任务和 50.7% 的农业类中等职业教育的任务；却只占用着 3% 的教学设备、1.19% 的办学经费。巧妇难为无米之炊。

表 16　农业部门在职业教育中的位置

	职业培训				中等职业教育			
	年职业培训规模（人）	农业类总数（人）	开设专业数（个）	农业类（个）	年职业培训规模（人）	农业类总数（人）	开设专业数（个）	农业类（个）
总数	72 736	6 505	23	5	5 891	639	25	5
其中农广校	5 056	3 500	22	5	448	324	11	5
占百分比(%)	6.95	53.8	95.65	100	7.6	50.7	44	100

表 17　农业部门教育资源占有量

	实习基地建筑面积（m^2）	设备总值（万元）	办学经费（万元）	校舍面积（m^2）	教师数（人）
总数	49 335.07	11 580.1	9 933.6	483 773	1 712
其中农广校	4 110	349	118	1 086	40
占百分比（%）	8.33	3.01	1.19	0.22	2.34

（四）教育培训的针对性不强

近年来随着国家对农业投资的不断加大，农业现代化进程不断推进，农业产业结构发生了较大变化，农业生产不再局限于简单的农田耕种。蔬菜水果大棚、专业化的养殖业等产业迅速发展。这种新的发展趋势使得对真正在当地从事农业生产的农民实用技术培训显得尤为重要，而当地农民的科学技术培训情况与实际需要之间差距很大。真正可以为农民提供教育培训的机构数量不足、力量薄弱，缺乏教育培训的针对性和实效性，根本满足不了农村劳动力在新时期、新形势下对科技教育培训的需求和农业产业发展的需要。

图 6 可见，61% 的农户反映培训时间短；30% 的农户反映不符合生产需求；33% 的农户反映缺少后续培训。

（五）教育培训师资结构不合理

县域职业教育培训师资结构不合理、力量薄弱一直是制约职业教育发展的主要原因。一是教师队伍不稳定，受招生规模影响，职业教育培训机构存在着设班不全，缺少专职管理人员的现象。由于工资、福利待遇相对较低，致使优秀的教师脱离岗位。二是教师结构与分布不合理，呈现“三多三少”，即传统型人才多，高新技术人才少；普通型人才多，产业化人才少；继承性人才多，创新型人才少。三是教师队伍总体学历层次偏低、中高级

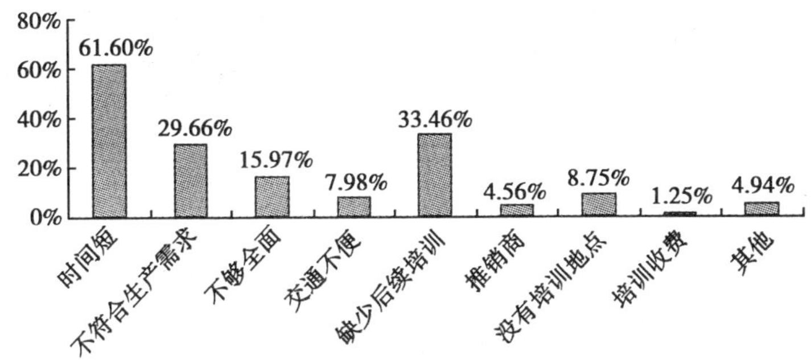

图 6　培训中存在的问题

专业人才比例小、高技能复合型人才偏少。

（六）缺乏高层次的职业教育培训和短平快的致富项目培训

在被调查者中，85% 的农户希望培训教师经常下乡指导，要求内容实用，通俗易懂，有针对性、实效性，例如解决苹果大小年的问题、农药化肥的鉴别使用问题、畜禽疾病防治等，同时要求培训教师知识面广一点，能够当堂解答农民迫切想解决的问题，还要多介绍一些简单实用的致富项目，最好是听了就会，学了就用，用了就见效。被调查者中，31% 的农户是专业户，一般长年从事果业、养殖业，他们具有较好的文化素质和较强烈的致富愿望，传统产业技能掌握得较熟练，其中 7% 的表示希望参加高等职业院校的较长期学习（图 7），7% 的希望参加中等职业教育的学习。

与此同时，86% 的农户希望参加系统的农民培训，可见占有教育资源较少的农村，缺乏的是一些短平快的技能培训，因而县域职业教育呈现中间强，两头弱的现象，远远满足不了新形势下农民增收致富的需要。

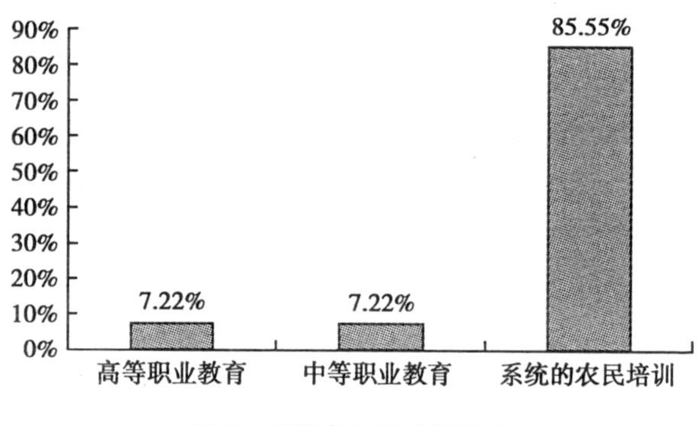

图7　希望参加的培训层次

四、农业职业教育培训发展面临的新课题

形势的发展，社会的进步，凸显了职业教育培训中的不足和存在的问题，为职业教育的发展提出了新的课题，与此同时，也给职业教育培训的发展带来了更好的机遇。职教工作必须适应形势，克服困难，把握机遇，大胆创新，努力开创职业教育培训的新局面。

（一）农业职业教育培训的社会地位需要进一步提升

党的十七届三中全会通过的《关于推进农村改革发展若干重大问题的决定》，在目标任务方面，首次明确要保证农村人人享有接受良好教育的机会；在重大原则方面，首次将提高农民综合素质作为切实保障农民权益的重要内容；在具体措施方面，首次提出要大力办好农村教育事业，重点加快发展农村中等职业教育。

全社会和各级政府要充分认识发展职业教育、开展农民终身教育对于提高劳动者素质、发展现代农业和新农村建设的重要意义。地方各级政府部门、社会各方面都要把职业教育与普通教育放在同等重要位置，要把农村职业教育与新农村建设结合起来，使全社会认识到农村职业教育是培养高素质专业人才和为新农村建设培养新型农民的教育，从而形成一个全社会支持、鼓励、参与职业教育的良好氛围，为农民职业教育事业发展营造良好的社会环境。

（二）农业职业教育培训的保障机制需要进一步健全

政府应将县域职业教育培训纳入区域经济发展规划，作为区域经济发展的重要战略手段。县域职业教育机构拥有最主要和最直接的职业教育资源。通过科学的调查论证，制定符合当地实际的职业教育发展规划，通过行之有效的措施，把规划落到实处。

各级政府应加大对职业教育培训机构的支持力度，把职业教育经费纳入财政预算，制定相关职业学校学生和农民培训人均经费标准；加大投入，加大基础设施建设，优化办学环境，改善职业教育培训机构的条件；切实承担起发展县域职业教育培训的重任，使其尽快打破维持生存的僵局，迅速转变现有局面，更好地服务于农村经济建设。

（三）农业职业教育培训的体系建设需要进一步完善

由政府支持，财政、农业、教育、劳动保障等多部门联合，动员社会各方面力量，加大职业教育培训体系建设，构建多角度、多部门、多层次的县域职业教育培训体系，解决好多头管理、布局分散、重复建设的现象，形成职业教育一盘棋的局面。加强对农村职业教育机构的规划，对农村职教的总体布局和层次结构进行有序调整。根据发展现代农业，繁荣农村经济的要求，在教育培训的任务上要重点突出教师队伍的建设。第一，要根据当地的产业发展和教育培训任务的需要，按照“人才对路、专业对口、质量较高、数量够用”的原则，确定教师的需求量和专业结构，制定县域职业教育培训机构教师队伍建设长远规划。

第二，要成立县域职业教育培训研究会，深入探索研究适合当地特点的教学方法、教学手段和教学内容，有效的提高教学效果，加强职业教育机构双师型教师队伍的建设。第三，要巩固现有职业教育中有发展潜力的专业教学，增加中等职业教育毕业生进入对口高等职业学校学习的机会，为部分年纪轻、文化程度高、有致富和创业意愿的农民创造机会。

（四）涉农类专业的职业教育培训需要进一步加强

山东省共有1 094万名55岁以下高中文化水平以下的农业从业者需要接受中等农业职业教育，其中，73.76%（图4）没有任何证书，即807万人需要接受农业职业教育培训。他们最需要的培训层次是系统的农民培训（占被调查者的86%）；最需要的知识是生产技术（占被调查者的85%）；最喜欢的培训模式是集中培训和一对一的指导相结合（占被调查者的74%）；最希望的培训地点在本村（占被调查者的92%）；最喜欢的是农技推广部门和农业广播电视学校开展的培训教师进村、媒体资源进村和人才培养进村的农民教育培训“三进村”行动。

强化成人职业学校农业专业招生教学的力度，从项目实施、资金投入、政策扶持各个方面大力支持农民培训事业，突出县域职业教育的农业特色，促使其办学上水平，上档次；要培养精干的农民技术员和从事农村公益性岗位人员队伍，能够把符合当地主导产业发展的主导品种、主推技术、服务信息等更方便、更直接、更有效的传授给广大农业从业者；要培养优秀的农民企业家队伍，形成各具特色和竞争优势的产业群体，带动和优化当地产业结构，提高生产效率效益。

（五）农业职业教育培训教学改革需要进一步深化

正确引导教育部门和职业教育培训机构树立正确的教育观和人才观，培养出高素质的技能型和创业型人才。我国农村幅员广阔、地域差别大、农民居住分散，加之近年农村劳动力大量转移，农民流动性大，增加了组织难度。农民兼业性生产经营方式明显，农民对教育培训需求的个性化和多元化特点更加突出。现有的县域职业教育培训机构多为围墙式、集中式、固定式的教育模式，已不能满足现实情况下农村劳动力对教育培训形式和内容的需要。要发挥现有的教育培训资源优势，针对农村劳动力对科技教育培训的需求，下沉工作重心，建立农民教育培训信息反馈机制，熟知本地产业布局、生产发展、农民素质、种养习惯，生产经营情况，这样可以更有针对性的开展本区域的职业教育培训工作。

在教学改革方面，一要合理设置高、中、低3个层次职业教育的比重，合理设置专业；二要加快教学内容的更新，解决知识更新与教材滞后的矛盾，三要重视技能型和“双师型”教师队伍建设，解决教师重理论、轻实践、技能差的问题；四要加强与企业的联合，解决人才培养的供需矛盾问题。继续实施“订单培训”或定向培养、委托培养，增强职业教育的针对性；五要加大农业技术等农业人才的培养力度，增强农业生产的后劲。充分合理利用现有教育培训资源开展教育培训，实现职业教育与农民培训需求的有效对接，为农村经济发展培养更多高素质的人才。

（六）农业教育培训项目的投入力度需要进一步加大

党中央、国务院高度重视培育新型农民和培养农村实用人才工作，为农民职业教育事业发展提供了有力的政策支持。农业部实施和牵头组织实施绿色证书工程、新型农民科技培训工程、农村劳动力转移培训阳光工程、农村实用人才培养百万中专生计划、农民科学素质行动等。中组部实施农村党员干部现代远程教育工程，教育部实施一村一名大学生计划，科学技术部实施星火科技培训专项行动、“百万农民科技培训”行动等都取得了显著成效，深受农民欢迎。

要继续增加农民科技培训项目的投入力度，以项目带动职业教育培训，以项目为手段和平台，突出培训的针对性和实效性，引导和调动各方面的积极性，着力提升农民的从业、择业、创业“三大能力”，全面提高农民职业教育培训培训的层次和水平。

（注：此文是2009年7月根据农业部的安排，选取山东省不同经济水平的3个县区作为样本进行调查，成立专门调研组进行调研后汇总而成，此文为调研组集体成果）

论农村公益型岗位人才培养问题

新农村建设，现代农业的发展，对于农民的综合素质提出了更高的要求，已成为社会各界、各级各地关注的焦点。特别是随着各级政府对三农政策的落实力度加大，投入的增加，如何通过政府买单的形式，为新农村建设和现代农业的发展提供强有力的技术和智力支撑，已成为摆在我们面前的十分重要和紧迫的任务。但是就农村当前形势而言，“三八”（妇女）、“六一”（儿童）、“九九”（老人）部队的现实农村人员状况，不得不对于农村的公益型岗位人才的培养问题提出了新的更高的要求。本文通过对于农村公益性岗位人才培养的时间做以探索。

一、乡村公益型岗位人才的内涵

乡村公益型岗位人才是指具有较高综合素质（中等学历文化水平以上）和专业技能（从事本岗位中等职业技能），从事乡村公益型事业管理工作的农村实用人才。

主要包括：农业技术指导员、农村动物疫病防治员、现代乡村综合管理员、农村集体资产管理员、农村社会事务调解员、农村信息管理员、农村电气化技术指导员、农业沼气管理员、农村医疗卫生服务员等。

其主要作用是服务于新农村建设的农村社会管理事务。

二、乡村公益型岗位人才培养的必要性和紧迫性

（一）培养乡村公益型岗位人才是建设社会主义新农村和农村和谐社会的需要

当前，各级党委政府十分重视农村公共事业建设，农村公共事业有了长足的发展，但农村公共事业投入不足，农村公共事业“有人建、无人管”的现象仍然十分突出，已经成为建设社会主义新农村和农村和谐社会主要的瓶颈之一。为此，刚刚闭幕的党的十七届三中全会提出：“加快发展农村公共事业，促进农村社会全面进步。”，并要求“强化农村社会管理”。并指出：“建设社会主义新农村，形成城乡经济社会发展一体化新格局，必须扩大公共财政覆盖农村范围，发展农村公共事业，使广大农民学有所教，”，同时要求“大力办好农村教育事业”。

（二）培养乡村公益型岗位人才是新农村建设社会公共服务事业的内在要求

目前，山东省农村实用人才总量 50 万人，仅占乡村从业人员的 1.12%，其中，具有中专以上学历的只占 7.3%。公益型岗位的服务人员 15 万人、中专以上学历人员 8 万人。面对农村从业人员的“结构性素质下降”（青壮年、素质高的大部分转移到城镇，留守的基本为妇女、老人、儿童，俗称“三八、六零、六一部队”），建设一支服务于新农村建设的公益型岗位人才队伍，这是农村社会公共事业发展的内在要求。而目前这部分人员无论从数量还是素质都远不能适应新农村建设的要求。

（三）培养乡村公益型岗位人才是加强农村基层干部队伍建设和提高农村基层党组织的创造力、凝聚力、战斗力的需要

加强农村基层党组织和农村基层干部队伍建设是推动农村科学发展、带领农民致富、密切联系群众、维护农村稳定的坚强领

导核心和力量。培养乡村公益型岗位人才，加强农村基层干部队伍教育培训，是提高农村基层干部队伍整体素质，强化农村基层党组织和农村基层干部队伍建设的有效途径，为此，党的十七届三中全会公报指出："要加强农村基层干部队伍建设，着力拓宽农村基层干部来源，提高他们的素质"。

这项工程通过选择优秀的适合从事农村公益性事业服务的人才，组织进行业余、系统的学习，着力提高其综合素质和专业技能。它不同于一般的农民技术培训、创业培训和阳光工程，也不同于普通的高中等农业教育。其培养对象是扎根基层的农村实用人才，从事和服务的属于农村公益事业，其培养和使用应当由政府买单。省外和国外都有成功的经验可以借鉴。

因此，实施乡村公益型岗位人才培养工程是建设社会主义新农村和构建农村和谐社会的一项十分必要、非常艰巨和长期的任务，也是落实十七届三中全会精神的重要举措。

三、乡村公益性岗位人才培养的条件已经成熟

（一）中办、国办对加强农村实用人才队伍建设提出了明确要求

2007 年 12 月中共中央、国务院办公厅专门下发了《关于加强农村实用人才队伍建设和农村人力资源开发的意见》（中办发［2007］24 号），明确提出"紧紧围绕农村经济社会发展的实际需要，组织实施新农村实用人才培训工程，以增加总量、改善结构、提高能力为目标，综合运用教育培训和实践锻炼等方式，着力培养一大批适应社会主义新农村建设要求的乡村医疗卫生人员、乡村科技服务人员、乡村文化工作人员、生产能手、经营能人、能工巧匠等各方面实用人才。"，并明确要求"坚持各类农村教育统筹协调，建立健全县、乡、村三级农村教育培训网络，充分发挥农村中小学校、职业学校、成人学校、农业广播电视学

校和农村党员干部现代远程教育系统等教育培训资源在农村实用人才培训中的主渠道作用。”。

（二）省委、省政府有关文件对加强乡村公益型岗位人才培养提出了具体要求

按照中共中央、国务院办公厅下发的《关于加强农村实用人才队伍建设和农村人力资源开发的意见》（中办发［2007］24号），2008年8月，省委办公厅和省政府办公厅《关于印发山东省实施新农村人才资源开发“绿色行动”的意见》（鲁办发［2008］13号）中明确提出，“依托农业广播电视学校和职业院校等教育培训机构实施乡村公益型岗位人才培养工程，到2020年培养造就一支40万人左右、适应农村和谐社会建设需求的公益服务人才队伍。”。

（三）部分省和直辖市财政部门已立专项经费支持农民中高等教育以及农村公益型岗位人才培养工作

天津市农村工作委员会、天津市财政局《关于对天津市农民素质提高工程教育培训实施财政补贴的通知》（津农委〔2008〕46号、津财农联〔2008〕44号）中明确要求：“8. 农民大中专学历证书教育。农民中专学历证书教育工程：对参加培训并取得中专毕业证书的农民，财政每人补贴1 600元。”河北省人民政府《河北省人民政府关于进一步推进职业教育发展的意见》（冀政［2007］44号）中明确提出：启动“每村一名中专农业技术员、动物防疫员培养计划”，加快培养一批有文化、懂技术、会经营的新型农民。河北省财政厅自2008年起列专项经费用于实施“每村一名中专农业技术员、动物防疫员培养计划”。按照中共浙江省委、浙江省人民政府《关于认真实施“创业富民、创新强省”总战略加快推进社会主义新农村建设的若干意见》（浙委［2008］25号）要求，浙江省教育厅、浙江省

财政厅下发了《关于实施新一轮“浙江省职业教育六项行动计划（2008～2010）”的通知》（浙教计［2008］137号），实行浙江籍学生免费就读农广校的政策，并实行“双证制”，即在规定的时间内修满教学计划所需的学分，并取得相应的职业资格证书，方可获得成人中专毕业证书。浙江省财政厅按二年的学费标准予以补助。据了解，目前，北京、江苏、福建等省、市党委政府也均就推进农民中等专业教育，加快农村中高等实用人才培养，建设社会主义新农村和农村和谐社会服务人才队伍提出了明确要求，相关省财政部门也均列专项经费予以支持。

（四）山东省农业广播电视学校完全具备乡村公益型岗位人才培养能力

目前，山东省农业广播电视学校有17所市级分校、127所县（市、区）、2 000多个乡镇教学班，基本覆盖全省所有农业县（市、区）。丰富的教学资源、高水平的教师队伍、优质的电视教学栏目、快捷的互联网教学点播系统，已基本构建起“三网合一”农民远程教育培训平台。2006年，贾万志副省长在发给山东省农业广播电视学校建校三十周年的贺信中指出：山东省农业广播电视学校已发展成为全省重要的农民教育培训、农业职业教育、农村实用人才培养基地。

四、农村公益型岗位人才培养的基本构想

（一）指导思想

以邓小平理论和“三个代表”重要思想为指导，树立科学的发展观，按照农村和谐社会和社会主义新农村建设对农村社会事业发展和对农村公益型实用人才的需要，充分发挥山东省农业广播电视学校业已形成的体系网络办学优势，运用多种途径和现代手段，培养具有全面素质和专业岗位综合职业能力，能胜任农

村经济和社会事业发展需求的中等农村实用人才，为发展农村各项社会事业，建设社会主义新农村和构建农村和谐社会提供智力支持和人才保证。

（二）目标任务

根据社会主义新农村建设和构建农村和谐社会对公益型岗位人才需要，按照岗位设置专业，主要培养现代乡村综合管理员、农村集体资产管理员、农村社会事务调解员、农村动物疫病防治员、农业技术指导员、农业综合环境治理员、农村信息管理员、农村电气化技术指导员等。业余学习二年，获得“双证”（中等职业教育证书、技能证书）。

2009 年全省乡村公益型岗位人才培养工程将为全省乡村培养 1 万名思想观念新、文化素质高、技术业务精的中等公益型岗位人才，今后逐年有所增加，三年后稳定在年招生 3 万人，力争到 2020 年为每个村平均培养 5 名专、兼职（根据村的大小可以合并岗位）的公益型岗位人才，实现省委、省政府提出的“培养造就一支 40 万人左右、适应农村和谐社会建设需求的公益服务人才队伍”的目标任务。

（三）组织实施

省农业厅、财政厅联合成立领导小组，成立领导小组办公室。办公室是设在人事处。省农广校承担乡村公益型人才培养工程，负责具体组织实施。

乡村公益型岗位人才培养工程将根据培养目标任务要求，按照“公开、公平、公正”的原则，采取自愿报名、村镇推荐、择优选拔的形式公开确定培养对象。每年于 8 月 1 日前以乡镇为单位统一上报培训机构。经社会公示后，予以正式确定为培养学员。

培训对象重点从村组干部、专业农户、科技示范户、农民专业合作经济组织骨干、农村经纪人、远程教育接收站点管理员、复转军人中选取，并应符合以下基本条件：初中以上文化程度，年龄一般不超过50岁；思想素质好、品德端正、遵纪守法、乐于奉献；工作积极主动，能发挥示范带动作用。

乡村公益型岗位人才培养工程将根据岗位设置要求，科学制定培养计划，开设相应课程，编写辅导教学大纲、辅导资料、文字和音像教材。按照自学、视听、面授辅导、实践实习、考试考核、跟踪服务6个环节落实培养工作，确保培养效果。

在全省乡村公益型岗位人才培养工程领导小组的统一领导下，山东省农广校将根据全省乡村公益型岗位人才培养工作规范化、科学化要求，制订并不断完善各项工作管理制度和办法，确保农民科技教育培训工作能卓有成效地开展。

（四）支撑体系

利用农业广播电视学校业已形成的农村实用人才培养网络体系，开展社会主义新农村公益型岗位中等实用人才培养工程。构建起农村实用人才培养的支撑体系：

一是组织保障。省农业厅、财政厅联合成立全省乡村公益型岗位人才培养工程领导小组，设领导小组办公室。各级各有关部门要联合成立专门的工作班子，设立相应机构，安排专门人员，切实加强领导。要积极争取各级党委政府的重视支持，把这项工作作为各级各部门年度工作考核的一项重要内容，加大政策支持与资金投入，确保工程顺利实施。要积极引导农村合作经济组织、农业龙头企业等社会力量参与工程实施，加大投入，改善办学条件和手段，提升培养能力。

山东省农广校承担乡村公益型人才培养工程，负责具体组织实施。农广校体系要明确责任，分工协作。省里负责确定培养岗位，下达年度培训任务，设置培训专业，编制培训计划，提供各类媒体教学资料，实现信息化管理；省、市两级负责管理人员和师资培训，聘请专家成立培养工作指导委员会，检查评估教育培训实施情况，指导、监督、检查下级分校开展教学服务工作；市、县（市、区）级负责进行学员发动报名组织，开展教学活动，提供教学服务；县级负责制定辅导教学计划和安排，组织专兼职辅导教师，通过组视听教学、网上辅导、面授辅导、实验实习等教学活动，落实、督促、检查学生完成自学、视听、面授、作业、实验实习等教学环节；省、市、县（市、区）三级配合完成学员信息管理，组织考试考核等。

二是制度保障。在全省乡村公益型岗位人才培养工程领导小组的统一领导下，制定并不断完善各项工作管理制度和办法。主要包括一是建立项目资金使用办法，确保专款专用，发挥财政资金作用。二是建立工作管理规定，确保培养工作的科学化、规范化。三是建立工作检查考核和绩效评估机制，制定考核评估办法和评价指标体系，定期开展检查评估。四是建立激励机制，对工作业绩突出和有创新发展的单位和个人进行表彰奖励，确保农民科技教育培训工作能卓有成效地进行。

三是队伍保障。根据全省乡村公益型岗位中人才培养要求，选聘具有中级以上职称或具有大学本科以上学历的人员任教学辅导教师，建立教师库，组成一支稳定的专兼职辅导教师队伍。省、市、县（市、区）三级结合实际和教学培训需要，成立相应的教学培训专家服务团，选配熟悉教务管理内容、有教学管理经验、业务能力强、有责任心的专职人员，加强部门间的协调，及时与乡镇、村的沟通。

四是资源保障。要发挥各地各部门的地域和资源优势，共同开发适合全省农业和农村工作特点的文字和音像教材，要充分利用各地各类农业示范基地，作为农广校教学实践基地，把远程教学、现场传授和实际应用有机结合起来，突出可操作性、实用性、实效性，确保培养效果。

五、农村公益型岗位人才培养的实践

2009 年，省农业厅、财政厅下发了《关于做好 2009 年新型农民科技培训工作的通知》（鲁农科教字〔2009〕29 号），明确提出了做好农村公益型岗位人才培训试点工作，省农广校被确定为全省新型农民科技培训工程农村公益型岗位人才培训试点工作的实施单位，承担了全省 10 个县 1 100名农村信息员和 900 名农产品质量监督员的培训。按照培训的要求，根据不同的岗位分别制定了培训计划、培训内容、培训教材，研究制定下发了试点工作管理办法、绩效评价表，编印了试点工作指导手册、岗位工作计划书、教师跟踪服务手册、培训学员手册。为保障培训组织，专门召开了承担本次试点工作的项目县和相关市分校的负责人会议。为加强学员组织，合理利用培训资源，确保有序开班，实行了开课申报制度。为确保培训质量，实行了三加一式培训模式，即集中面授、考察学习、交流研讨加上培训结束后一年的跟踪服务。经过培训，94% 的参培学员达到了中级以上职业技能水平，获得了农业职业技能鉴定证书。

一年的试点工作取得了良好的工作效果。但是，由于 2010 年国家“阳光工程”工作转型，农村公益型岗位人才培养工程与国家新的实施的“阳光工程”有重复，因此并入省里的阳光工程中实施农村公益型岗位人才培养，由农广校体系组织实施农村信息员、农产品质量监督员、农村经纪人三大工种的“阳光工程”行业培训。

六、几点思考和建议

1. 恢复农村公益型岗位人才培养工程

恢复建立农村公益型岗位人才培养工程，从阳光工程项目中切块实施，规范公益岗位、确立培训内容，确定培训计划目标，落实省委省政府提出的“依托农业广播电视学校和职业院校等教育培训机构实施乡村公益型岗位人才培养工程，到2020年培养造就一支40万人左右、适应农村和谐社会建设需求的公益服务人才队伍”。

2. 在阳光工程项目中进行分类

划分为向第二、第三产业转移培训、公益型岗位人才培养、农民创业培训等大的培养类型，规范阳光工程的新的培养目标与方向。

（此文成稿于2010年10月）

21 世纪初农民教育体系分析与研究

党的十一届三中全会以来，我国农村发生了历史性的深刻变化。农业和农村经济得到迅速发展，广大农民的科学文化素质有了很大提高。但随着形势的发展，农业、农村、农民问题又成为摆在我们面前急需解决的问题。应当说发展农民教育是我国应对“入世”挑战的客观要求，是提高农民科技文化素质的根本途径，是适应农业发展新阶段的迫切需要，是加快农村劳动力转移的有效手段。近期，为了认真贯彻落实《国务院关于进一步加强农村教育工作的决定》（国发［2003］19 号）精神，2003 年 9 月，国务院办公厅又转发了教育部、中央编办、公安部、发展改革委、财政部、劳动保障部《关于进一步做好进城务工就业农民子女义务教育工作的意见》，并要求各省、自治区、直辖市人民政府，国务院各部委、各直属机构认真贯彻执行。近年来，中央财政对农村义务教育的支持明显增加。主要体现在工资性转移支付和农村税费改革转移支付。去年，这两项转移支付用于农村义务教育的总数达 243. 47 亿元。中央财政投入占中西部地区农村义务教育经费总量的 43. 2% 和财政预算内支出的 56%，占中西部地区农村义务教育职工基本工资的 72%。农村教育正在实现由“农民办”向“政府办”的转变。自从实行了“以县为主”的农村教育管理体制后，我国“农村教育农民办”的情况得到根本性改变。2002 年，全国财政预算内对农村义务教育的拨款达到 990 亿元，占当年义务教育经费总投入的 78. 2%。自今年以来，国家对农民教育问题更加关注，国家试图改变农村、农民教育被忽视的现象；另外，根据国家经济改革与农业发展的大的趋势，以及农民素质普遍较低的基本现实，对农村、农民教育加大政府的资金投入和行政干预力度，切实为实现农业现代化，为农村向城市化、城镇化发展，为农民在我国经济发展的大变革中实现平稳和顺利的身份转移与变换，相继出台了一系列的政策与法规。最近，教育部部长周济在谈到农村、农民教育时说，今后“以县为主”是农村义务教育管理的新体制，是推动农村教育可持续发展的“治本之策”。今后工作的关键是要落实国务院“保工资、保安全、保运行”的政策，建立和完善农村中小学教职工工资保障机制，建立校舍维护、改造和建设保障机制，确保农村中小学校公用经费。尽快建立规范农村教育经费投入机制，确保农村义务教育经费投入不低于税费改革前水平，并逐步有所增长，在确保农村义务教育经费投入的同时，增加对职业教育、农民培训和扫盲教育经费的投入。

重新审视与构建我国农民教育体系，已经直接关系到8亿农民整体素质的提高，关系到我国能否在21世纪中叶基本达到中等发达国家的宏伟目标，关系到我国能否顺利地融入现代化的全球经济一体化的进程中，关系到民族与国家的发展，关系到我国8亿农民的生存环境的改善，以及关系到农村能否平稳向农业产业化、规模化、专业化、现代化发展，顺利实现农村向城市化、城镇化转化。2002年，在全国人代会上朱镕基总理提出政府和全社会要关注弱势群体问题，受到社会各阶层和世界各国的高度关注，我们认为从广义上讲，我国8亿农民应是最大的弱势群体，他们的生存环境、他们接受教育的机会和条件、他们在我国向现代化发展进程中的地位，以及庞大的素质参差不齐的劳动力群体都应引起我们给予高度的关注。近期，国家相继对农村、农民教育出台有关政策与法规，充分体现了我国政府对农民教育的

高度重视。提高农民整体素质从教育入手，抓住了目前发展“三农”问题的关键，是一项功在千秋，利在万代的民族伟业，

构建21世纪我国农民教育体系是我国改革开放的需要，是农业、农村、农民的需要，是国家法制建设的突破，是我国人权的最终体现。该项课题研究通过对我国农民的教育、农民技能素质现状、我国农业教育现状、国外农民教育方式等问题进行调研与分析，研究并构建适合我国国情与经济发展的农民教育的体系。该课题的研究方向在我国目前对农民问题研究中是不多见的，本研究将对我国农民教育研究开辟新的视角，给政府及行政主管部门今后制定农民教育相关政策法规提供参考；同时，也将对我国今后的农民教育发展有一定的理论意义与现实意义。

一、21 世纪初我国农民教育发展是社会进步、经济发展的必然

（一）农业和农村经济发展对农民教育提出新的要求

当前，农业和农村经济发展出现了两个历史性转变。一个是农业进入新阶段，农产品供求格局发生历史性转变；另一个是我国加入世界贸易组织，农业和农村经济发展的外部环境发生了历史性转变。农业发展面临着四个大的问题：

一是面临长期确保农产品总量和结构供求平衡的巨大压力。我国人口基数大，人口的刚性增长必然会带来对农产品需求总量的增长。从全国来看，到2030 年人口将达到16 亿左右，按人均年占有 450 公斤的粮食安全低限计算，粮食总产必须达到 7.2 亿~7.5 亿吨。而且城乡居民对肉、蛋、奶、水产品等动物性蛋白产品和蔬菜、水果的消费需求也相应增加。据统计要实现以上目标，今后 30 年内我国粮食产量要比现在提高 1.5 亿~2 亿吨。

二是面临改善农产品品质、提高质量的巨大压力。目前，我

国主要农产品已实现了供求总量平衡，但结构性特别是品质结构方面的供求矛盾仍比较突出。现在市场上流通不畅或积压“卖难”的农产品主要是品质欠佳的产品，优质农产品依然畅销。

三是面临着严峻的资源约束和环境恶化的压力。我国土地资源有限，人均耕地只相当于世界平均水平的2/5。而且随着城市化发展的进程加快，耕地正在逐年减少；人均水资源占有量也只相当于世界平均水平的1/4，水资源短缺已经成为制约北方地区农业发展的主要因素。近年来，农业环境污染问题日趋严重，出现了多处大面积的酸雨区，旱、涝自然灾害交替发生，植被破坏严重，水土流失和土壤沙化面积扩大。资源约束与环境恶化的制约条件在短时期内是很难从根本上改变的。

四是面临大幅度增加农民收入的巨大压力。自1997年以来，主要农产品价格持续下降，1997～2000年山东省农副产品收购价格总水平累计下降34.4%，平均每年降10%，农民人均纯收入增幅由1995年的30%降到了2000年的4.3%。农民收入增长缓慢，已影响到城乡工农产品市场的启动和农民生活水平的提高，造成农民增收缓慢的原因是多方面的，但自身素质较低，大量具有实用性农业科技难以得到推广应用是重要原因之一。

解决上述问题，只有通过依靠科技进步和提高农村劳动者素质，这必然会对农民教育的发展提出新的要求。

（二）农业科技的迅速发展呼唤农民教育的强力支撑

21世纪的科学技术，尤其是生物技术的迅猛发展将会导致农业出现一场新的革命，其特点和内涵是在于深入揭示生命奥秘的基础，通过农业科学与生命科学等更多学科的交融，从深度与广度上大大推进农业科学的更新与拓展，并以技术创新为先导，促进新兴产业的形成与发展。科技进步有赖于教育的发展与普及，因此，农业科技的迅速发展，不仅推动着农民教育的迅速发展，也必然要求农民教育的形式、内容、方法、体系进行必要的革新。

（三）农业产业化经营更加迫切和大规模的需要农业人才

农业产业化的深化升级，呼唤高素质的农民。农业产业化以产加销、贸工农一体化经营，促使农业产业结构的合理化和高级化为基本特征，它注重农业生产的区域化布局、专业化生产、一体化经营和社会化服务。为此，今后为加快实现农业生产的现代化、规模化、专业化，亟需有专业技能、素质较高的新型农民及各方面的农业科技人才。

一是迫切需要掌握现代农业生产技术与操作技能，能运用新型农业机械从事农业生产，具有创新意识和创新能力的农业生产者。实现农业产业化，需要不断提高农业劳动生产率、提高资源在农业生产中的利用效率，以生产出更多更好的、适应市场需求的农产品来满足社会需要。它有赖于农业生产新技术和新型农机具在农业生产中的应用，而这些应用离不开新型农业生产者。

二是迫切需要能研究、引进、开发和推广应用优质、高效的农业生产新技术，能直接服务于农业生产的产前、产中环节的技术指导与推广者。我国农业生产基本上以家庭为生产经营单位，规模较小，缺乏对新技术的研究、引进、开发和应用能力，而农业产业化注重区域化布局、专业化生产，非常需要农业技术推广部门在产前、产中环节提供有效的服务，这就离不开大量的农业技术指导与推广人才。

三是迫切需要具有现代经营与管理知识，市场意识强，有开拓精神，懂经营、会管理的农业产业的经营者与管理者。农业产业化强调产加销、贸工农一体化经营，而我国目前的农业生产现状是以家庭为单位分散生产和经营，不利于农产品的销售，也影响生产效益与生产者的积极性，因此，需要大量的经营管理人才去做好产后服务、开拓市场、促进销售，从而带动农业生产。

四是迫切需要能不断开发和应用农产品贮藏、保鲜、加工与包装的新技术、新工艺、新方法的农产品加工者。实施农业产业化，要使农业产业由目前的低效益、弱质产业向着高效益产业转变，需要不断延长农业产业链，增加农产品附加值，以适应市场需求，这就需要进一步对农业初级产品进行保鲜、贮藏、加工和包装，而这些都需要为其培养大量的专门人才去完成。

（四）农业和农村劳动力素质现状迫切要求发展农民教育

科教兴农战略的实施，关键的因素在人，但从我国目前状况看，农村劳动力资源相对丰富，但农村劳动力的素质普遍较低，其主要表现为：

1. 劳动者的文化和科技素质低

从山东省农村劳动力的素质状况看，全省3 800万农村劳动力中，大专以上文化程度的只有19万人，占0.5%；中专文化程度92万人，占2.4%；高中文化程度516万人，占13.6%；初中文化程度1 680万人，占44%；小学及文盲半文盲1 500万人。

2. 农村劳动力素质的结构不合理

农村劳动力的素质状况不仅表现为文化和科技素质低，还表现在不同地区间劳动力的素质差别明显、男女劳动力素质差别和劳动力素质在年龄上的差异等。从接受专业培训的情况看，东部、中部和西部经济有较大的差异，男女之间也有较大的差距，不同年龄段的人员有较大差异（见发表文章、调研材料之二、之四）。

二、农民教育现状及发展中的矛盾

近年来，各级政府应当说比较重视开展农民教育。新上了一大批农职业中学、中专、农民中专，培养了大批的新型农民；在生产技术领域，以“丰收计划”为龙头，有重点地开展了农民短期实用技术培训，带动各项增产技术的推广，加快各类农业科技成果的转化。同时积极开展绿色证书工程和跨世纪青年农民培训工程，为全省培养了大批农民技术骨干。全省已有 100 多个县（市、区）实施了绿色证书工程，100 多万人参加绿色证书培训，30 多万人获得了绿色证书。有 50 多个县、市（区）参与了跨世纪青年农民培训工程，培训青年农民 15 万人次。通过农业广播电视教育，培养中初等农业职业技术人才十几万人。但是整个农民教育的现状还远不能适应经济发展的要求。

（一）对提高农民素质，加强农民教育问题认识不足

全面提高农民素质是落实小平同志科学技术是第一生产力、江泽民总书记“三个代表”思想的具体实践。它是逐步完成从物力资源开发向人力资源开发的转移，实现农业两个根本性转变的客观要求。各级领导及广大农民都已充分认识到它的重要性，但在实际操作过程中却十分不易。农民素质教育的刚性投入显得不堪一击。

（二）农户的科技需求与农村劳动力转化中的技能培训形成较为突出的矛盾

追求产出、收入和利润的最大化是农户应用科技的现实目标和动力所在。目前，我国农村劳动力中有 70% 以上仍然从事农业生产，由于受到农业比较利益、收益水平的影响和制约，对农村科普教育和科技成果的有效需求明显不足，这也直接阻碍了科技向农户的转移。农村劳动力在向第二、第三产业转移的过程中，迫切需要学习和掌握一技之长，而这种培训形式和方式较少或者不够通畅，影响了农村剩余劳动力的转化与再就业。

（三）现有农民教育管理体制与培训体系的矛盾较为突出

在我国现有的农业教育体制上，农业高等教育与农民职业教育和成人教育存在明显的“鸿沟”，就是普通高、中等农业教

育，也缺乏有机的衔接，使任何形式、任何层次的农业教育都成了“终结性”的一次性教育。在结构上，农业职业教育的体系不完善，缺少本科及其以上的职业教育，制约了职业教育的发展。我国现有的各地农广校、农技中心、农民成人教育中心等农民教育机构，由于隶属于不同的部门，加之缺乏统一的规划和有效的机制的连接，形成了各自为战的局面，使农民教育不能形成文化教育、专业技能教育，及学历教育、非学历教育等形成完整的链条。在目前农民教育管理体制与教育目标模糊的情况下，有限的农业教育资金更显得捉襟见肘、杯水车薪也就不足为怪了。

（四）有关农民教育的政策法规贯彻矛盾较为突出

从目前看，对农民教育的体系建设、投资保障缺乏刚性规定，影响了农民教育的规范化发展。农民教育迫切需要一部规范的农民教育法规来保障农民教育健康持续发展。另外，目前农民教育本身的内涵与外延也没有明晰与界定，难于形成一个完整的概念。就农民教育而言，我们认为应始终坚定地将农民教育立足于提高农民整体素质基础上，对农民教育的形式、方法、内容、目标，则需要国家在政策法规上给予明确要求，各级农民教育的行政主管部门可根据变化的形势要求，随时对农民教育做适应性调整和革新，以适应农业产业化、农业国际化对农民素质的要求。

（五）农民教育工作加强与农民教育资金短缺矛盾十分突出

用于农民教育的经费很少，只有“跨世纪青年农民科技培训”项目有经费，而像绿色证书培训等农民培训项目都没有专项经费，而且农业部每年只有5 000多万元，平均每个农村劳动力不到0.1元，远远低于发达国家农民培训的费用。同时由于人力资本投资的结构不合理，即初等教育和职业高等教育相比投资的严重不足，又形成了人力资本积压消费与短缺并存现象。造成农民教育资金投入较低的因素固然是多方面的，除人力资本投资不足原因以外，还有各级政府对农民教育的重视的偏差等因素，造成了我国很多地区农业教育发展滞后于农业经济发展的整体要求。例如，目前山东省的教育投资占国民生产总值的比重还很小，只有 3% 左右。相比之下，投入到农民教育上的资金就更少。教育资金投入过少，限制了我国教育发展的多样化，尤其限制了农村教育、农业职业教育、非学历教育的发展与普及，制约了我国农民劳动力素质的提高。

三、对我国农民劳动力与专业技能素质的现状调查、分析

农民技能素质高低不仅代表一个国家、一个地区的文明程度，而且直接关系到该国家的经济发展水平和教育水平以及在今后发展中的潜力。自 1998 年起本课题主持人就先后参加了由国家教育发展中心郝克明研究员和沈阳农大王广忠教授先后主持的“九五”国家哲学社会科学重大研究项目“中国人力结构与教育结构体系研究”以及中华农科教基金项目“中国农业人力结构与教育结构体系研究”两项课题研究，重点研究我国农民技能素质。通过对江苏、山东、辽宁等省农民素质的调研，基本上较全面的了解了我国东部较发达地区农民素质及农民受教育现状，以及与家庭、地区经济的相关性（详见调研材料之二）。

农民专业技能素质，是指劳动者对劳动对象的直接作用能力，是经过训练固化了的活动方式，是科学技术转化为生产力的转化点。产业劳动者专业技能素质的高低直接影响着劳动效率和生产力水平。提高全民专业技能素质对于提高生产力水平、促进社会和经济发展具有极其重要的意义。生产力包括 3 个方面：劳动者、劳动资料和劳动对象，其中劳动者是最主要的因素。劳动者素质的高低，特别是劳动者专业技能素质的高低，将直接影响着劳动生产率和生产力水平。在现实生产中，我国农业科技成果

转化率、科技在经济增长中的贡献份额、资源利用率、劳动生产率、经济效益等都还不够高，距世界先进水平有较大差距。我国单位国民生产总值耗能为日本的6倍，美国的3倍，韩国的4.5倍；我国灌溉水利用率不到40%，而发达国家达70%～80%；以色列每立方米灌溉水生产2.23公斤粮食，我国只能生产1公斤粮食；化肥利用率发达国家为60%～70%，我国只有30%左右；每万名农业人口中，我国只有4名农业科技人员，而美国有21名，日本9名；我国每年取得3万多项科技成果，只有20%左右转化并批量生产，5%的成果形成产业，不仅大大低于发达国家，也低于其他发展中国家和地区平均水平。我国农业科技整体水平与发达国家相差10～20年。因此，我国农业发展的潜力还很大。只有依靠提高劳动者、管理者素质，依靠科技进步加快人力资源开发，加快农业科技成果的转化，才能使我国尽快实现农业现代化。

（一）我国农业劳动力结构的变化

1. 农业劳动力比例相对下降

根据人力资源理论，劳动力适龄人口为16岁至60岁（女为55岁），主体就是就业和待业人口。据统计，新中国成立初期（1952年）全社会劳动力总数为2.07亿，其中农业劳动力为1.73亿，占社会总劳动力数的83.84%；到1978年以后，由于市场经济体制的确立和逐步完善，乡镇企业的发展和城市的拉动，农村劳动力开始流向工业和城市。因此，虽然农业劳动力绝对数逐年增加，但农业劳动力占全社会劳动力的比重却逐年减少，到1997年，全国社会劳动力总数为7.6亿，其中，农业劳动力达到4.2亿，占全社会劳动力总数的比例却下降到55.26%，比1978年降低17.2个百分点。平均每年降低0.95个百分点（表1）。到21世纪初，农业劳动力所占比例仍然是下降趋势。

表 1　新中国成立以来我国农业劳动力总量变化趋势

（单位：亿）

年度	全社会劳动力	农业劳动力	农业劳动力占社会劳动力(%)
1952	2.07	1.73	83.58
1978	4.06	2.94	72.41
1983	4.77	3.26	68.26
1997	7.06	4.20	55.26
1997 年与 1978 年相比增减	+3.54	+1.26	-17.15

资料来源：根据全国农业普查办公室《中国第一次农业普查资料综合体要》整理，中国统计出版社，1989.9

2. 女性劳动力比例缓慢上升

女性劳动力是农业生产的重要方面军。就全国而言，农村女性劳动力占乡村劳动力的比重 1980 年为 45.41%；1985 年为 45.63%，1990 年为 46.32%，1995 年上升为 46.63%。可见 1995 年与 1980 年相比，共上升 1.22 个百分点，平均每年上升 0.08 个百分点，呈现缓慢上升趋势。而且，农村女性劳动力的绝对数不断增加。这是由于市场经济的拉动，第二、第三产业的发展，农村男劳动力外流的同时，女性劳动力也在外流，只不过相对男性劳动力外流比例稍小些而已。

根据前述情况，目前在种养殖业从业的劳动力的主力是 18 岁以下、36 岁以上的妇女及年长老人，戏称为“3860 部队”(38 指妇女，60 指老人)。

3. 全国农业劳动力文化、科技素质偏低

据统计，1980 年农业劳动力中文盲、半文盲人数占农业劳动力总数的 32.76%，小学毕业的占 39.10%，初中毕业的占 21.73%，高中和中专毕业的占 6.48%，大专以上的占 0.01%；到 1998 年，则分别为 8.64%、34.63%、45.67%、10.73%、

0.33%。文盲、半文盲比重明显下降，18年下降了24.12个百分点；小学文化程度下降4.38个百分点，而初中、高中（含中专）和大专以上文化程度分别增加了23.94、4.25、0.32个百分点（表2）。虽然如此，我国农业劳动力的文化水平总体上是偏低的，尤其是中国西部地区更为明显，1998年西部地区劳动力文盲、半文盲率为14.8%，比东部高出1倍；而高中（含中专）以上文化程度的西部又比东部低出达1倍（表3）。这说明提高农村劳动力文化水平的任务繁重，西部任务更是艰巨。

表2　我国农村劳动力文化素质变化　（单位:%）

年度	文盲半文盲	小学	初中	中专（含高中）	大专以上
1980	32.76	39.01	21.73	6.48	0.01
1998	8.64	34.63	45.67	10.73	0.33
1998年与1980年相比增减	-24.12	4.38	+23.94	+4.25	0.32

资料来源：国家统计局人口和社会科技统计司：《'97中国人口》，中国统计出版社，1998

表3　1998年我国不同地区农村劳动力文化素质状况

（单位:%）

地区	文盲半文盲	小学	初中（含高中）	中专以上	大专
东部	6.44	31.71	47.72	13.53	0.60
中部	5.83	33.27	49.50	11.11	0.29
西部	14.81	39.22	38.05	7.75	0.17
西部与东部差	-24.12	4.38	+23.94	+4.25	0.32

资料来源：国家统计局人口和社会科技统计司：《'97中国人口》，中国统计出版社，1998

在农业科技素质方面，据抽样调查，农业劳动力中掌握1~2项实用技术的人数占被调查人数的16.4%；获得专业技术职称和岗位培训证书的人次，合计占被调查人数的7.3%。农村劳动力缺乏职业技术知识和技能，反映了我国农业职业技术教育的薄弱，说明大力发展农业职业教育，提高劳动者职业素质已成为21 世纪的一项紧迫任务。

4. *劳动力从业结构发生明显变化*

1978 年改革开放和农村经济体制改革后，特别进入 20 世纪 80 年代后期，由于社会主义市场经济体制的确立，农村的第二、第三产业迅猛发展，致使生产结构和产业结构都发生深刻变化，导致劳动力从业结构也发生相应变化（表 4）。

表 4　农村劳动力从业结构变化

从业类别	产业劳动力占农村总劳动力（%）					
	1970	1980	1985	1990	1995	1997
第一产业	89.72	88.99	81.99	79.35	71.79	70.57
第二产业	6.41	7.00	10.44	11.31	13.71	13.93
第三产业	3.87	4.01	7.67	9.34	14.50	15.50

资料来源：国家统计局人口和社会科技统计司：《'97 中国人口》，中国统计出版社，1998

从表 4 可见，从事第一产业的劳动力逐渐降低，而从事第二、第三产业的劳动力，总体为上升趋势，且从事第三产业的劳动力上升速度较快。这种趋势还在迅速发展，而且各地区有所不同。被调查的山东省，从事第一产业的劳动力，从 1991 年的 76.1% 下降到 1996 年的 62%；从事第二产业的从 14.1% 上升到 18.0%；从事第三产业的从 9.8% 上升到 20%。从事第一产业的降低 14.1 个百分点，从事第二、第三产业比例分别上升 3.9 和 10.2 个百分点。江苏省从事第二、第三产业的农业劳动力已占农业劳动力总数的 66%，只有 24% 的农民从事第一产业。随着农业集约化和现代化水平的提高，21 世纪初从事第一产业的农业劳动力还将减少，而更多的是从事第二、第三产业的生产，这符合于农业经济向工业经济、知识经济过渡的规律。

（二）山东省农民技能素质现状调查与分析

通过1997~1999年，历时两年多的调研，我们完成了对山东省鲁东、鲁中，鲁南、鲁西及鲁西北4个区域，包括济南、青岛、淄博、潍坊、烟台、威海、滨州、德州、临沂、枣庄、菏泽、济宁、泰安、聊城等15个地市46个县231个点（自然村）进行了种粮、果树、蔬菜、养殖四大类别的农民人力结构与农民技能素质现状抽样调查与分析。全省共发调查问卷4 620份，回收卷4 117，回收率89.119%。问卷共分种粮、果树、蔬菜、养殖4个类别。

表5　山东省农民技能素质现状调查

	优		良		合格		不合格	
	人	%	人	%	人	%	人	%
被调查人总体素质	128	3.525	788	21.70	1537	42.33	1178	32.44
被调查人种植类素质	42	2.893	327	22.52	623	42.91	460	31.44
被调查人果树类素质	19	2.286	175	21.06	359	43.20	278	33.45
被调查人蔬菜素质	36	4.718	216	28.31	307	40.24	204	26.74
被调查人养殖类素质	31	5.299	70	11.97	248	42.39	236	40.34

注：优：76分以上，良：60分，合格：50~59分，不合格<50分

表6　山东省农民技能素质现状调查（不同学历）

学历及专业培训情况	总人数	优		良		合格		不合格	
		人	%	人	%	人	%	人	%
全省不同类别文化程度高中	674	30	4.451	200	29.67	285	42.28	159	23.59
全省不同类别文化程度初中	1 719	57	3.316	371	21.58	757	44.04	534	31.06
全省不同类别文化程度小学	929	16	1.722	145	15.61	387	41.66	381	41.01
全省不同类别文化程度受过其它培训	184	16	8.696	33	17.93	54	29.35	81	44.02

从表 6 可以看出，学历高低以及是否受过专业培训成为农民技能素质的又一重要因素。从表中可以看出，没有学历，仅接受过某些培训的技能素质最差。而有一定学历并接受了某些专业培训的技能素质最高。从各不同年龄段的调查中可以看出，技能素质较好的是 25 岁以下（表 7），而 46 岁以上的技能素质普遍较差。

表 7　山东省农民技能素质现状调查（不同年龄段）

不同年龄段	总人数	优		良		合格		不合格	
		人	%	人	%	人	%	人	%
全省不同类别年龄 25 岁以下	736	27	3.668	166	22.55	328	44.57	215	29.21
全省不同类别年龄 26～35 岁	1 472	57	3.872	340	23.10	596	40.49	479	32.54
全省不同类别年龄 36～45 岁	1 076	27	2.509	233	21.65	476	44.24	340	31.60
全省不同类别年龄 46 岁以上	344	17	4.942	49	14.24	137	39.83	141	40.99

通过对山东省四大区域 15 个地市农民人力结构现状调查分析，山东省农民技能素质状况不容乐观，与山东省目前的农业大省地位是不相称的，表现突出的问题有以下几方面。

一是山东省各地市农民技能素质状况存在较大差异，例如，山东省潍坊市不合格率仅为 13%，而山东省枣庄市不合格率则高达 73%。

二是从调研结果总体分析，学历高又受过专业培训的素质普遍高，山东省各地市的统计分析此项均呈正相关，同时，提高农民技能素质，加强农民专业技术的培训，则是非常重要和行之有效的措施。

三是相近区域农民技能素质有其共性，但也有差异。例如山东省鲁南三地市，农民技能素质在被调查的572人中竟没有一个达到优秀。而在山东省鲁东地区，不合格率低的是青岛市，不合格率最高的是日照市。在山东省鲁东地区，虽然经济发达，但从统计数据分析看，农民技能素质除青岛市以外，均低于全省平均水平，相对来讲，传统农业产业，虽比其他类别素质略高，如山东省烟台地区的果树类，但不合格的仍占43.92%。在山东省鲁中地区，农民技能素质不合格率最高的为山东省济南市。由此可见沿海地区的山东省威海、烟台以及济南市等，农民技能素质普遍较低，经济收入不是其决定因素。农业生产投入的劳动力的年龄结构、学历结构对农业生产起着相当重要的作用。

四是通过对山东省农民人力结构与技能素质的调研分析，我们认为：今后城市农业经济的发展是与城市建设密不可分的，农民城市化是其必然的发展趋势，而城市建设所需的劳动力正是农村劳动力的精华部分，这部分人的教育与培训是与本城市建设为一体，重心应为专业技能培训与学历教育相结合；城市农村现有劳动力的年龄结构、学历结构状况堪忧，对农民的教育与培训应从文化知识与农业专业技能培训相结合。另外，各城市也应加大对城市周边农村的教育与科技投入，真正重视“三农”问题。农民提高专业技能素质固然重要，但在贫困落后地区应首先加强的是农民的文化素质的提高，如果一个农民连最起码的文化知识都没有的话，谈论加强技能素质的培训不仅是本末倒置，而也只能收到事倍功半效果。

四、我国农民教育体系分析与研究

（一）构建符合我国国情的农民教育体系是我国经济发展的需求与必然

教育是一项百年树人，利在千秋的关系到我们民族在21世纪生存、发展的伟业，有学者从经济学的角度将 1978～1996 年教育投资与健康投资的数据作为人力资本总投资，计算出每增加 1 亿元人力资本投资，可带来次年近 6 亿元 GDP 增加额，而每增加 1 亿元物质资本投资，仅能够带来 2 亿元 GDP 增加额，我国各级政府现在大约把国民生产的 2.5% 用于教育投资，30% 用于物质投资。这两项在美国分别是 5.4% 和 17%，在韩国是 3.6% 和 30%。中国物质资本投资与人力资本二者投资人力资本的比例，中国是 12∶1，韩国是 8∶1，美国是 3∶1。我国对进行投资的支出，远远低于各国平均数。2000 年诺贝尔经济学奖得主、现任芝加哥大学经济学教授詹姆斯．赫克曼在北京大学演讲时指出：中国目前对人力资本的投资低于世界平均水平，甚至低于一些发展中国家。中国现阶段存在物质资本投资与人力资本投资比例失衡的现象，这将阻碍中国的经济发展。人力资本是决定中国财富状况的最终决定因素，如果中国能够提高人的受教育程度，使他们能够使用 21 世纪的新科技，中国的潜力就能实现。

我国农村现在正发生着深刻的变革，农民教育实际上也可说是一项伟大的，将对我国经济发展具有深远影响的人力资本投资。我们发展农民教育既是一种挑战，也是一种机遇。说是机遇，一方面是农村经济发展和结构调整，对农民教育的需求增大，农民学技术的要求提高了；另一方面是随着农村生活水平向小康过渡和劳动生产率提高，及吸引外资的速度加快，使农民教育的发展有了一定的资金基础。说它是挑战，就是说农村经济和社会发展对农民教育提出了更高的要求。因此，农民教育只有审时度势，顺应农村改革的大潮，及时调整发展战略，才能获得新的发展。

1. 发展农民教育应强化三种意识和观念

要树立三种观念：即大农民教育观、现代农民教育观和为“三农”服务的农民教育观念。

一是树立大农民教育观。目前农业和农村的概念和内涵均发生了变化。农业已不是传统的种植业、养殖业的概念，而是“贸、工、农”结合，第一、第二、第三产业并举协调发展的大农业概念；农村这个概念也不是专指从事农业生产劳动的人们聚居地，而是人们从事农业产前、产中、产后的物质交换市场。因此，农民教育应根据已经变化的新形势，树立大教育观，适应不同规格人才需求的要求，构建终身教育体系，把农民教育作为终身教育体系的重要组成部分，形成农业职业教育与普通教育、成人教育、高等教育等各类教育相互衔接、相互沟通、互为补充的灵活的现代教育体系，修建人才成长的“立交桥”。走多层次、多类别、多规格办学的路子。

二是树立现代农民教育观。对“现代农民”这个概念必须赋予新的内涵。“现代农民”除需具有一个农村劳动者必须具备文化知识的基本素质外，还必须具有以下特点：一是复合型人才。即具备“一专多能”型、“兼业型”人才、“通才”的特点；二是具有创新精神和创新能力；三是具有良好心理素质。

三是农民教育应树立为“三农”服务的教育观。教育是为经济服务的，农民教育必须面向“三农”。农民教育资源不仅要为培养高素质的农民服务，同时要服务于当地农业生产和农村经济。在培养人才上要增加实践教学内容，培养过硬的应用型人才；在办学上，要服务于当地农村经济发展，为当地的结构调整、农民增收提供强有力的技术支撑。

2. 农民教育要搞好“三个结合”

一是搞好“三教”结合。即把普通教育、农民职业教育、成人教育摆在同等位置，实现深层次的“沟通”；二是搞好“农、科、教”结合，把农村劳动者素质培训与先进科技应用、智力开发与经济资源开发、科技进步与思想进步有效地结合起来，充分发挥各自的优势；三是把各部门围绕农民培训开展的各类项目“计划”，如科技部的“星火计划”、“良种产业化”工程，教育部门的“燎原计划”，农业部门的“丰收计划”、“跨越计划”、“扶贫计划”、“综合开发”、“示范场建设计划”，妇女部门的“春蕾计划”，共青团部门的“星火带头人计划”等有机地结合起来，提高农民教育的整体效益。

（二）建立健全我国农民教育的各项政策法规，是我国农民教育体系的法律保证，是保护人权、尊重人权的具体体现

制定农民教育法，构建符合我国国情的农民教育体系，将农民教育列入国家发展的国策之一。将各地开展农民教育的工作，作为各级政府考核的一项重要指标。将农民教育不仅仅看作是为发展农业经济，提高农民人力资源素质的一项举措，而应站在人权的高度，把农民教育看作是保护人权、尊重人权的具体体现。为此，各级政府应转变观念，做好农民教育的宏观管理和调控，在经费使用、制定规则和标准等方面提供服务。

（三）理顺关系，构建我国新的农民教育管理体制

目前，农民教育处在多头管理局面，对农民教育的发展不利。因此，配合农民教育体系的构建，应首先理顺农民教育的管理体制。我们认为国务院应协同国家教育部、农业部、林业局、财政部、人事部一起，将今后我国农民教育全部纳入教育行政主管部门，从人员、编制、经费、教学等方面实行统一管理。以中央农业广播学校多年来建立起来的农民教育网络体系为农民教育的主体，构建功能齐全、手段先进、运转灵活、适应需求的农民文化知识教育与科技教育培训体系。对现有普通高等专科学校、中等农业学校进行调整、改造，办成高等农业职业学院，补充高等农职教育层次缺位；调整、改革中等农业学校、农民中专、农职高中，规范中等农业职业教育。在教育行政主管部门的领导下，规范不同培养层次的农业院校教育的培养目标与教育的内容

与形式。完善并建立我国包括农业院校、农业高职院校、农广校、各地（市）农校（农职专）县、乡（镇）成教中心在内的农民教育培训网络。通过对农民教育，提高农业劳动者素质，以农业和农村经济服务为主线，把各单位、各部门的力量联合起来，形成合力。建立起我国新型的农民教育体系与培训机制。

（四）设立国家农民教育基金，建立农民教育保障体系

农民教育基金应按我国 GDP 的一定比例设立，并以法律形式给以确定。农民教育基金应区别不同地区，进行筹措与建立。在我国东部沿海经济较发达地区，实行国家财政、地方财政、农民三方筹措，以国家财政、地方财政为主的办法。对我国西部地区及老、少、边、穷地区，农民教育基金应采取以国家财政划拨为主，地方财政为辅的办法。对教育基金的管理与使用应加强财政审计制度，真正做的专款专用。我国对农民教育基金应实行公共财政政策，逐步建立起有我国特色的以农民教育基金为基础的农民教育保障体系，使我国农村逐步建立和完善农民教育、农民合作医疗、农民社会保障三大体系。另外，建立多元化的农民教育投资体系，鼓励企业、个人对农民教育基金进行捐赠。

（五）农民教育体系的教育内容、形式，要因自然区域、经济区域而异，有所区别；要开展多种形式的农民专业技能的培训；要建立与农民教育相关的志愿者队伍和相关规定

1. 我国农民教育的方式与内容应按经济区域与自然区域进行综合考虑

因我国各地农业产业结构、经济发展水平、地理环境都不尽相同，南北东西差异显著，人们的需求的差异很大。在我国西部相当广阔的地区，农民至今仍没有摆脱贫困，按马斯洛需要层次理论评价，他们最需要得是生存与安全。目前，西部地区仍有 372 个县没有实现“两基”目标。这些县主要分布在“老、少、

边、穷”地区，“两基”攻坚任务十分艰巨。到 2007 年，西部地区普及九年义务教育（以下简称“普九”）人口覆盖率要达到 85%以上，青壮年文盲率降到 5%以下。因此，这些地区的农民教育应该是以文化知识、法律知识、环保知识为中心，结合当地自然环境、农业产业结构进行专业技能的培训；对他们的教育应和国家“普九”结合起来，防止农村出现失学少年儿童，防止农村产生新的文盲、半文盲。

2. 对我国经济发达地区，农民教育应配合当地经济发展，对农民进行有针对性的专业技能培训

根据当地农村剩余劳动力转移和经济建设的需求，加强技能培训，拓展就业空间，提高农民致富本领。协调有关部门共同抓好农民教育，继续组织实施“绿色证书工程”、“跨世纪青年农民科技培训工程”、西部开发农业人才培训计划，扩大实施规模，提高培训效果和质量。充分利用现代化教育手段，广泛开展远距离教育，推进农业科技电波入户计划实施。

3. 农民教育内容

农民教育内容，要始终把握住我国农业产业革命的命脉，要始终与我国经济改革联系起来，这样就需要不断更新农民教育的教学内容，根据农业产业结构调整的变化以及城市经济发展，围绕所需职业岗位能力，并充分考虑未来需求，来设定教学内容体系。农民教育要逐步与职业资格证书制度接轨，要借鉴国际职业资格证书制度方面先进经验，大力开展农业职业资格证书鉴定工作和农民技术员的评定工作，实施农业职业资格准入制度，满足加入 WTO 后人才竞争国际化和外资企业对我国农业人才需求本土化的需要。

4. 建立服务于“三农”的各项机制

国家应建立服务于农村、农民、农业生产的教育机制、激励机制，对农业院校毕业的本科生，国家可参照大学生去西部、边

疆锻炼的方式，鼓励他们到农村去，直接服务于农民、农村，将文化、农业科技直接送到农村，送到农民手中。对去农村开展农民教育的农业院校大学生，他们的报酬应该从国家农业教育基金中支出，在农村服务1~2年后，表现优秀的应免试推荐读研究生，并享受国家研究生奖学金。国家应鼓励离退休的教师、农业科技工作者和其他青年志愿者去农村教学、送科技下乡，真正使全社会都来关心农业、农村、农民和农业教育。

（此研究报告2004年度获省教育厅高等教育优秀成果人文社科类二等奖，与潘寄青教授合作完成）

以服务新农村建设为目标 着力培养一代新型农民

党的十六届五中全会提出，按照“生产发展、生活宽裕、乡风文明、村容整洁、管理民主”的要求，建设社会主义新农村。这是我国现代化进程中的重大历史任务。建设社会主义新农村，农民是主体，离开了广大农民群众，新农村建设就成了无源之水，无本之木。培养和造就千千万万有文化、懂技术、会经营的新型农民，提高农民的整体素质，把农村巨大的人力资源转化为人力资本优势，形成持续推动新农村建设的力量源泉，是新农村建设不可或缺的条件和基础。如何培养新型农民，为新农村建设服务是摆在农民科技教育工作者面前的重大课题。为此，笔者拟从以下几个方面进行探讨，供参考。

一、新农村建设为农民的教育培训提出了新的任务和要求

新中国成立56年，特别是改革开放26年来，国家的综合国力有了较为雄厚的基础。工业已经达到较为发达，处于工业发展的中期阶段，城市化建设加快。这个阶段的标志就是国家税收（财政）占到整个国民经济GDP（国民经济总收入）比重达到30%时，财政开始有条件由国家主导来提供农村的公共品的开支。到2004年国家财政占GDP的比重达到20%，如果包括预算外收入国家财政就占GDP的比重达到30%多，应当说国家已经具备了大力支持和发展农村教育事业的物质基础。同时，发达国

家经济发展的过程证明，现代农村的发展，必须有高素质的农民作基础。只要是有小农经济或小农场，而且传统村庄还存在的国家，例如，日本、韩国、法国、意大利等，在工业化进入中期阶段时，都有农村综合建设的客观过程。曾获诺贝尔经济学奖的美国经济学家西奥多·舒尔茨，在长期的农业经济研究中发现，自20世纪初到50年代，促进美国农业产量迅速增长和农业生产率提高的重要因素已经不是土地、劳动力数量和物质资本，而是人的能力和技术水平的提高。因此，新农村建设为农村科技教育培训提出了新的任务。社会主义新农村建设，迫切需要培养一大批思想观念新、文化素质高、技术业务精、经营能力强的新型农民来提供人才支撑和智力保障，这是新农村建设最本质、最核心的内容，也是最为迫切的要求。

二、从现实情况看，培训新型农民的任务十分重要和艰巨

农民是农村居住、生活、工作的主体。这些主体的素质状况、开发潜力，直接决定着新农村建设的程度与进度。但从现实情况看：

（一）农村人口呈现“三高一低现象”

就全国情况看，尽管农村劳动力大量转移就业，但是农村居民仍然达到7.5亿左右，接近全国人口的60%。农村居民随着社会、经济的发展所从事的职业虽然发生很大变化，但是从事农业的劳动力仍然达到3.4亿左右，占农村居民的45%，有1.4亿左右农民的进城打工。但是在4.9亿农村劳动力中，高中以上文化程度占13%，小学以下文化程度占36.7%，接受过系统农业职业技术教育的不足5%。农村人口呈现农业人口占总人口的比例高，农村劳动力总量大，农村富余人员多，农村人口文化偏低现象。

（二）一些地方缺乏推进新农村建设的一支高素质坚强的农村党员干部队伍

实践证明，凡是物质文明、政治文明、精神文明建设搞得好的农村，都有一个坚强的党支部。建设一个好的领导班子，最关键的是有一个好的带头人，好带头人除了有认真贯彻执行党的路线方针政策，全心全意为人民服务的意识外，还必须有带领群众发展经济的能力，带领农民脱贫致富的本领。这就需要一支有一定的政治觉悟、懂政策、会管理、善管理适应社会主义新农村建设需要的农村基层干部队伍。但是目前，一些农村基层党组织的状况与新形势新任务的要求不相适应。

（三）农村人才流失

新农村建设需要一大批扎根农村、立志农业的农业专业技术人员。当前“三农”有许多流失，如土地、资产、利益的流失等，其中最严重是人才的流失。一方面大量优秀的“农村人”通过升学、参军、打工、经商脱离农村。减少农民，是富余农民的争取选择，在各级政府一系列支持农村劳动力转移的政策支持下，实现了农村劳动力的快速转移。但是在山东省农村中“38、61、99”现象的村庄比例接近50%以上，农业生产靠老人妇女，以及农村许多“留守儿童”的现象，是一个特别值得关注的社会问题。另一方面由于诸多方面的原因，农村基层科技人员纷纷改行，使得本来每万名农民拥有科技人员就不多的情况下，这个比例进一步降低。

（四）农村资源不能充分利用，农民主动接受培训、提高素质的内在需求动力不足

一方面受资源不足的影响，如耕地、水资源短缺制约和环境污染制约，特别是人力资源的制约，人口大省但不是人力资源大省，劳动力的配置问题，出现了“民工荒”与“民工潮”的不

对接状态；另一方面，在有限的资源上，控制市场资源配置的规划不够，使资源不能发挥最大潜能与效益。由于资源配置的不合理，农业效益低，使农民主动接受培训、提高素质的内在需求动力不足。

（五）工业反哺农业、城市支持农村的内力不足

2005 年山东实现生产总值 18 468.3 亿元，比上年增长 15.2%。实现了历史性的突破，进入了一个新的经济增长时期。但用于农村教育的投资则显得不足。工业反哺农业、城市支持农村的内力不足。

（六）对农民培训的能力不足，接受培训内容单一、数量少、覆盖面小

山东省农村劳动力平均受教育年限低于 7.9 年，整体科技文化素质不高，缺乏职业技能。这不仅成为实现农业和农村现代化的重要制约，也成为推进社会主义新农村建设的严重制约。近年来，各级加大了对农民的培训力度，实施的绿色证书工程、青年农民培训工程、农村劳动力转移就业培训“阳光工程”等，对提高农民素质、加快劳动力转移、增加农民收入等取得明显的效果。但每年直接获益培训的农民不足 100 万人，培训人数仅占农村劳动力总人数的不足 30%。在外出打工的农村劳动力中，接受技能培训的约为 17.6%。除各类涉农部门外，直接参与农民培训服务的机构不多，形式单一，培训能力薄弱。

三、抓好四个环节，适应广大农民对农业科技教育培训的需求

新时期的农民教育，必须认真调查研究和分析农民的教育需求，以农民乐于接受的方式，强化对农民的教育，塑造新农民。

（一）农民教育的内容要广泛

新时期的农民，工作方式、生活环境、精神需求等都发生了很大的变化。农民培训必须着力提高农民的综合素质，包括文化素质、科技素质、人文素质等。因此，农民教育的内容上不能只局限于生产技术、经营管理等方面，而是要拓展到思想道德、法律政策、人文文化、社会生活等方方面面。要使农民通过学习和运用所学的知识改善生产、生活条件，在实现物质文明的同时，实现精神文明。

（二）农民教育的方式要灵活

农民是个大概念，有不同层次、不同需求的群体。因此，农民教育必须针对不同人群，采取灵活的方式，循序渐进地发展。要注重实际、实用、实效，注重互动教学，用农民最乐意接受的方式和最朴实的语言向他们传授知识，增强农民教育的吸引力、感染力。一是充分利用农民职业教育、农村党校教育、农广校教育、农民技术教育和多种形式的下派农村工作队教育等形式，依托农业、科技和法律咨询等热线电话服务、农村宣传文化场所、农民文体娱乐活动以及各类农民教育学校，形成多层次、立体化、网络状的农民教育体系，改变农民教育形式化、大面积、千篇一律、模式固定不变，实现教育多元化、个性化、特色化和人性化，务实、扎实地开展农民教育工作。二是大力发展农村数字化、网络化的远程教育。数字化、网络化技术为教育向农村延伸搭建了平台。通过数字化、网络化技术可以大范围、多层次开展农民教育，方便、快捷地传播农业新知识、新科技和市场信息，搭建科技创新与应用、传播和示范、推广的桥梁，解决农民科技培训师资不足、素质不高和受训人员规模难以扩大、边远地区难以覆盖的问题。三是为农民提供多元化的教育资源。充分利用现代传媒技术和手段，把信息、知识和技术及时转化为文字、声像和数字化的多媒体教育资源，通过广播、电视、网络等现代传播手段实现快捷传播和广泛共享。

（三）农民教育的重点要突出

第一，要重点抓好青年农民的教育。据统计，我国农村每年仅高中毕业不能上大学的青年就有1 000多万人，在从学生到农民身份转换的过程中，利用他们优良的学习习惯和迫切的生存选择，不同层次的职业技术教育可以造就他们不同的人生角色，将对其以后的发展产生至关重要的影响，也将为壮大中国新式农民队伍输送大量的生力军。第二，要重点抓好外出务工人员的教育。目前，全国各大中小城镇从事各种职业的农民工在1亿人左右，他们是中国经济体制改制政策的直接受益者，也是国家经济发展的直接贡献者。但是由于整体素质较低、就业能力和竞争能力较弱等先天不足的问题，使得他们在整个经济格局中处于弱势地位，很难在经济活动中持续提高自己的生活水平，不断改善自己的人生境遇。为此，应结合劳务输出，通过强制性准入制度，促使这些农民工接受相应的职业技能培训，并获得相应的职业等级证书，使之逐渐成为有文化、懂技术、高素质的劳动者。第三，要抓好农民党员、乡村干部的教育。农民党员、乡村干部往往是农村基层一乡一里领袖式的人物或经济上的能人，在当地都有一定的影响力，他们既是农民教育的对象，又承担着宣传、教育农民群众的职责。有侧重地加强对这些人的教育，不仅可以增强党的基层组织的凝聚力、战斗力和号召力，而且可以发挥较好的示范作用，辐射和带动其他农民群众热心向学，营造农民教育的浓厚氛围。

（四）农民教育的组织要得当

当前农民教育的环境、任务、内容、渠道和对象都发生了很大变化，如果仅靠农民的自觉自愿或个别部门的努力，农民教育难以深入开展。必须充分发挥党委、政府的主导作用，加强对农民教育工作的领导，形成抓农民教育的整体合力，从制度和政策层面认真研究新形势下农民教育工作的新途径，探索农民教育的新办法，创造农民教育的新经验。认真整合组织、宣传、教育、科技、文化、卫生和农业管理部门的相关职能，集中人力、物力、财力，各司其职，各负其责，齐抓共管，形成抓农民教育的大合唱。不断加大对农民教育工作软、硬件建设的投入，改善办学条件，提高教学质量，适应信息社会的需求。

四、适应发展需要，积极培育社会主义新农村建设五支农村实用人才队伍

一是培养建设新农村的带头人队伍。主要是通过培养深受农民欢迎、能带领农民致富奔小康、建设社会主义新农村的村干部，使多数村干部达到中专以上文化程度，通过他们的组织发动和示范带动，引导农民建设新农村。

二是培养服务新农村建设的公益性岗位人才队伍。通过培养思想观念新、文化素质高、技术业务精、经营能力强的中高等实用型人才，增强他们带头致富和带领农民群众共同致富的能力，使他们成为发展社会主义新农村公益性事业的骨干力量。

三是培养扎根农村、立志务农的农民骨干队伍。主要是对具有初中以上文化、且扎根农村的青壮年农民，以村为基础、以户为单位，开展多渠道、多层次、多形式的科技教育培训，通过“绿色证书工程”和“新型农民科技培训工程”等的实施，使他们掌握农业基本知识，成为适应农业现代化要求的新型农民和今后农业发展的重要依靠力量。

四是培养适应现代城市建设和农村经济发展需要的产业工人队伍。从城乡统筹发展、推进农村工业化、城镇化、促进农村劳动力转移的需要出发，要大力开展对农民的职业技能培训，让走

出农村的农民，适应现代城市、城镇的文明要求和生活节奏，最终融入市民行列。

五是培养农民企业家和农村合作经济组织带头人队伍。主要是选拔一批具有创业和创新精神、专业化生产和规模化经营能力的新型农民，特别是要出台一些优惠政策，通过政策引导、创业资金扶持和跟踪服务等，将他们培养成掌握先进文化、技术和信息，能进行专业化生产和规模化经营的农民企业家，参与到建设社会主义新农村伟大历史进程中来。

五、创新保障机制，极力促进农民教育培训工作健康快速发展

农民教育是我国农业和农村经济发展的重要基础，也是我国职业教育的重要组成部分，既是重点，也是难点。近些年，党中央、国务院以及各级党委政府和农业部门十分重视农民教育工作，把它作为科教兴农和人才强农的重要战略措施来抓，加强组织领导，不断增加投入，全面实施“绿色证书工程”，积极开展“青年农民科技培训工程”、“农业科技入户工程”、农村劳动力转移培训“阳光工程”、农村实用人才培养“百万中专生计划”，大力推进农业远程教育，为全面提高农民的科技文化素质，促进农业和农村经济发展，增加农民收入，全面建设农村小康社会作出了积极的贡献。但是，与我国农民教育的任务相比，与农业和农村经济发展对人才的需求相比，对农民教育的关注和投入表现为总量不足、效率不搞和结构不合理等问题。这就要求我们要进一步创新发展，建立健全农民农民教育保障机制。

（一）政府统筹农是民科技教育培训的核心

农民科技教育培训是一项社会性、公益性事业，农民教育培

训的任务重、涉及面广，同时，农民教育培训又是一项长期的战略工程。农民教育培训的性质和特点，决定了政府必须成为开展农民科技教育培训工作的核心力量。政府作为农民教育培训工作的决策者，在机构建设、资金投入、任务分配等方面作出统筹安排，农民教育培训工作的实施提出明确要求，帮助教育培训机构解决工作中遇到的困难。

（二）农业部门主导是农民教育培训的基础

农民科技教育培训是农业部门的重要职责，政府统筹主要解决的是培训决策和资金投入等问题，如何实施、由谁来落实的问题。农民教育培训工作的实施，必须坚持农业部门为主导这一基础。农业部门农民教育培训的主导地位，一方面农民教育培训是政府赋予农业部门的重要职责、是农业技术推广的重要组织部分；另一方面也是由农业部门所处的地位决定的。农业部门所拥有的人才优势、技术优势、培训体系优势、贴近农民优势，这是其他社会力量所不具有的。农业部门应当成为农民教育培训工程的主导力量。

（三）社会参与是农民科技教育培训的支撑

当前社会普遍关注农民教育问题，社会力量的广泛参与，对农民科技教育培训工作起到了极大的推动作用。农民教育培训工作的实施，不仅仅是依靠农业部门的力量，还要充分调动社会方方面面的资源，对各种资源进行优化整合，搭建起一个社会共同参与的大平台。组织部门依托现代农业远程教育开展农村党员培训；妇联、团委、科协等社会团体，结合“巾帼建功”、“青春创业”、“科技下乡”活动，开展农村妇女、青年农民、科技普及培训；教育系统开展回乡初、高中毕业生职业技能培训；劳动和社会保障部门加强对农民工和农村劳动力转移的培训；市电台、电视台、报纸杂志在加强宣传的同时，开辟农民教育专栏；农业龙头企业根据企业发展需要，依托产业基地对农户进行生产指导和培训等。一点主导、全面带动、社会参与、和谐推进，成为目前农民科技教育培训工作的一个显著特点，社会参与成为工程实施的主要支撑力量。

（2006年8月）

农民培训工作的“一二三四五”
——关于新时期加强新型农民教育工作的几点思考

党的十六届五中全会提出了建设社会主义新农村的重大历史任务，培养有文化、懂技术、会经营的新型农民已成为时代要求。农民科技教育培训事业又站在一个崭新的发展起点上，作为农业广播电视教育应如何实现新的跨越和发展，现提出几个观点，供参考。

一、坚持一个中心——农民教育

提高农民素质，是促进传统农业向现代农业转变，从根本上解决“三农”问题的关键所在，是加快转移农村富余劳动力、推进工业化和城镇化、将人口压力转化为人力资源优势的重要途径，是促进农村经济社会协调发展的重要举措，也是新农村建设最本质、最核心的内容和最为迫切的要求。发展现代农业，建设社会主义新农村就必须要培育出一大批高素质的社会主义新型农民。

但当前我国农民素质状况不容乐观，农民教育工作艰巨而繁重。以山东省为例，农民教育情况呈现以下几个特点：一是任务重。农村人口数量巨大，目前全省总人口9 180万人，农村人口5 187万人，占总人口的56%，其中农村劳动力3 754.2万人。基于现实人口基数，今后一个时期内农村劳动力还会不断增加。二是素质差。农民整体素质偏低，据山东省统计局统计，截至2004年末，全省农民平均受教育年限不足9年，农村劳动力中，文盲半文盲占5.9%，小学文化程度占21.5%，初中文化程度占53.5%，高中文化程度占18.2%，大专以上文化程度占0.9%。三是标准高。新型农民的内涵体现了人的全面发展和进步。培养新型农民必须从提高农民的综合素质入手，必须在文化、技术、经营等多方面开展系统的教育培训，对教育培训的条件、师资、时间具有更高的要求。四是需求广。随着农业科技进步日新月异，以及越来越多的农民向第二、第三产业转移，农民对教育培训的需求更加宽泛，教育培训内容要求更加丰富、教育培训层次、手段和形式要求更加多样。五是压力大。随着全社会对农民教育重视和关注程度的提高，各种力量势必会不断地参与到农民教育中来，这对于促进农民教育培训的发展是非常好的势态，但是各种各类教育培训机构之间的竞争将更加激烈，农广校生存与发展的压力也将逐步增大。

面对复杂的形势、艰巨的任务和激烈的竞争，农广校必须要保持清醒的认识，坚定信心，增强历史责任感和时代紧迫感，抓住机遇，迎接挑战，以大力发展农民科技教育事业为中心确保农广校健康持续发展。

二、明确两个主体

（一）明确新型农民的培训主体—农广校

经过25年的建设与发展，农业广播电视学校已经形成了完整的中央、省、市、县、乡五级办学体系和教育培训网络，覆盖全国广大农村，成为我国重要的农业职业教育、农民科技培训和农村实用人才培养基地。农业广播电视学校之所以取得如此令人瞩目的成绩，主要是坚持了正确的办学方向，走出了一条符合国情、民情、农情，艰苦创业发展农民教育的路子。这主要表现在：一是始终坚持了"三个面向，四个服务"的办学宗旨；二是形成了资源共享的体系化远距离办学格局；三是充分发挥远程办学的手段优势。

农业广播电视学校利用广播、电视、互联网等现代化教学手段，把课堂搬到了乡镇、村屯、田间、炕头，既为农村解决了办学缺师资无教材的状况，也为农民学习提供了方便，广大农民可以不离岗，不离乡，就地就近参加学习，较好地解决了工学矛盾。农业广播电视学校这种远程教学方式，打破了时间和空间限制，具有低成本、大容量、广覆盖的优势，是政府办得起、农民学得起的农民教育，是实现大规模开展、大范围普及的农民职业教育。这种农民职业教育形式，面向农村、贴近农民、手段先进、送教下乡、花钱少、见效快，是小机构，大体系，小投入，大效益，政府满意，群众欢迎，缓解了农村教育资源严重不足的局面，是农民教育的一个伟大创举，是实施农民终身教育，构建农村学习型社会的重要途径。农广校是名副其实的农民科技教育培训主渠道，是当仁不让的农民教育培训主体。

（二）明确农民科技教育培训的投资主体—政府

人是生产力中最活跃的因素，从新农村建设需要来看，无论经济发展，还是社会事业发展；无论基础设施建设，还是精神文明和政治文明建设；无论立足当前，还是着眼长远，都需要智力支持和人才保障。广大农民是新农村建设的主体，建设社会主义新农村落点在"村"、重点在"农民"；为的是农民，靠的也是农民，没有农民的参与，没有农民综合素质的提高，社会主义新农村建设将会成为无源之水，无本之木，失去可持续发展的依托。可以说，农民的文化素质、技术能力和思想道德水平，直接决定新农村建设的兴衰，决定新农村建设的成败。因此，培养高素质的是新农村建设的前提和条件。

农业是弱势产业，农民是弱势群体。2005 年全国农民人均收入是 3 255元，城镇居民的人均可支配收入是 10 493元，绝对值差距达到了 7 283元，相对差距是 3.22 ：1；而且特别重要的是，这个差距和改革之初相比是扩大了而不是缩小了。改革之初，中国城乡人均收入水平都很低，1978 年的时候，农民人均收入是 134 元，而城镇人均可支配收入是 343 元，绝对差距是 209 元，相对差距是 1 ：2.57。除了经济收入差距之外，农民享受到的政府提供的公共品，比如教育、卫生、文化等，和城市差距也非常大，甚至有些方面的差距超过了收入方面的差距。如农村中学生的数量是城市的 4 倍，而教育经费占比只有 38%；城乡社会保障覆盖率比例是 22 ：1，人均社会保障费比例为 24 ：1。所以要建设社会主义新农村，一个非常重要的方面就是政府理所应当的成为农民教育的投资主体。

三、抓住三个环节

（一）号准农民教育的需求脉搏

随着市场经济的发展，农民的成分也日益分化，出现了在家种地、企业上班、外出务工、个体经商、创办企业等各种不同群体，农民的思想意识和整体素质也出现了较大差异。在这种情况下，对农民进行教育既不能畏难发愁、无所适从，也不能搞“一刀切”，应当既考虑共性因素，又考虑个性因素，将身份各式各样的农民进行合理归类，区别对待，因情施教。按照这一思路，要将教育对象分为留守农民、转移农民、农民骨干、农村党员干部等几个层面，有针对性地开展教育，确保各个层面的农民既接受爱国主义教育、形势政策教育、民主法制教育、公民道德教育、传统美德教育等“公共科目”教育，又接受党员先进性教育、科技知识教育、就业技能培训等“专业科目”教育。

（二）备足农民教育的各类资源

紧紧抓住农民增收致富、提高自身素质、学习新知识、掌握新技能的需求，加强面向多种对象层次、多种学习领域、多种媒体形式、多种传播途径的教学资源建设，满足农民的实际需求。

一是强化选题，满足农民对教学内容的需求。开展深入细致的调查研究，切实了解农民的实际需要，加强教学资源建设的针对性和实用性，使农民能得到需要的内容，学到想学的知识和技术。

二是精心设计，满足农民对媒体形式的需求。充分发挥不同媒体的特点和优势，使各种媒体的教学资源互相配合，互为补充。认真研究各种媒体的特性，将各种知识、技术和信息制作成农民喜闻乐见的媒体资源，增强教学吸引力，提高教学效果。

三是扩大数量，满足农民精神文化的广泛需求。突出社会主义新农村建设的选题内容，加强提高农民文化素质、生活质量、生态环境意识、民主法制意识等方面的媒体资源建设，倡导社会主义精神文明。

（三）健全农民教育的服务网络

一是建立完善市、县（市）、乡、村实用人才和农民教育培训网络，通过开动农业科技入户直通车、建设科技书屋、开展致富早班车下乡进村、送科技下乡举办实用技术培训班、开展科技讲座以及建设示范基地，组织科技培训经验交流会、技术推广会等形式，向农民传授实用技能。

二是要组织科技教育培训讲师团，采取定点包片、分区负责的方式，定期送科技下乡，手把手、面对面、心连心地进行现场指导和现场咨询；选派技术骨干作为农村科技特派员，对带动能力强的种养殖专业大户实行跟踪指导服务。

三是利用现代传播手段向农民传授现代农业科学技术知识。

充分利用有线电视覆盖面广的优势，开设电视课堂，定期举办专业知识讲座；利用广播、网络等现代传媒，将第一手农业新技术资料和信息直接传递给农民；开通咨询热线电话，设立专家门诊，解决农民在农业生产中的疑难问题。

四、练好四项内功

（一）找准发展定位，拓展发展空间，在结合上下功夫

要把农广校工作放到建设社会主义新农村的大局中去把握，放到提高农民综合素质的整体工作中去把握，把教育培训、科学普及、技术推广、信息传播有机衔接起来，大力推进培训进村、科技入户，做到长短结合，远近结合，点面结合，阶段性教育与终身教育结合，普及性培训与基础性、系统性培训结合，理论教学与农民增收致富结合。

（二）优化发展环境，营造良好氛围，在本色上下功夫

农广校的中心任务是农民教育工作。农民教育是公益性、基础性事业，农广校的工作要得到各级党委、政府的重视和联合办学单位的支持，必须用实际行动去争取各级党委、政府和联合办学单位的支持，使农广校的工作能摆到政府的议事日程上，摆到领导的桌面上。这就要求农广校必须围绕各级党委、政府的中心任务，围绕联合办学单位的热点、重点问题开展工作。

（三）争取发展条件，夯实发展基础，在手段上下功夫

农广校要以中央、省级农民科技培训资源服务平台为中心，以市、县两级农民科技培训平台为重点，积极争取政府扶持，充分利用各种教育培训资源，加快建立天网（广播、电视、卫星网络）、地网（教育培训基地、农民科技书屋、互联网络）、人网（教育培训和农技推广队伍、组织网络）三网合一的集教育培训、科学普及、推广服务和信息传播等多功能一体化的“手

段先进，上下贯通，左右衔接，内容丰富，快捷高效”农民科技教育培训公共服务平台。

（四）强化工作管理，增强发展后劲，在机制上下功夫

一是要建立高效的内部运行机制。要在农广校系统内部逐步形成各分校既相对独立，又能上下结合、协调联动、资源共享、优势互补的开放合作的格局。

二是要建立能上能下的用人机制。要规范岗位职责，实行按需设岗、竞聘上岗、以岗定酬、合同管理，积极稳妥地推行全员竞争、择优录取的用人机制。

三是建立可靠的质量保障机制。要建立科学的农民教育质量标准和评估指标体系，开展质量评估；建立教学督导制度，认真督查教学计划、教学环节落实情况和教学效果；开展职业技能培训和鉴定，提高学员职业技能；推行培训转移就业承诺制，切实提高学员的就业能力。

五、培养五支队伍

（一）培养建设新农村的带头人队伍

主要是通过培养深受农民拥护、能带领农民致富奔小康、建设社会主义新农村的村干部，使多数村干部达到中专以上文化程度，通过他们的组织发动和示范带动，引导农民建设新农村。

（二）培养服务新农村建设的公益性岗位人才队伍

通过培养思想观念新、文化素质高、技术业务精、经营能力强的中高等实用型服务人才，打造一支服务于社会主义新农村公共事业建设的人才队伍。诸如：农村环境保护员、动物卫生防疫员、农村发展信息管理员、农村计划生育管理员、农村会计员、农村法律咨询员等。

（三）培养扎根农村、立志务农的农民骨干队伍

主要是以村为基础、以户为单位，对具有初中以上文化、且扎根农村的青壮年农民，开展多渠道、多层次、多形式的科技教育培训，通过“绿色证书工程”、“新型农民科技培训工程”、“农村科技入户工程”等，使他们掌握农业基本知识，成为适应农业现代化要求的新型农民和今后农业发展的重要依靠力量。

（四）培养适应现代城市建设和发展需要的“农民工”队伍

从城乡统筹发展、推进农村工业化、城镇化、促进农村劳动力转移的需要出发，通过实施“阳光工程”等大力开展对农民的职业技能培训，让走出农村的农民，适应现代城市、城镇的文明要求和生活节奏，最终融入市民行列。

（五）培养农民企业家队伍

选拔一批具有创业和创新精神、专业化生产和规模化经营能力的新型农民和进城返乡的立志创业的农民工，通过政策引导、资金扶持、定点培养等方式，也可采取“村企互动”的形式，将他们培养成掌握先进文化、技术和信息，能进行专业化生产和规模化经营的农民企业家，参与到建设社会主义新农村伟大历史进程中来。

（2006 年 4 月）

关于农广校体系办学问题的认识与思考

经过二十多年的发展历程，农广校在诸多方面取得了辉煌的业绩。面对新的形势，农广校又遇到前所未有的机遇和挑战，为抓住机遇，加快发展，去争取更大的胜利，笔者试从以下几个问题的研究分析入手，阐述自己的观点和看法，供各位领导和同志们参考。

一、认清形势、把握机遇是新形势下加快农广校发展的前提

农业科技进步与创新是新阶段农业发展的第一推动力，是建设现代农业的决定性因素。促进农产品竞争力增强、农业增效和农民增收，必须紧紧依靠农业科技进步和提高农民素质。农业科技要真正转化为生产力，转变为农民从事农业的有力武器，就必须提高农民的素质，包括思想道德素质和科学文化素质。因为生产力三要素中，最终起决定作用的不是生产工具也不是劳动对象，而是作为劳动者的人。农民作为劳动者是农业生产和技术应用的主体，农民科技文化素质的高低直接决定着农业生产力的发展水平。科教兴农的重点，就是要围绕优势农产品区域布局，拓宽农民科技培训内容；加强农业新品种和新技术培训，特别是标准化生产的质量效益型技术培训。同时，要适应农村富余劳动力向非农产业和城镇转移这一工业化和现代化的必然趋势，积极开展农民转移就业的职业技能培训，推动中国的工业化和现代化进

程。就当前农民培训的特点来讲我想有以下几个方面。

一是空前的重视。党的十六大和十六届三中全会，全国农村教育工作会议，中央人才工作会议、全国农业工作会议以及中央1号文件等，都把农民教育工作、农民科技培训工作放到重要的位置强调。党的十六大提出，统筹城乡经济社会发展，建设现代农业，发展农村经济，增加农民收入，是推进全面小康社会建设的重大任务。全面建设小康社会，重点在农村，难点在农民，关键在于提高农民的科技文化素质。温家宝总理在全国农村教育工作会议上指出："要充分认识农村教育在全面建设小康社会中的战略地位，提高国民素质，增强综合国力，必须大力发展教育事业。农村教育影响广泛，关系农村经济和社会发展的全局。"今年的中央一号文件强调，各地和有关部门要把加强对农村劳动力的职业技能培训作为一件大事抓紧抓好，各级财政都要安排专门用于农民职业技能培训的资金。一个时期以来，从中央到社会各界都高度关注"三农"问题，都高度重视农民教育、重视农村劳动力素质提高、重视农村实用人才的培养。与此同时，随着知识经济的日趋猛进，以及农民物质文化生活水平的日益增长和可支配收入的不断增加，农民用于教育消费的支出不断增长，农民学科技、用科技的积极性不断高涨。农民对教育培训的重视已达到前所未有的高度。

二是极好的机遇。"三农"是全党工作的重中之重的地位，胡总书记"两个趋向"的重要论断，统筹城乡发展的科学发展观的提出，"多予、少取、放活"的方针确立等的大政方针，使"三农"迎来历史的好机遇；中央财政增加对农村教育、卫生的投入，阳光工程的实施，科技入户工程的启动等，农民科技培训工作迎来历史的好机遇。在国务院和各级政府相继批准实施的优质粮食产业建设工程等一系列加强"三农"的具体措施中，也对农民科技教育培训提出了具体要求。作为农民科技教育培训工作的主渠道，农广校系统成为承担这些项目的主要力量，农广校不但成为教育培训工作的主要承担者，而且正逐步参与到这些农业科技推广示范项目中。同时，农民对教育培训的需求比过去任何时候都大，农民教育培训市场的不断拓展。因此，可以说，当前农民科技教育培训形势发生了转变，由过去我们争取培训任务，转到了政府要求，农民需要我们培训。我们一定要认清形势，牢牢把握机遇，树立有为才有位的意识，不断做强、做大农广校事业。

三是巨大的挑战。现在农广校所承担的农民科技教育培训工作是任务有了，目标有了，方向有了，关键是看我们怎么做，做得怎么样。目前，各系统、各个行业都在关注农民科技教育培训，也都在积极地参与，都想在这件事情上有所作为，这是非常好的态势，但也说明，当前农民科技教育培训市场竞争日趋激烈，农广校遇到了前所未有的挑战。这一挑战，不仅来自外部其他教育培训机构的竞争，而且来自农民科技教育工作的需求，这主要反映在多年我们传统的思维、传统的模式、固有的观念。甚至以前有一些我们认为“轻车熟路”的办法现在可能也不太对路，这些都需要调整，需要推陈出新。要冲破固有束缚，创新发展，超越自己，更是一种挑战。面对着里里外外的挑战，我们必须要认真思考的是，我们准备好了吗？能否承担起时代赋予我们的任务，在未来发展中有多大的作为？

四是广阔的前景。山东是农业大省，同时也是农业人口大省。目前，全省7 035.87万农业人口中，农村劳动力近3 700万人。从绝对量上看，农业劳动资源还是很丰富的。但全省农村劳动力中高中以上文化程度的仅占17.5%，平均受教育年限8.3年，受过专业技术培训的仅占10.8%。全省农民科技文化素质普遍较低，劳动资源“大而不强”的问题很突出。大量低素质的农村劳动力成为制约农业和农村经济发展的关键因素。同时，大量富余农村劳动力由于科技文化素质不高，就业技能缺乏，虽有致富愿望，但难以向非农产业和城镇转移，难以在城镇实现稳定就业，这又成为严重制约农村劳动力实现顺利转移和收入增加的关键因素。加强农民科技教育培训，提高农村劳动力综合素质，是突破农村劳动力转移就业“瓶颈”，发展农业生产力，增加农民收入，全面建设小康社会的关键，因此，农民科技教育培训工作是我国国情民情所决定的需要应由政府支持兴办的大事业，是基础性、公益性事业，也是一项朝阳事业，是当前农广校义不容辞的责任。农民教育培训工作有巨大的发展空间，会伴随整个经济社会发展越来越凸显重要。农民教育任重道远，前景广阔。

二、明确职能、找准定位是新形势下加快农广校发展的基础

新阶段，我们必须把我们的工作目标、定位、思路弄清楚。农广校是干什么的？应当怎么干？过去我们说：它是运用现代远程教育手段对农民实施终身教育和提高农民综合素质的一所学校。但是它不是一般意义上的学校，它应当具有教育、培训、服务的功能。办学二十多年来，我们以教育功能为本，培养了一大批的基层和农村实用人才，现在，我们必须以提高农民综合素质为己任，高举农民教育的大旗，积极发挥农业部门的教育培训资源和优势。充分体现学历教育和非学历教育的两个职能、扮演好两个角色。按照这个定位，农广校的工作思路可以从以下几个方面来把握。坚持一个中心：即农民科技教育培训。实施两大战略：固根本求生存；搞创新求发展（公益性、效益的两手抓）。强化四个意识：大局意识、创新意识、质量意识（品牌意识）、服务意识。处理五大关系：一是阶段性工作与常态性工作的关系；二是政府与市场的关系；三是个体发展和体系发展的关系；

四是中心发展与广校发展的关系；五是事业发展和自身建设的关系。

我们要把农广校工作放到农民科技文化素质整体提高中去把握，放到农业农村经济工作中去把握，放到全面建设农村小康社会中去把握，树立全心全意地为农民服务的使命感，增强加快构建新型农民科技教育体系责任感和紧迫感。要把农广校工作的出发点和落脚点放在不断提高广大农民的综合素质上，为新阶段农业和农村经济发展、全面建设小康社会提供人才支撑，促进农民就业，增加农民收入，改变农民生活质量和农村面貌。要把农广校办成知识传播中心、信息发布中心、劳动力转移就业服务中心、科技成果转化推广示范中心、农民和农村基层干部终身教育中心，构建新型的农村学习型社会。

农广校系统具有办学体制灵活、教育形式多样、投入成本低、覆盖面广等特点。这是农广校的优势，是农广校承担并做好工作的基础，更是农广校参与竞争的资本，也是农广校理思路、定措施的出发点。为此，农广校要进一步明确定位，一是要依靠政府，就是要按照各级党委政府的要求承担好相应的工作，但我们不能完全躺在政府的身上。二是要立足市场，就是要在市场经济发展过程中寻求发展的机遇和发展的空间。依靠政府求生存，立足市场求发展，要把握好两者的关系。要发挥优势，依靠政府，立足市场，面向三农，服务三农。要开拓创新，特别是要探索办学机制的创新，比如有的地方采取“学校 + 企业 + 农户”或“学校 + 公司 + 农户”的办学模式，就是要探索培训和就业相结合的路子，探索产学研结合的路子，在用人主体和农户中间发挥桥梁、纽带作用。农村劳动力转移培训，要以市场为导向，以就业为目的，大胆培育就业中介机构，积极开拓劳务市场，按定单培训，把培训与就业结合起来。如果把传统的中专教育与就业、创业挂钩，培训的效果会更好，培训的质量会更高，转移就业会更充分，也会给中专办学带来生机，使传统的中专办学焕发新生。

三、健全体系、强化条件建设是新形势下加快农广校发展的关键

这里就新时期农民科技教育培训体系应具有的功能、作用、机制、特点作一个讨论。第一，这个体系应是一系列的实体机构构成的。农民有学习培训服务要求时要能找得到。农民跑多远才能找到这样的服务机构或组织，这由体系延伸的“点”在空间距离上所决定。信息通讯技术发达的今天，远距离学习也能实现，但要建立终端学习站点。为了方便农民，建立流动的“点”也是非常必要的。如科技大篷车下乡巡回服务等。第二，体系各种不同的延伸的“点”，应能够有针对性地满足农民在学习提高方面的多层面的需求。这由各种不同的“点”自身的教学培训资源建设内容所决定。第三，要吸引农民学习，农民要学得起，必须低成本运作。如何做到低成本，这由国家和各级政府、部门有关政策项目资金支持力度所决定。同时对教育培训方式的选择也是重要的方面。第四，体系组成单元的各个“点”，投入机制上应该是多元化的，形成政府主导、行业统筹、项目支撑、社会参与、培训机构运作、农民受益的机制。

当前，就全省农广校体系而言，虽然具备了一定的办学实力，但作为办学体系中的每一个体与其他同类学校相比，办学条件还是相差悬殊的。农广校之所以具有强大的生命力，关键在于有一个完整的办学体系和先进的教学传播手段。这种体系化的远距离办学格局，是农业教育的一个创新，是农广校的优势所在，是提高办学效益和竞争力的保证。保持一个完整的体系，有利于争取各级政府和社会的支持，有利于协调各方面的关系，有利于合理利用教育资源，有利于保证教学质量。其他学校非常羡慕我

们农广校具有这样一个协调一致的组织体系和覆盖全国的教学传播手段。因此，农广校更应该珍惜、爱护并利用好体系优势。要增强体系意识，积极维护体系的利益。要加强团结，增进了解，增强体系凝聚力。要充分发挥体系的优势。要资源共享，互通有无，相互补充，增强实力；要互相交流、互相学习、互相借鉴，共同提高；要心往一处想，劲往一处使，形成合力，把农广校的体系优势发挥到极致。

我认为当前在抓住机遇、扎实工作的同时，亟待加强体系建设。急需政府部门能从职能上、机构上、人员编制上认可农广校加挂的培训中心，急需政府部门能出台相关文件。一些基层校加挂的培训中心，仅仅是挂牌而已，因为一无人员、二无必要设施、三无相关职能界定文件，培训工作独立开展的不多，人事编制财政部门认农广校，培训工作农业局统抓，如果招生工作再跟不上，农广校随时面临被辙并的危险，农广校一旦合并到其他单位，我们体系的许多工作根本无法落实。农广校合并到其他学校，“体系可能得到了加强、借力发力”可能是我们一厢情愿，至少从我们这里实际情况能得出这样的判断。我们这里有的农广校合到职教中心、有的合到党校，农广校牌子还在，职能从文件上还在，其早已实名存实亡了，当地农民培训工作农业局统管。独立的县校少了，市校生存危机便来了。连续几年不招生了，绿证及跨世纪青年也早就名存实亡了，所以，我认为保持我们体系的独立、完整生存和发展，应该是当务之急！

由于农村人口的恶性膨胀、资源（主要是土地）相对匮乏以及效率低下生产方式相互叠加的结果，长期的积贫积弱导致农村穷、农民苦、农业危险的局面。近一两年得益于宏观调控的硬性拉动，有所改进。但应该看到的是导致前述局面的一个重要原因即农业劳动者群体素质的低下问题并不能在宏观政策的调控下得到改善，而这一点，恰恰是农广校体系利用自身优势开展农民科技教育的一个重要机遇。农民科技教育培训，农民群体素质的提高在漫长的现代化变革中注定不会一蹴而就，需要广大基层农民科技教育工作者长期大量艰苦细致的工作。从这个意义上讲，加强体系建设，充分发挥各级农广校各自的优势，共享资源就显得尤为重要了。

农民教育培训是一项公益性事业，必须依靠政府力量，才能推动这项工作持续健康的发展。国家对农民教育培训的项目支持力度在不断加大。作为农民教育培训的专门机构、专业队伍——农广校如何顺应形势，适应农民自我发展自我提高的需要，建立起一个独具特色的农民科技教育培训体系是当务之急。同时建议国家要进一步加大农民教育培训的经费投入，由农业部门管理实施，财政部门监督、检查，从而进一步增强农民教育培训项目资金的实施效果。

四、继承发展、开拓创新是新形势下加快农广校发展的动力

农广校经过 20 多年的办学，已经形成了较为完整的远程教育培训体系，也积累了丰富的教育培训经验，这是我们的优势，要充分发挥好。新时期，农民教育任重而道远，我们一方面要紧紧围绕各级党委政府和农业部门的中心工作开展农民教育培训工作；另一方面应该加大面向市场开发的力度，教育对象、教学内容、教学形式、教育体制和机制等方面，都要面向市场，走创新发展的道路。

创新是这个时代的主题之一。作为农业教育工作者，我们只有适应形势的发展，不断解放思想，开拓创新，才能更加有效地服务农业和农民，才能使农广事业与时俱进，开拓创新。创新包括观念的创新，工作形式的创新，也包括工作内容的全新探索。创新必须建立在调查研究、学习借鉴的基础上。农民教育和培训

工作，是改造人的思想认识、重塑人的精神面貌的灵魂工程，尤其是对中国这样一个经受了几千年落后因袭的民族而言，更是积重难返，充满了重重困难的工作。农民教育和培训工作是长期性的、作用比较缓慢也比较滞后的软科学，不可能像有些短期性的作用于物质对象的工作那样，能够立竿见影，一试就灵。为此，农民教育要创新，必须从实际出发，从实际入手，决不盲目也决不灰心，决不轻率也决不保守。农广校作为农民教育的一支主力军，应积极发挥自身优势，多到农村基层调研，要及时了解国内外教育培训的动态，多研究各类学术会议和理论期刊的成果，借鉴世界各国的方法经验和前沿成果，把教育培训的理论同中国农民的实际状况结合起来，在部分有条件的地区开展实践，进行试点，来探索农民培训的新途径。

中国农村有 4.8 亿劳动力，其中，1.6 亿在当地从事非农业，0.9 亿外出务工，尚有 2.3 亿劳动力从事种植、养殖业生产。从事种养业的 2.3 亿农民，其特点是数量大、分散、年龄偏高、女性居多、科学文化素质较低。目前，农业生产的组织化程度和专业化水平不高，科技服务没有完全到位以及良种良法不能直接为农民所掌握等问题依然存在。提高他们的科技文化素质，已成为当前艰巨而紧迫的任务。要发挥农民教育专门机构的作用，通过现代远程教育培训和现场示范指导的手段和方式，多层次、多形式、多渠道对进行农民主体培训。做到点与面相结合，普及与提高相结合，两者互动，互为促进。为低成本、高效益地开展培训，可将农民教育培训分为两个层面进行：

一是普及性培训。运用多种媒体形式和多种培训渠道，将农业知识、技术和信息尽快传送到亿万农民手中，引导广大农民学习科学，自觉地运用科学进行生产。例如，运用广播和电视媒体大范围传播技术和信息；运用农业报刊、图书、网络等其他形式媒体向广大农民传播技术；促进农业培训节目录音带、VCD 光盘进村入户，充分利用村里的大喇叭和有线电视定时播放。还可以利用农技110电话、农技大篷车、信息数字化传播等形式，开展教育培训与服务。

二是示范性培训。以从事种养业的核心示范农户为基点，选择各县的核心示范户作为重点培训对象，开展以实用技术为主的短期培训，对核心的示范户进行产前、产中、产后全过程跟踪服务，重点指导，把他们培养成在农村扎根的农业实用技术人才，并发挥核心示范农户的辐射作用，带动当地农民增收致富。

开展农民科技培训工作，各级农广校在现阶段，不能按计划经济那一套去做，要主动击开展工作，去争取任务，争取投入，争取资源，而且要做出实际成绩，要得到当地政府和广大农民的认可，口碑非常重要，只有社会认可，才是农广校生存之道。在市场经济条件下开展农民教育，必须要参与社会竞争，只有先有为，才能有位。

由于我们国家本身的不协调发展并不仅仅只是表现在城乡经济的发展上，即便是农村，各地的经济发展水平和劳动者素质差距也很大。因此，基层农广校在谋求自身发展的过程中，需要结合地域特色，创新自我发展的路子。农业从业者素质的提高和现时我们提倡的粮食增产、农民增收以及建设农村小康社会有着必然的因果关系。对于最为贴近农民基层农广校来说，这确实无疑是一个发展的好机会。大家不应该在把办学的思路局限于办班、办讲座、发证书，而应该着眼于农民需要什么，市场需要什么，从这样的思路寻求自身工作的切入点。

另外，对于那些资金短期，教学设施落后，人才短缺的农广校，一定要联合社会力量参与培训，要充分发挥各地各级“农业广播电视学校领导小组”的作用，统和当地培训资源，出台适合当地农民培训的政策，发挥基层农广校贴近农民，贴近生产实际的特点，要紧紧抓住“培训工作建在村上”这一法宝，发挥农广校特有区域优势，可以提出“到农村办班去”，“到农村上课去”的口号，在全体系要灌输这一理念。即是社会竞争的需要，也符合广大农民的利益。再有，在考虑农民培训工作时，要认真分析“农民为什么要求培训”，他们的动力包括哪些内容，培训的组织者“为什么要开展培训”，他们的动力又是什么，只有时常研究这一对矛盾的发展变化规律，通过认真分析思考，再针对协调社会力量的实际效果，就会产生好的工作思路和好的办法，才能不断的推动事业的发展。

我认为农民教育培训在重视生产技能培训的同时，应该注重加强农民生产观念的教育培训与引导。农民增收靠的是市场，粮食增产不意味着农民增收，要想真正实现农民增收，重要的是要实现农民与市场的良好衔接。而要实现农民与市场的良好衔接，关键还是要靠转变农民传统落后的生产观念。尽快使农民转变生产观念，抛弃传统的操作意识，建立良好的市场意识，引导农民从“我能够生产什么，就生产什么”的传统农业观念，转变到根据“市场需要什么，就生产什么”的现代农业生产观念。从传统生产——市场，转变到现代市场——生产，克服生产中的盲目性，提高土地等生产资料的经济效益。使农民懂得市场经济下社会发展的要求，才能从根本上改变农民落后的现状，解决农民增收问题。

在当前工作中，我认为应当探索和建立农民教育和培训工作的长效与常规机制，把这一解决十亿农民生存和发展问题的根本性方略形成一项可操作性强的制度，变成一种看得见、摸得着的实实在在的措施。我认为应当在每个省选择 10 个左右县（市、区）作为试点县，由试点县在年初科学编制全年的逐月（或逐季度）的主体农民科技培训和农村劳动力转移培训规划，并经省农民科技教育培训中心审定后执行。中央、省和有关市上应按比例从财政中拨出专项经费来用于支持项目试点，并启动全省农民教育和培训考核机制对项目县工作进行考核。通过试点，总结全省农民科技教育和培训的有效模式，并形成一项长期性的制度，推动山东省农民教育和培训工作步入正轨，真正成为造福百姓的公益性事业。

五、以人为本，树立科学发展观，是新形势下加快农广校发展的保障

事业兴衰，关键在人。为此，我们应时刻加强队伍建设，倡导人才兴校。

作为农民教育工作者，要树立“立足本职，服务三农”的信念和“爱岗敬业、认真负责、求真务实、不怕困难”的工作态度，强化“三农”工作的责任感、使命感，学习发扬老一代农广人“不怕困难、勇于开拓、艰苦奋斗、无私奉献”的精神，具备以下五种能力：一是组织协调能力。农广校是一个庞大的教育培训体系，涉及上下左右，方方面面，大量工作需要组织、需要协调。组织协调能力强，农民教育培训工作就能事半功倍，就能达到预期效果。二是科学管理能力。农广校工作可以说千头万绪，作为工作者应该熟悉和掌握科学管理的方法。要学会和运用科学管理的思维、技巧和原理，减少经验管理和盲目管理，这样才能使整个体系灵活运转、高效运转。三是研究分析能力。农民教育培训新情况、新问题层出不穷，需要研究解决的问题也非常多，作为教育者应该具备善于发现问题、分析问题和解决问题的能力。四是说写表达能力。作为教师，首先应该具备传授知识、传授技术的口语表达能力和文字表达能力，使农民能够清楚的理解和接受。五是专业技术能力。农广校教育涉及面广、技术含量高，特别是广播电视网络等媒体需要有精良的业务，如果业务水平低，就很难完成各项任务。所以学业务、学技术应该成为农广校每一个人的自觉行动。

为提高队伍素质，中央农广校、省级校、市、县（市、区）分校都要用1年左右的时间，尽快建立健中央、省、地、县四级农民教育培训师资培训与管理人员培训的网络，制定教师岗位教育培训规划，对教师开展经常性培训，形成制度化。同时，还要采取有效措施，从农业学校、农业科研机构和农技推广部门选择一批素质高、技能强、热心农民科技培训事业的人员，充实农民科技教育培训管理队伍与师资队伍，加强两支队伍的建设。

农民科教培训事业是一个惠及亿万农民、关系国家前途和发展的事业，但目前却是我国社会经济发展的软肋。要通过教育和培训来实现提高农民素质的目的，专业的教育培训机构是重要的环节和手段，因而，作为我国农民科技教育培训工作的主要力量之一，其意义和任务也理所当然地是重大和繁重。但是，在当下各行各业都是百舸争流的竞争局面下，作为农广校人的我们，如将上述推论想当然地作为一种结论，那肯定是荒谬和可笑的。农广校必须树立科学的发展观，统筹协调、持续发展，才能肩负起农民教育这一既崇高又艰巨的使命。

当前农广校要可持续发展，首先要加强自身建设和自身储备，形成良性循环。当前农广校要重点抓好以下六项储备，即：理论储备、政策储备、技术储备、项目储备、资金储备和人才储备。若无远虑，必有近忧，没有今天的储备，就很难实现明天的发展。要实现可持续发展还必须要解决好以下一些问题：农民科技教育培训中心如何来牵头，怎样完成牵头、组织协调、项目论证工作；中心怎么架构，中心的功能如何界定，任务如何落实，各级中心如何建设，行政职能延伸的工作如何更好地完成等；关于这些问题，我们应该拿出一个指导性意见。笔者认为中心和学校，是一个问题的两个方面，加挂牌子的内涵是传统农广校工作的拓展、提升。中心的功能主要体现行政转移的职能，体现农民科技教育工作的牵头作用。再如新时期的农科教如何结合？推广示范怎么抓，下一步怎么开展工作？常态工作机制怎样建立？对这些问题，我们要积极探索农科教结合的新路子，以项目为纽带，以基地为依托，把生产、科研、教育的力量整合起来，充分发挥作用。要由单纯的教育培训向教育培训示范推广结合转变，利用学员优势开展技术转化和辐射带动。还有信息发布问题，科学普及、参与扶贫、扫盲、军地两用人才建设等问题，都要总结现有成功经验，找出新的抓手和亮点来。

（注：此文稿发表于《中国农业教育》2006.2）

加快提高农民科技文化素质
全面振兴农业和农村经济

农民科技文化素质问题始终是关系农业和农村经济发展全局的大问题，尤其是进入21世纪、新阶段，探讨如何提高农民科技文化素质，对促进农业发展、农民增收和农村稳定，具有十分重要的现社意义和深远的历史意义。本文拟在分析总结我省农民科技教育现状的基础上，提出当前开展农民科技教育工作的一些方法和对策，仅供参考。

一、从当前农民综合素质的现状看，迫切需要加强科技文化教育培训

在山东省，目前全省7 035.87万农业人口中，农村劳动力3 639万人，其中男劳动力1 934万人，女劳动力1 705万人。从绝对量上看，农业劳动资源还是很丰富的，全省农民文化素质普遍提高、科技意识有所增强，但劳动资源“大而不强”的问题还很突出，地域间差异较大，农民迫切需要教育培训。具体表现在：

①从文化程度看，山东省3 639万农村劳动力中，大专以上文化程度的农业劳动者19万人，占0.5%；中专文化程度的92万人，占24%；高中文化程度的424万人，占11.2%；初中文化程度的681万人，占44.2%；小学文化程度的1 274万人，占33.5%；文盲、半文盲308万人，占8.1%。

②从科技素质看。农民学科技、用科技的积极性越来越高，有66%的人通过培训掌握了一技之长或一项致富本领。据不完全统计，“十五”期间，农民参加农业专业技术培训就达一千多万人次，有近100万名农民参加过初等农业技术教育（包括绿色证书教育）、跨世青年农民培训工程培训，但尚几百万名农民，仍旧停留在传统农业低水平层次上。

③从就业结构看。35岁以下的农民科技素质较好，而46岁以上的农民科技素质则普遍较差。有文化和受过专业培训的劳动力大批转向第二、第三产业，向非农产业转移的农村劳动力占农村总劳动力的比例从“九五”期末的36%增加到“十五”期末的42%。

④从地域差别看。农民素质呈东高西低，南高北低走势，东部地区人才较为集中，经济社会发展水平较高，西部地区人才匮乏，经济社会发展水平也比较低。乡村封闭落后，人才外流现象比较严重。

二、从当前农业和农村经济发展需求看，加强农民科技教育培训工作应当成为各级政府的重要任务

全面建设小康社会，重点和难点在农村，关键在农民。农民是农业和农村经济发展的主体，也是推进农业科学技术转化的重要载体，农民科技文化素质的高低直接决定着农村生产力的发展水平。大力开展农民科技培训，全面提高农村劳动力素质，培养大批掌握和应用先进科学技术的新型农民，是从根本上解决农业、农村和农民问题的基础和关键，是新时期落实三个代表重要思想的具体体现，对于建设现代农业，发展农村经济，增加农民收入，促进城乡经济社会统筹协调发展具有重要的战略意义。各地各部门要充分认识开展农民科技培训工作的基础性、先导性和全局性作用，从国民经济协调发展和社会稳定的战略高度，统筹

规划，切实抓好这项工作。

（一）强化政府行为，进一步加强对农民科技培训工作的组织领导

抓好农民科技培训是各级政府的重要任务，各级政府要高度重视农民科技培训工作，把农民培训纳入经济和社会发展规划，将农民科技培训工作列入年度工作考核内容，实行目标管理。各地要结合实际制定培训计划，明确目标任务，成立由政府主要领导挂帅，农业部门牵头，有关部门参加的农民科技培训工作领导小组，统筹制定规划，统筹培训资源，统筹经费投入，统筹组织实施。农业部门要担负起领导小组办公室的日常工作，加强对农民科技培训工作的管理、协调、指导、督促与检查。各有关部门要加强协作，密切配合，各司其职，各负其责，形成分工协作、齐抓共管、农科教有机结合的有效工作机制，共同开创农民科技培训工作的新局面。

（二）加大资金投入，保障农民科技培训工作的顺利开展

加大对农民科技培训的投入，是世界贸易组织框架下各国政府支持保护农业的通常做法，是今后财政支农支出的重点。从明年开始，各级财政要按照辖区内农村劳动力人均一元的标准设立农民科技培训专项资金，列入同级财政预算，培训资金要随财政收入的增长逐步增加。各类农业建设项目，也要结合项目实施需要，做好相关的农民科技培训工作。要积极拓宽融资渠道，积极鼓励和调动金融、企业、外资、个人等社会力量参与农民培训，逐步建立起以政府投入为导向、全社会广泛参与的多元化的投入机制。要研究切实可行的经济补偿机制，切实减轻农民接受科技培训的经济负担。对参加培训的农民实行补贴或奖励，对于承担培训费用困难的农民，可区别情况采取减、免培训费，就业取得收入后补交培训费，贴息贷款等形式支持其参加培训。农业部门

会同财政等有关部门制定农民科技培训专项资金管理使用办法，报省政府批准后实施。

（三）采取切实措施，不断提高农民科技培训的质量和效率

农民科技培训工作必须坚持以市场为导向，以效率为中心，坚持“实用、实际、实效”的原则，因地制宜，讲究针对性，突出实效性，注重带动性。各地要在充分发挥现有培训资源的基础上，建设和完善具有示范和带动作用的培训基地，扩大农民科技培训机构的自主权，鼓励支持培训资源的有效整合，促进培训质量和效益的提高。农民科技培训单位要牢固树立质量意识，加强师资队伍建设，强化教学管理，规范教材的编写、出版和使用，规范教学计划的制定和执行，建立健全农民科技培训的教学支撑体系。农业行政部门会同有关部门要加强对农民科技培训工作的督促与检查，制定对财政资金扶持培训项目的检查评估办法，积极探索引导性和示范性培训模式，及时总结宣传成功培训经验和做法，推进农民科技培训质量、效益及水平的提高。

（四）强化法律意识，营造农民科技培训工作的良好环境

各地要采取切实有效的措施，认真抓好《国务院关于进一步加强农村教育工作的决定》、《国务院办公厅转发农业部等部门2003～2010年全国农民工培训规划的通知》精神的贯彻落实，并结合当地实际制定具体的实施细则。要依据《中华人民共和国农业法》、《中华人民共和国农业技术推广法》、《中华人民共和国教育法》和《中华人民共和国职业教育法》等有关法律法规，依法开展农民科技培训工作。要加强对农民科技培训的宣传工作，调动和激发全社会参与农民科技培训和农民学科技、用科技的积极性，努力创造农民科技培训工作的良好环境，推动农民科技培训工作正常有序地开展。

三、明确任务，建立高效的新型农民科技教育培训运行机制

今后一个时期，农民科技培训工作的指导思想应是：以党的十六大精神和“三个代表”重要思想为指导，以促进农业增效、农民增收、农产品竞争力增强为核心，以城乡社会经济统筹协调发展为目标，坚持体制创新和机制创新，紧紧围绕农业结构战略性调整和农民增收，动员和利用各种科技教育培训资源，广泛开展多层次、多渠道、多形式的新型农民科技培训，大力提高农民科技文化素质，为全面建设小康社会提供智力支撑。

按照这一指导思想，从现在起到2010年，要初步建立起一个适应需求、服务“三农”、手段先进、灵活高效的农民科技教育培训体系，逐步形成“政府统筹，农业牵头，部门配合，社会参与”的新型农民科技教育培训运行机制。结合当前实际，应以开发农村人力资源为目的，首先整合各类教育培训资源，实现农民科技教育培训资源的优化组合。要加快各级农民（村）科技教育培训中心（以下简称中心）建设，充分利用农业广播电视学校（中心）业已形成的完整配套的教育培训网络，继续发挥乡镇成人文化技术学校、农业职业学校、高等院校以及各类农业技术推广机构的重要作用，同时按照正确引导、规范办班、确保质量的原则，积极鼓励和支持企业、合作经济组织、民营机构等社会力量和教育资源为农民科技培训服务，加快建设农民科技教育培训体系，大力开展农民科技教育培训工作，加速培养和造就一大批觉悟高、懂科技、善经营、会管理、具有熟练职业技能的新型农民，把沉重的人口负担转化为强大的人力资源优势，到2006年，使全省在重点产业和重点区域从业的骨干农民的科技文化素质有明显提高，到2010年，使受训农民的科技文化素质在总体上与山东省的现代农业发展水平相适应。

四、突出重点，全面落实新时期农民科技教育培训工作的任务

培训重点：新阶段农民科技教育培训工作要面向农村和城镇两个市场，突出青年农民、提高农民综合素质和促进就业三个重点，实现由农业技术培训为主向第一、第二、第三产业的综合科技培训，由单一技术技能培训为主向全面提高农民的综合素质培训两个方向性转变。重点提高农民的五大能力：一是适应农业结构战略性调整的需要，重点进行农业新知识、新技术等方面的培训，提高农民现代农业生产技术能力；二是适应农业可持续发展的需要，重点进行农业环境保护、无公害农产品、食品安全、农业标准化等方面的培训，提高农民环境保护和食品安全生产技术能力；三是适应市场经济发展的需要，重点进行经营、管理和市场经济知识与技能的培训，提高农民经营管理水平和适应市场经济的能力；四是适应精神文明建设的需要，重点进行职业道德、法律知识和有关政策等方面的培训，提高农民的职业道德、法律意识和政策能力；五是适应增加农民收入的需要，重点进行职业技能、基本权益保护、城市生活常识、寻找就业岗位等方面的培训，提高农民转移就业、增收致富能力。

（一）继续实施“绿色证书培训工程”

绿色证书培训是我国农民科技培训的一项基本制度，面向广大农民，以培养适应现代农业生产要求的新型农民为目标，按农业生产岗位规范要求开展培训。从明年开始，计划全省年实施绿证培训 20 万人次以上，到 2010 年，全省持有绿证的农民总数达到 150 万人以上。各地要全面总结多年来开展绿色证书培训工作的成功经验，进一步加大培训和规范化管理力度，完善岗位标准制定、能力体系、考核发证制度等环节，制定对持证农民使用的

政策措施，充分调动农民接受绿证培训的积极主动性。要把绿色证书培训与农业龙头企业以及专业合作经济组织的基地培训有机地结合起来，探索试行绿色证书准入制度。

（二）继续实施“跨世纪青年农民科技培训工程”

由农业厅、财政厅和团省委组织实施，面向农村优秀青年，以培养农村致富带头人和建设社会主义新农村的中坚力量为目标，开展以科技为主的综合性培训。计划全省年培训青年农民的数量达到15万人次以上，到2010年，培训青年农民150万人次。各级农业、财政、共青团等部门，要加强协作、密切合作，切实加强对工程的组织管理，在认真总结工程试点经验的基础上，进一步加大工程的实施力度。

（三）努力实施“新型农民创业培植工程”

面向培训后具有创业能力的优秀学员，以培养规模化和专业化生产经营的农场主和农民企业家为目标，通过政策引导、信息服务、创业资金扶持和后援技术支持等综合措施，对其进行创业培植。到2010年，力争培植6 000～8 000人。对培植的农民，各地要在税收、工商管理、资金信贷等方面给予一定的优惠扶持政策。各级金融机构要积极探索对培植者实施小额贷款，促进其创业发展。按照“依法、自愿、有偿、规范”的原则，在土地流转中，要促进土地资源向创业者集中。

（四）大力实施“农村劳动力转移就业培训工程”

成立农村劳动力就业培训服务中心，面向广大农村劳动力，以促进农村劳动力合理、有序转移为目标，开展引导性和示范性培训。该项目由农业部门牵头，会同有关部门共同实施。计划到2010年，使80%以上转岗农村劳动力受到就业前培训。农村劳动力转移就业培训要坚持以市场需求为导向，技能培训与技能鉴定相结合，技能培训与市场就业相结合的原则，以需求定培训，以培训促就业。要积极探索开展“定向”、“订单”、“委托”和“储备”等培训模式，切实增强培训的针对性和实效性，减少盲目性和随意性。要加强培训与用工单位和就业市场的衔接，把就业需求、技能培训、职业介绍和追综服务有机地结合起来，提高受训人员的就业能力和就业率。各地要紧密结合当地农村劳动力的特点和市场需求状况，统筹规划，突出重点，整合资源，加强服务；要重视农村劳动力培训服务平台建设，把参加培训的农村劳动力纳入劳动力信息资源管理，根据劳动力市场需求，提供指导和服务。

（五）加快实施“农业远程培训工程”

要充分发挥农业广播电视学校这一农村远程教育体系的作用，各级广播电视部门要积极配合，充分利用广播、电视、互联网等现代教育手段，快捷有效地向广大农民提供适用技术、信息和咨询服务。到 2010 年，基本实现农村远程教育无缝隙覆盖。要加强远程培训的条件和课件建设，加大传播覆盖面，使农业新技术、新成果、新产品快速传播到广大农村。

（2004 年 11 月）

农民创业培训工作探析

2009年，根据农业部等六部办公厅《关于做好2009年农村劳动力转移培训阳光工程实施工作的通知》（农办科［2009］50号）和农业部《农村劳动力转移培训阳光工程农民创业培训规范》精神，按照省农业厅、财政厅等七部门下发的《关于做好2009年农村劳动力转移培训阳光工程实施工作的通知》（鲁农科教字［2009］36号）和省农业厅《2009年农村劳动力转移培训阳光工程农民创业培训实施意见》要求。我校承担了2009年农村劳动力转移培训阳光工程农民创业培训500人的培训任务，培训班于2009年12月16日至2010年1月22日分别在济南、临沂、淄博市分三期8个班次举办。

2008年、2009年连续两年举办创业培训工作，圆满完成了培训任务。取得了明显的效果。2010年，在两年创业培训工作的基础上，省农广校将在10个市举办3 000人的创业农民培训班。回顾创业农民的培训，收获颇丰，觉得值得总结的东西很多。

一、创业农民培训的内涵

农民创业培训是“以提升农民创业理念、增强创业意识为重点，以提升农民创业能力为核心”的一种培训形式。目的是通过创业培训，使学员树立创业理念、增强创业意识、掌握创业技巧、提高创业能力，促进学员提高经营水平、扩大经营规模、领办经济合作组织、创办农业企业，培养和造就一批具有“较高专业技能、较大生产规模、较强创业能力”的高素质、创业型农民，为现代农业发展和社会主义新农村建设提供有力的人才保证、智力支持和产业支撑。

培训侧重于有创业意愿并有一定创业基础的外出务工返乡人员、葡萄种植大户、科技带头人、农村经纪人、专业合作组织领办人、农业企业创办人和有志于农村创业的大中专毕业生。

二、山东省农广校“农民创业培训模式”

（一）制定一套科学可行的培训方案

为科学规范地实施阳光工程农民创业培训工作，学校专门成立了项目领导小组，并多次召开了项目专题会议，研究部署培训工作，形成了《2009 年农村劳动力转移培训阳光工程农民创业培训工作实施方案》，明确了各级职责、确定了培训形式、提出了具体要求。为落实培训内容、严格培训环节，编印下发了《2009 年农村劳动力转移培训阳光工程农民创业培训工作资料汇编》和《2009 年农村劳动力转移培训阳光工程农民创业培训工作管理办法（暂行）》，在具体培训要求、培训计划、培训条件、编制设定、培训教师、培训学员、培训环节、培训资金、跟踪服务、培训考核等方面做了具体的要求和规定，从而有效的确保了培训试点工作科学规范、扎实有效开展。

（二）探索组织发动学员的一套方法

相关市、县（市、区）分校积极主动与当地农业主管部门协调，争取支持，做好学员组织发动和资格审查工作，同时发挥各地办学优势，真正走出了一条自主招生的路子。

济南市分校充分发挥体系办学优势，由各县（市、区）农广校的乡镇班主任深入到农民当中，大力宣传阳光工程创业培训，负责组织当地农民报名工作，真正发掘和选拔出了创业欲望迫切、创业意愿强烈的农民学员。

临沂市分校充分发挥联合办学优势，在学员组织上加强和组织部门的联合，联合下发了《关于做好阳光工程农民创业人才示范培训工作的通知》，明确了由市委组织部、市农业局负责统筹协调，承担培训任务的县委组织部、县农业局负责学员推荐选拔工作，更好地保证了学员质量。

淄博市分校充分发挥远程教育优势，通过当地电视台、报刊等媒体，向社会各界发放招生广告，广泛开展宣传发动，招收和选择具有创业意识和欲望强烈的农村学员，打破了以往政府指令性组织学员的模式，真正做到了“公开、公平、公正”的原则，择优选拔和确定了培训对象，学员选择余地更大，培训对象更易管理。

（三）确立培训内容和教学计划

根据农业部《农村劳动力转移培训阳光工程农民创业培训规范》，制订了《2009年农村劳动力转移培训阳光工程农民创业培训工作实施流程和培训计划》以及模拟练习方案、市场考察方案、专业实践方案，结合当前农业创业的热点、难点和焦点问题，确定了培训内容，主要包括：向军队学管理、时代与创业、农业创业理念、农业创业扶持政策、农业创业的市场机遇、评估创业市场、组建创业团队、预测创业利润筹措创业资金、选择创业企业类型、成功创业者的基本素质与要求、创业风险的识别与防范、评价创业者自身、构思创办企业、农业创业项目介绍、选择农业创业项目、创业计划书的制定、影响创业计划的因素、实施创业计划、创办你的企业等19个专题。

（四）强化基础条件建设，完善培训服务

选择好合适的培训地点和培训场所，不但能够满足培训需求，而且能使农民学员安心培训，有利于培训工作管理。为此，我校放弃自有培训场所，按照“远离闹市区、清心静气地”的要求，首先确定培训场所的所在地区范围，其次按照创业培训集中授课、模拟练习、拓展训练、军事训练的要求，通过与培训场所签订协议的形式在所在地区范围内选择具体培训场所。同时，我校与济南市历城区第三职业中专达成协议，联合成立了“农民教育培训基地”，进行了挂牌。为搞好学员市场考察和专业学习与实践，我们一是积极主动与厅产业化办公室和市场信息处协调，争取支持，就近选择部分农业产业化龙头企业，通过签订协议的形式，建立了市场考察和专业学习实践基地，并进行了挂牌。

针对目前全国对农民创业培训还没有较为系统的教材资料体系，我们根据农业部《农村劳动力转移培训阳光工程农民创业培训规范》，专门召集了济南、淄博、临沂等项目实施的负责人，聘请了省内创业培训的有关专家，就培训教材和资料的编制进行了座谈和论证，各地代表还就如何开展培训提出了建设性的意见，最终编制了“2009 年农村劳动力转移培训阳光工程农民创业培训工作教材读本”。同时，还统一印制了教师跟踪服务手册、培训班指导手册、考勤册、学员胸卡，并为所有参加培训的学员统一购买了迷彩服、作训鞋、腰带和相关的生活物品，保证每一名参加培训的学员，人手一套资料和装备，并在每期开班前 1 天将为培训班学员准备的学习资料、拓展装备、军训服装、生活用品按照住宿安排提前摆放到了房间，同时为了保障学员培训期间的安全问题，我们统一为每位学员购买了人身意外伤害保险，为学员提供了有效的安全保障。

（五）建立六支队伍，备齐服务功能

根据创业培训工作需要和创业培训的特点，我校从社会各个方面一是采取外部聘请创业培训名师，二是采取内部公开选拔的形式聘任授课辅导教师和指导教师。在确定创业培训师资后，我们下发了《关于做好2009年农村劳动力转移培训阳光工程农民创业培训工作有关问题的通知》（鲁农广校字［2009］37号）文件，成立了“全省农村劳动力转移培训阳光工程农民创业培训省级讲师团”，评定了首席创业培训讲师，同时要求相关市分校按照文件精神，结合当地实际，设立两个工作组、成立3个评委会和组建六支教师队伍，两个工作组包括：教务组、会务组；3个评委会包括：模拟训练工作评比委员会、日常管理工作评比委员会、创业计划评估工作委员会；六支教师队伍包括：集中授课辅导教师队伍、考察实习指导教师队伍、模拟训练指导教师队伍、军事与拓展体验教练队伍、培训工作组织管理队伍、跟踪服务指导教师队伍。

为提高农民创业培训授课教师和管理人员的整体素质，确保培训效果，我校以实现“互动式教学”为目标，先期开展教师集中培训、集体备课、集体评议。12月6日，召集项目组织管理人员和聘任的体系内部授课教师，利用2天时间，举办了“农民创业培训管理人员和师资培训班”，对农村创业培训工作的相关要求进行了详细的解读，对培训工作实施方案的有关内容进行了具体的说明，邀请了山东省高级创业培训名师刘国智教授和陈洪常高级农艺师对各地的培训教师和相关的管理人员进行了培训。为进一步提升教师的授课水平，12月11日在济南市历城区分校，邀请了相关创业培训的专家试听了部分专题授课教师的讲课，有针对性的对每一位授课教师提出了在创业培训专题授课方式和内容上的整改意见。12月14日邀请到了中国农民大学培训中心高级培训师黄鹏程主任，利用2天时间为我校和相关市、县（市、区）负责本次培训的会务和教务人员专题讲授了“主持人主持技巧”、“互动式教学模式”、“互动活动展示”、“会场音乐搭配技巧”等内容，现场对相关教务人员和主持人做了点评和指导，并担任培训班“向军队学管理”、“时代与创业”等专题内容的讲授，进一步完善了授课内容、提高了授课水平，为下一步农民开展创业提供了有力的师资保障。

（六）创新管理形式，实行准军事化管理

我校在培训班管理形式上探索新的管理形式，采用准军事化管理，做到“六统一”，即：统一规范编班，按照军事化编制，把每期创业培训班的学员按照人数进行分班、分区队（原则上10人一个班、3～5个班一个区队）；统一各级职责，根据编班需要，临时确定了支队长、区队长、班长等岗位，并明确了各岗位职责；统一房间安排，每期培训班都提前为参训学员统一安排了房间和床位，未经会务组同意不得擅自调换；统一资料配发，为学员统一编印了学习资料、学员手册、学员胸卡、学习用具和资料袋，配发了脸盆、牙刷、牙膏、香皂、毛巾等洗刷物品以及部分军事训练和拓展训练物品；统一作息时间，统一起床就寝时间、统一上课时间、统一就餐时间、统一乘车时间等；统一军事训练，培训班期间，每天安排半小时或1小时的军事训练。同时，每期培训班期间均设立24小时值班室，由会务人员和各区队长轮流值班。为确保培训班学员的到课率和巩固率，我们又实行了集合点名、上课点名、下课签到、班长查人上报、区队交叉抽查等制度，并对各建置班的培训情况进行综合打分，分数量化公开，以在评比栏中张贴小红旗的方式进行班级排名，有效的促进了每期培训班学员在各项活动中的积极性。

（七）开展互动活动，调节学员情绪；穿插拓展训练，培养团队精神

在整个培训班的过程中，我们在紧张的学习过程中穿插了各类手语操、放松训练，插入了风趣幽默的造型传话、风言风语等互动活动，为紧张的学习过程添加了“调味剂”，有效调动了学

员的学习情绪，提高了听课的效果。

团队精神是企业发展的核心，企业的发展离不开优秀的企业团队，为了培养团队精神，我们在培训的过程中穿插了室外拓展和室内拓展两种拓展模式。室内拓展：我们专门聘请了专业室内拓展老师，主要应用“头脑风暴、肢体运动、团队游戏”的方式，充分调动参训学员的积极性、参与性和集体荣誉感；室外拓展：我们专门聘请了专业的室外拓展教练，通过各种室外拓展项目（信任背摔、毕业墙、过电网、拔河比赛、篮球比赛等）来调动全体学员相互之间的团队协作能力。

（八）实施“三段式”教学培训模式

第一段，集中培训。通过丰富的授课内容，把新思路、新知识、新经验融入到参训学员现有的知识结构中，从而使学员对原有保守的思想认知结构加以改造，参训学员的学习态度和学习方法以及思维能力上都得到了不同程度的提高；通过互动式教学模式，使学员亲身融入到创业生产经营过程中来。讲授过程中强调让学员自己思索、探究和发现问题，真正把学习知识的过程和探究知识的过程紧密联系在一起。为了加强学员对授课内容的记忆，让学员学会用理论指导实践，用实践检验理论，在此次创业培训中我们引入了两种模拟练习形式。一是采用了班级讨论的形式来进行模拟经营一个企业，根据各自团队人员的特长和特点进行了企业团队的具体分工，并全面的分析研讨经营过程中所存在的每一个环节，总结出企业发展的优势和劣势，真正加深了学员们对所学知识的理解和运用。二是为了让学员们将学到的知识活学活用，我们采用了实战演练的形式，让每一个团队模拟经营一个相同的企业，在经营的过程中我们设置了大量的模拟道具（原材料、成品、信用社、货币等）和场景（市场、情景卡等）尽可能的让学员们感觉是在真实的经营。模拟结束后我们组织了研讨、分析和评价，每个团队都对自身的组建情况和成果、模拟练习的体会和感受进行了展示，由模拟练习工作评比委员会的评委现场对每一个团队展示的情况都进行了深刻的分析，查找出了问题，总结出了经验，并对各团队的展示情况进行了量化考核和评比。整个模拟练习对参训学员今后的创业起到了重要的指导作用。

第二段，考察实习。通过市场考察，使学员对集中培训的内容有更深刻的理解，直观的了解了自己计划创办企业的产业状况、市场行情、市场运作和发展前景等，对自己将要选择的创业项目有了更全面和更深层次的认识，提高了创业能力和经营水平，从而能够对自己下一步的创业设计打下牢固的基础；通过实践实习，使学员真正到成功企业了解农业企业的价格制定与销售预期，掌握了在创业过程中所需的专业技术和管理技能，熟悉了企业生产、经营运作的全过程，真正在实践中发现了问题和总结了经验。在参观考察阶段我们主要采用听、看、议的方式，首先由所参观市场的主要负责人对市场主要农产品营销的情况进行介绍；再由带队指导老师引导，学员对市场主要农产品进行考察了解；最后聘请专家对农产品市场情况进行总评。在实践实习阶段，由于企业生产要求，定岗实习的难度较大，我校根据企业实际按照一听、二看、三干、四查、五了解的形式，一是听取由企业负责人讲述企业的发展历史，二是学员参观了解企业原材料的供应，三是学员到生产一线对企业生产加工的进程进行实地操作；四是查看企业产品定价与销售的过程；五是了解企业利润的形成和企业资金的筹措方法。最后学员对所实践实习的内容进行讨论和总结，使整个实践实习过程能够取得最大限度的效果，对企业生产经营的全过程有了深入的了解。

第三段，完成创业计划。通过高水平的完成创业计划书，使学员掌握了创业项目基本框架、程序和步骤，比较客观地帮助参训学员分析创业过程中的主要问题和影响因素，能够使参训学员在创业的过程中拥有充足的信心和保持清醒的头脑，真正成为了学员们的创业指南和行动大纲。同时，也可以作为用于向相关金融部门和投资者游说的资本，是取得创业投资资金的“敲门砖”和“通行证”。

（九）引入激励机制，充分调动学员

为充分调动学员的学习积极性和竞争能力，在培训过程中，我们引入了四种考核激励机制，一是日常管理机制，省校统一编制了“2009年全省农村劳动力转移培训阳光工程农民创业培训班学员考勤记录表”，对学员每天的训练、活动和上课等在位情况进行定时的检查和不定时的抽查。二是学习鼓励机制，对在训练、活动和上课过程中表现突出、积极参与的学员进行一定的物质奖励。三是模拟练习评比机制，由模拟练习工作评比委员会对每个团队进行模拟练习的过程和展示结果进行量化打分，评选出获胜班级，并予以奖励。四是综合评比激励机制，根据“2009年农村劳动力转移培训阳光工程农民创业培训工作学员考核指标体系”，培训班每天对学员进行考核的同时，综合评定班级和区队的成绩，利用在评比栏中张贴小红旗的形式对全体学员公布，并在每期培训班结束前，按照不超过20%的比例评选出优秀学员，按照不超过30%的比例评选出优秀班级，按照不超过50%的比例评选出优秀区队，对取得优秀的区队、班级和个人颁发荣誉证书，并发放一定的物质奖励。

（十）打造交流平台，做好跟踪服务

为便于向参加创业培训的农民学员提供培训、交流、合作、发展、维权的交流平台，省校成立了“山东省农广校创业培训联谊总会”，并在省校培训科设立了“农民创业联谊总会秘书处”。各市分校成立了“市分校创业培训联谊会”，县分校成立了“分会”。省校构建了农民创业培训班的QQ群，为学员的交流研讨提供有力平台。同时，省校统一编制了“全省农村劳动力转移培训阳光工程农民创业培训工作教师跟踪服务手册”，要求每名跟踪服务教师辅导学员不得超过15人，一年中对学员要进行不少于6次的技术、信息、法律、管理等方面的跟踪服务，其中现场指导不少于两次，建立和巩固好学员与创业指导教师的长期互动关系，并采用电话回访、手机短信发布相关创业信息等其他跟踪服务方式，指导学员在创业的过程中持续健康发展。

三、农民创业培训的精髓与启示

（一）实行准军事化管理，是加强学员组织与管理的有效形式

培训班通过实行“准军事化管理”我们发现：

一是促使培训班学员能够认真履行各项职责。在整个培训班的过程中，学员都能够严格遵守整个培训班的各项规定和安排部署，认认真真、全力以赴去执行和完成各项培训任务。真正做到了服从命令、听从指挥、令行禁止，产生了强烈的责任感、使命感和认同感，激发了勇往直前、奋勇拼搏、敢打必胜的信念，这也是企业发展内在动力的基础，是一种在创业过程中使企业员工紧密团结的黏合剂，能够产生强大的战斗力和凝聚力。

二是实现了创业培训的部分培训目标。准军事化管理使学员基本具备了军事化自我管理约束能力，养成了一种做事雷厉风行、遇事英明果断的管理作风，学员在实施创业的过程中，作为企业管理者作出的决策、部署的任务，员工们将更乐意去服从，这对于企业领导全面进行企业管理总体规划，拓宽广度、挖掘深度、落实制度都是非常必要的。

三是提高了参训学员整体综合素质。实施准军事化管理，更有助于将培训内容真正渗透到学员的脑中，切实提高了学员参与

培训的积极性和主动性，从而实现了本次培训的根本目标，切实提高了参训学员的政治思想素质和技能水平，使学员在思想上真正建立起了自立、自强、积极、团结、互助的意识。

（二）实施“三段式”培训，是保证创业培训效果的有效模式

第一段，集中培训。通过丰富的授课内容，把新思路、新知识、新经验融入到参训学员现有的知识结构中，从而使学员对原有保守的思想认知结构加以改造，参训学员的学习态度和学习方法以及思维能力上都得到了不同程度的提高；通过互动式教学模式，使学员亲身融入到创业生产经营过程中来。讲授过程中强调让学员自己思索、探究和发现问题，真正把学习知识的过程和探究知识的过程紧密联系在一起。

第二段，考察实习。通过市场考察，使学员对集中培训的内容有更深刻的理解，直观的了解了自己计划创办企业的产业状况、市场行情、市场运作和发展前景等，对自己将要选择的创业项目有了更全面和更深层次的认识，提高了创业能力和经营水平，从而能够对自己下一步的创业设计打下牢固的基础；通过实践实习，使学员真正到成功企业了解农业企业的价格制定与销售预期，掌握了在创业过程中所需的专业技术和管理技能，熟悉了企业生产、经营运作的全过程，真正在实践中发现了问题和总结了经验。

第三段，完成创业计划。通过高水平的完成创业计划书，使学员掌握了创业项目基本框架、程序和步骤，比较客观地帮助参训学员分析创业过程中的主要问题和影响因素，能够使参训学员在创业的过程中拥有充足的信心和保持清醒的头脑，真正成为了学员们的创业指南和行动大纲。同时，也可以作为用于向相关金融部门和投资者游说的资本，是取得创业投资资金的“敲门砖”和“通行证”。

（三）开展互动活动，穿插拓展训练，是提高培训效果的有效手段

在授课过程中穿插开展与创业培训相关的互动活动，通过启发示团队和互动游戏，不仅使参训学员可以放松心情，提高学习效率，同时可以增加团队的凝聚力和向心力，并能够从轻松的游戏中明白在创业过程中的一些道理；通过在培训期间穿插拓展训练活动，真正使参训学员磨练了意志、陶冶了情操、增强了信心、提升了创新能力，培养了参训学员之间的团队意识，团队精神，团队合作、自我超越和肯定以及对自身所在团队每个人的信任和帮助，做到了熔炼团队的训练目的。

（四）开展考核评比，调动学员积极性，是保持学员学习热情的有效措施

通过四种考核激励机制对学员进行考核评比，充分调动了参训学员在培训期间的积极性、参与性和高投入性，使学员之间、班级之间、区队之间相互竞争、相互帮助，把整个培训班学员的学习积极性调整到了最佳状态。

（五）做好学员跟踪服务，是促使学员返乡后创业发展的有效扶住

创业培训的后续跟踪服务是整个创业培训的关键环节，跟踪服务的质量直接关系到学员创业的成败，返乡后的跟踪服务目地是让学员时刻保持创业的激情、拥有创业的想法、有效的促进学员成功创业和现有产业的健康发展。同时，通过创业指导教师现场指导、组建农民创业联谊会、建立 QQ 群等多种跟踪服务的形式，能够有效促进学员之间的交流联系，为学员的创业、经营、和扩大延伸发展现有企业提供了有力的支撑。

四、农民创业培训初见成效

（一）培训任务顺利完成，得到领导充分肯定

经过严格的培训，已经顺利完成了2009年度的创业培训任务。每期培训班结束时，专门举行培训班结业典礼和总结表彰大会，向学员颁发了结业证书，表彰奖励优秀集体和学员。

农业部科教司刘红强副处长、中央农广校培训处文承辉处长到山东省检查指导2009年农村劳动力转移阳光工程农民创业培训工作。在观摩完老师讲课、听取了校领导汇报和学员的培训体会后，农业部刘红强副处长对整个创业培训工作给予了高度评价，认为山东省农广校在整个创业培训过程中，在落实农业部和省农业厅的要求上高度重视、科学规范；在培训组织形式和教学模式上做出了创新；在培训内容设置上实用、细致、全面；在学员组织发动、跟踪服务、创业指导等环节上充分发挥了体系办学优势，同时对学员接受培训后的表现感到非常的震撼。中央农广校文承辉处长认为要认真总结此次创业培训体现出的好经验和好做法，打造出创业培训的精品工程和品牌工程，真正成为全国农民创业培训的排头兵。

（二）加强联络沟通，谋划共同发展

为加强学员之间的沟通联系，实现资源共享，促进共同发展，每期培训结束前，会务人员根据学员填写的基本情况统计表制作了培训人员通信录，发放到每名学员手中。同时，在教师的指导下，学员根据已有产业和拟创业项目的产业结构，自愿结合，成立了相关的农民创业专业联谊组，并采用学员公推的方式评选出了产业组负责人，制定了各产业组联谊会年度活动计划，为学员自身搭建了相互交流、互为借鉴、扶助共创、配合双赢的创业发展平台。

（三）有效利用资源，实现利益共赢

由于培训班的形式新颖活泼，授课深入浅出，鞭辟入里，引起创业学员的强烈共鸣，激发了学员浓厚的学习兴趣和干事创业热情，在培训的开展过程中，培训班的部分学员自发的联合起来，根据当地的产业结构和生产经营实际，自发组织了创业团队。济南班的学员在培训班的过程中建立了 2 个农业专业合作组织；临沂班 8 名学员联合起来成立的农业创业团队，选择了创业项目、明确了职责分工、落实了创业资金、制定了创业方案，计划在培训班结束后将迅速投入到创业项目的实施过程中；淄博班 12 名学员自发成立了农业项目创业协会，筹集了资金，选择了项目，利用培训班的有利条件，聘请了两位培训老师作为协会的顾问。在对参加此次培训的学员进行采访的过程中了解到，通过参加这次创业培训班，不但拓宽了视野，启发了思路，还对于自身发展和今后创办和领办自己的企业、扩大经营规模起到了积极的促进作用。

（四）明确创业方向，启动创业计划

在每期培训班结束前，学员都在教师的精心指导下，根据当地实际和自身情况，高水平设计出了自己的创业计划书，做好了各自的创业准备。临沂市费县学员徐晓凤在参加培训班之前在当地是黑木耳的种植大户，通过参加培训班认识到了散户种植规模上不去、质量难保证、效益不明显，准备返乡后联合当地黑木耳种植户成立“黑木耳专业合作社”，创出自己的品牌、扩大种植的规模、提升产品的质量、引进优良的品种、创造更好的效益，真正带动当地农民致富。淄博市淄川区农民刘克强通过培训了解到小资金也能创大业，计划返乡后投资 5 万元，成立一个“家庭式”小型豆腐干加工厂，以绿色、环保、有机为宗旨，加工绿色豆腐干，在销售人员使用上，还能调动家庭未就业其他人员动起来、忙起来、干起来，并通过省农广校成立的“创业联谊会淄川分会”的培训班同学，在全县范围内宣传自己的豆腐干产品。很多学员都纷纷表示返乡后将迅速行动起来，根据自己的创业计划，筹备资金、整合资源，利用培训班所学，创办和发展自己的企业。

我们于2010年6月对于2009年经过创业培训的500名学员进行调查统计，有12.2%的经过培训的学员开始了自己的创业史，有48.6%的学员在原有企业的基础上扩大了自己的企业。农民创业培训的丰硕成果正展开在齐鲁大地上。

（2010年10月）

以加强教育培训资源建设为重点打造“三网合一”的现代农村远程教育培训平台

现代远程教育作为一种新型的教育方式，作为构筑知识经济时代人们终身学习体系的重要的手段，作为在我国教育资源短缺的条件下办好大教育的战略措施，有着极其良好的发展前景。随着知识经济和信息化社会的到来，再学习和终身学习正在成为农民和农村一种广泛的需求，成为当今农村社会发展的必然趋势。传统的课堂教学模式已极不适应农民教育培训的需求，以媒体资源建设为重点，以远程教育网络为依托，打造“三网合一”的现代农村远程教育培训平台，形成覆盖广大农村的开放教育培训系统，为各类农民群众提供多层次、多样化的教育培训服务应当成为当前农民教育培训工作改革和发展的重点。

一、充分认识教育培训资源建设在现代农村远程教育的发展的关键作用

现代远程教育是一种学生可以在不同时间、不同空间条件下，能随时随地通过有效的信息技术手段进行个别化学习的全新教育培训模式。现代远程教育培训模式下，其教学过程与传统教学模式下的教学过程有很大不同，它打破了传统教育在时间和空间上的限制，既可实施非实时教育、也可实施实时教育，使更多的社会成员根据自己的需要享受教育培训的平等待遇。

师与生、教与学的实时与非实时交互式是现代远程教育的优势所在。正是这种师生分离、时空交错的状况，使得教师的教学活动被物化在各种教育培训媒体资源中。各种媒体材料就成为学生获取知识、掌握技能、保证学习质量的基本条件和要素。因此，现代远程开放教育不但需要有先进的卫星、计算机网络技术支持，同时也需要有丰富充实的教育培训媒体资源。

随着农村现代远程教育的长足发展，我们越来越清醒地看到，当前农民教育培训资源建设工作已经成为农村现代远程教育的薄弱环节。“有路有车缺货”已成为农村现代远程教育发展的鲜明写照。为此，不断探索和研究适合农村现代远程教育的教学模式，加快建设具有较高水平的多种农民教育培训媒体资源已成为发展农村现代远程教育的一项极其重要的任务，关系农村现代远程教育事业的健康顺利发展，是培养新型农民和农村实用人才，加快现代农业和新农村建设的重要保证。

二、当前现代农村远程教育教育培训资源存在的问题及原因

经过多年的建设与发展，农村远程教育培训水平有了较快发展，远程教育网络建设、教育培训媒体资源建设、多支专业教师队伍建设等方面均有了长足的进步，但与农民教育培训需求相比，仍有较大差距，仍存在这样或那样的问题。

（一）现有教育培训媒体资源质量不高

1. 工作滞后

我们现有的教育培训媒体资源虽然数量不少，但部分教育培训媒体资源内容滞后。当前，“三农”相关的新政策、新技术、新知识、新成果层出不穷、日新月异，但我们的媒体资源制作工作仍滞后于农民教育培训需求。

2. 针对性不强

目前，现有的农民教育培训媒体资源还不能做到以农民为中心，精工细做、定期更新。部分设计和制作简单，适应性较差，真正适合农民的、有针对性的资源不多。

3. 形式单一

尽管我们的教学资源不少，但品种基本相同，可交互性资源不多，特色不够突出。而且教育培训资源中以文字教材和音像教材居多，网上教学资源的建设滞后。

4. 重复建设

现有资源存在着简单的低层次重复建设现象，已建资源没有形成广泛共享，利用率低，造成了严重的资源浪费。

（二）教育培训媒体资源制作能力不强

一方面，设施设备匮乏。以山东省农广校为例，近年来在农业部和省发展计划委员会和省农业厅的大力支持下，省校媒体资源制作能力有了大幅度提高。但市、县两级分校基本不具备作媒体资源的制作能力，烟台市分校等虽然有部分设备，都已陈旧过时。另一方面，队伍力量薄弱。从我省农广校系统看，目前体系内缺乏多媒体制作专业技术人员和创意设计人员，力量十分薄弱。

（三）农广校体系优势不明显

由于我们在教育培训资源建设工作中缺乏总体规划，中央校、省校、市、县分校在资源建设中各自为战，没有形成体系优势，没有形成团队，缺乏竞争力。

造成当前教学资源建设中存在上述问题的原因是多方面的，尚待认真探索和研究。不过从近几年来教学资源建设的实际情况来看，资源建设工作中存在着许多制约因素，正是这些制约因素影响我们教学资源建设的进程。归纳起来，主要是思想认识、经费投入、运行机制和队伍素质等几方面。

第一，思想认识不足。各级分校对资源建设及其应用可能带来的深刻变革，认识不够，准备不足，没把资源建设工作放在十分重要的地位，抓一时、放一段，缺乏对资源建设的全面统筹规划，缺乏有效的组织与协调、缺乏评价与激励等管理措施。

第二，经费投入不足。各级财政对资源建设经费投入不足，相应的支持配套以及激励政策等保障措施没有落实，难以调动各方面在资源建设上的积极性和创造性，工作进展艰难，资源建设的质量和水平无法保证。

第三，缺乏规划设计。农广校体系内在资源建设上没有总体规划，各单位自行其事，盲目建设，重复建设等现象比较严重，同时，对教材一体化设计的指导力度较弱，多种媒体资源设计和制作方法不能适应现代远程开放教育教学改革对素质教育以及新的教学模式的要求。

第四，队伍培训不到位。目前资源建设专业技术队伍知识更新慢，相当一部分教师没有掌握现代教育技术运用的基本能力，农广校体系内缺乏有计划、有组织的系统培训。

第五，运行机制不健全。缺乏规范的基于远程开放教育资源建设的运行机制，没有形成协作建设，资源共享的环境。

三、现代农村远程教育教育培训资源建设的对策

农民是一个特殊的教育培训主体，其年龄、文化和专业基础、知识结构、认知能力等都存在着较大差异，因此在教育培训多媒体资源建设中，应考虑农民的不同需求，根据农民学习需求分析、教学目标分析、教学内容分析、学习效果的评价与反馈、交流等，确定建设重点，明确建设原则，做好关键工作。

（一）确定建设重点

教学资源是指支持教学活动的各种资源。目前，农广校使用的媒体资源种类和形式很多，从它们的表现形式和功能特点来看，大体可分为印刷媒体、音像媒体、计算机多媒体课件三大类。

从山东省第二次农业普查数据看，农村每百户电视机拥有量达88台；固定电话66.3部；电脑拥有量1.8台。广播普及率100%；有广播和电视站的乡镇1 134个，占全省乡镇总数的77.2%；能接受电视的自然村和行政村分别为106 888个和84 043个，均占其中数的99.98%；安装了有线电视的自然村为80 615个，占全省自然村总数的75.4%；安装了有线电视的行政村为67 712个，占全省自然村总数的80.5%。

从这一组数据说明，农村广播电视已经基本普及，计算机和互联网普及率仍然十分低下，广播电视仍然是农民接受教育培训的主要途径。由此可以看出，作为文化知识基础和学习培训条件较差、学习时间和学习场所不太固定的群体，印刷媒体、音像媒体仍然是农民首选的教育培训资源，但音像媒体资源具有的直观、形象、生动、易于理解掌握的特点，更加适合农民学习。因此，音像媒体应该成为当前一个阶段农村远程教育媒体资源建设工作的重点。

（二）明确基本原则

良好的远程教育资源必须符合教育教学的规律和特点，具备开放性、系统性、规范性的特点。为此，在媒体资源建设中应把握好下面3个基本原则：

1. 整体规划、发挥优势原则

开发和制作内容丰富、适合农民自主学习的高质量的教学资源是一项复杂而艰巨的工作。在资源建设的过程中，要遵循

“建设精品资源”，“建出水平，建出特色，建出效益”的要求，在专业人员、设备器材、制作任务等方面统筹安排、统一规划，形成体系优势。

2. 需求推动、分步建设原则

教育培训资源建设是为农民服务的，因而无论在内容还是功能上都应充分考虑农民的需求。资源建设应当是选择农民急需、内容相对比较稳定的进行开发建设，这样可以收到较好的社会效益和经济效益。长期来讲，可采取“先建设、后优化”的分步实施渐进策略。

3. 协作共建、利益分享原则

由于农广校要发挥整个体系优势加强媒体资源建设，因此教学资源建设要引入竞争机制，激励机制，避免低水平重复建设，要发挥各方面的积极性，以便能在较短的时间内开发、建设出适合农民需求的教学资源。同时，我们还应本着“优势互补、资源共建、利益分享、共同发展”的原则积极寻求与外部专业机构的合作，共建农民教育培训资源。

（三）做好关键工作

1. 加强组织领导

要成立由中央农广校牵头，各省校参与的农民教育培训资源建设领导小组，下设专门机构，明确分工，统一组织，协调和领导全国农广校农民教育培训资源建设。各省也应成立相应机构，安排专人负责农民教育培训资源建设。

2. 确保建设经费

中央校、各省校和市、县分校要积极争取有关部门支持，通过公共财政资金支持农民教育培训资源建设工作，同时，通过出版发行，合法取得相应的经济收益，用于补助经费开支，确保农民教育培训资源建设工作持续健康发展。

3. 制定整体规划

农广校要从发挥体系优势的高度，抓紧开展中长期资源建设规划的制定，进行教学总体规划设计，并制定年度规划，以此来安排各种媒体资源建设工作。在具体资源建设中，要开展资源建设一体化系统方案设计，通过对各种媒体资源内容进行系统设计，使不同媒体资源间形成互补，保证资源建设符合农民教育培训的基本要求，便于农民选择和使用。

4. 确定统一标准

由于农广校是一个从中央到地方的四级管理五级办学的一个农民教育培训体系，各地办学水平发展不一、办学特点各不相同，因而在进行资源建设方面必然存在差异，因此，必须按照教育部现代远程教育办公室颁布的《现代远程教育资源建设规范》，制定统一的资源建设标准。

5. 加强队伍培训

中央农广校和各省校要有组织有计划的开展系统内专业人员技术培训，尽快建立一支适应农民教育培训多媒体资源建设需要要的专业技术队伍。

（2008 年 8 月）

以科学发展观为指导 实现农业广播电视教育工作的新跨越

——农广校读书会学习心得与体会

一周的读书学习，收获颇丰。系统学习了总书记在中央党校6.25讲话精神、李建国书记在省委第九次党代会上的讲话，以及其他文件精神等，通过听取专家的讲学，参观焦裕禄纪念馆等，受到了一次深刻的教育。现将体会收获及今后想法向大家汇报。

一、通过学习，深刻认识到只有中国特色社会主义道路才能振兴中国

中国特色社会主义是科学社会主义与中国国情相结合的产物，是马克思主义中国化的科学成果。如果我们把自己等同于民主社会主义，甚至像有的学者所讲的那样，中国特色社会主义是民主社会主义的一种模式，那无疑是贬低了我们自己的创造性。中国特色社会主义是科学社会主义范畴和意义上的社会主义，绝不是民主社会主义性质的社会主义。中国特色社会主义在社会主义市场经济、社会主义和谐社会、社会主义民主政治、社会主义核心价值体系等方面的创造，已经远远超越了民主社会主义所能涵括的内容。我们应当借鉴民主社会主义某些有益经验，但不能陷入民主社会主义抽象的理论迷雾之中。民主社会主义道路救不了中国，只有中国特色社会主义道路才能振兴中国。

二、只有做到四个坚定不移，才能保持党和国家事业顺利发展

胡锦涛总书记在中央党校6.25讲话，提出了要做到“四个坚定不移”。

一是坚定不移地坚持解放思想。在要做到的“四个坚定不移”中，头一个就是坚定不移地解放思想。解放思想、实事求是，自从邓小平同志在1978年底《中共中央工作会议闭幕会上的讲话》提出以来，几十年的实践证明，它为党的十一届三中全会的胜利召开奠定了马克思主义的哲学基础，是党的思想路线的本质要求，是我们应对前进道路上各种新情况新问题、不断开创事业新局面的一大法宝。

二是坚定不移地推进改革开放。改革开放是解放和发展社会生产力、不断创新充满活力的体制机制的必然要求，也是发展中国特色社会主义、实现中华民族伟大复兴的必由之路。

三是坚定不移地推动科学发展，促进社会和谐。社会主义建设以发展为硬道理，科学发展观则是我们推进社会主义现代化所必须长期坚持的重要指导思想，是马克思主义关于发展的世界观和方法论的集中体现。它是中国特色社会主义的基本要求，实现经济社会又好又快发展的内在需要。

四是坚定不移地为全面建设小康社会而奋斗。党的十六大提出，我们要在21世纪的头20年，集中力量全面建设惠及十几亿人口的更高水平的小康社会，使经济更加发展，民主更加健全，科教更加进步，文化更加繁荣，社会更加和谐，人民生活更加殷实。这个全面建设小康社会的阶段，是实现现代化建设第三步战略目标必经的承上启下的发展阶段，也是完善社会主义市场经济体制和扩大对外开放的关键阶段，经过这个阶段的建设，再继续奋斗几十年，到21世纪中叶基本实现现代化就可以把我国建设

成富强民主文明与和谐的社会主义国家。所以，全面建设小康社会是我们党和国家到2020年的奋斗目标，是全国各族人民的根本利益所在，它还展现了加快推进社会主义现代化建设的光明前景。

三、“科学发展、和谐发展、率先发展”是山东新阶段社会发展的主旋律

省委书记李建国在党的第九次代表大会提出：坚持以科学发展观统领全局，按照胡锦涛总书记对山东提出的“三个走在前面”的殷切期望，解放思想，实事求是，与时俱进，围绕建设“大而强、富而美”社会主义新山东的宏伟目标，在工作指导上进一步从加快发展转到科学发展、又好又快发展上来，着力调整经济结构和转变增长方式，着力加强资源节约和环境保护，着力推进改革开放和自主创新，着力促进社会发展和解决民生问题，全面推进社会主义经济建设、政治建设、文化建设、社会建设和党的建设，努力做到科学发展、和谐发展、率先发展，在新起点上实现富民强省的新跨越。

富民，就是坚持优先改善广大人民群众的生活，更加体现以人为本，更加关注民生，使全体人民过上富足、殷实的生活。今后五年，城镇居民人均可支配收入和农民人均纯收入年均增长8%左右，社会就业不断扩大，城镇登记失业率控制在4%以内。社会保障体系更加完善，困难群众的基本生活得到有效保障。居民家庭财产普遍增加，衣食住行用条件明显改善，普遍享有公共卫生基本医疗服务和比较丰富的文化生活，公民思想道德素质、科学文化素质和健康素质不断提高。

强省，就是通过调整优化经济结构，依靠科技进步和创新，使全省国民经济的整体素质、综合实力和竞争力明显增强。今后五年，生产总值年均增长10%，地方财政收入年均增长15%。

自主创新能力显著增强，高新技术产业产值比重有较大提高。单位生产总值能耗降低22%左右，二氧化硫和化学需氧量排放分别下降20%和18%，污染得到有效治理，生态环境明显改善，可持续发展能力增强。欠发达地区的发展进一步加快，城乡面貌发生显著变化，城市化率达到50%以上。体制机制创新取得新突破，社会主义市场经济体制更加完善。经济国际化程度不断提高，实施“走出去”战略迈出更大步伐。精神文明建设扎实推进，各项事业繁荣发展，社会更加和谐稳定、充满生机活力。

实现富民强省的新跨越，就是加快由总体小康向全面小康跨越，由经济大省向经济强省跨越，由资源消耗和污染排放较多省份向资源节约型、环境友好型省份跨越，由人口大省向人力资源强省跨越，由文化资源大省向文化强省跨越。让山东在实现“大而强、富而美”的宏伟目标进程中迈出新步伐，展现出经济繁荣兴旺、人民生活富裕、生态环境优美、文化特色鲜明、社会安定和谐的新面貌。

达到这个奋斗目标，关键要在工作指导上进一步从加快发展转到科学发展、又好又快发展上来，努力做到科学发展、和谐发展、率先发展。科学发展，就是要转变发展观念，创新发展模式，提高发展质量，促进经济社会又好又快发展。这决不是忽视快，更不是放弃快，而是好字当头，好中求快，又好又快。和谐发展，就是要正确处理各种利益关系，充分调动一切积极因素，努力实现人与人、人与社会、人与自然和谐相处，在维护稳定、增进和谐中发展。率先发展，就是要紧紧抓住重要战略机遇期，率先调整经济结构，率先转变增长方式，率先深化改革扩大开放，率先构建和谐社会，努力在国家实施东部率先发展战略中，保持强劲态势，始终走在前面。

四、进一步增强了对党的宗旨观念的理解和把握

全心全意为人民服务，是共产党员保持先进性的基本要求，作为一名共产党员和干部，就要积极投身到经济建设和各项社会事业发展中，站在改革开放的第一线，身体力行，埋头苦干，特别要带领人民群众坚持科学发展观，努力实现经济的可持续发展，实现经济社会的协调发展；同时要认真实践为人民服务的宗旨，密切联系群众，尊重群众的创造，倾听群众的呼声，做人民群众的贴心人，维护好实现好发展好人民群众的根本利益。

只要我们牢记宗旨，履行职能，坚持权为民所用、情为民所系、利为民所谋，像焦裕禄书记那样做人民群众的贴心人，认真谋划各项工作，办实事、谋实利、出实绩、求实效，必定为构建和谐社会做贡献。

五、落实措施，扎实推进农民科技教育培训工作又好又快发展

这次学习，收获很大。看到了自身的不足和差距。主要是工作中与大家沟通交流不够；如何抓大放小处理的不好；工作处理上的瞻前顾后不果断；农广校如何适应新形势的发展研究探讨不够等。下一步我想重点在树立责任心、理顺单位关系和职能、强化作风建设、突出工作重点等方面着手，强化工作措施，促进农民科技教育培训工作又好又快发展。

（一）统一思想，增强责任感和使命感

山东省农广校是一个团结战斗的集体，是全国农广系统、使全厅的老典型，我们这个集体有着许多优良的传统，有很多好的美德。我们在每个时期和阶段也赢得了各级组织给予我们的荣誉。对我们这个集体给予了充分的肯定。今年我们不但获得了全

国农广校系统的优秀学校，而且被省直机关工委授予“优秀基层党组织”、被省直机关工会授予“模范工会之家”等。成绩的取得来之不易，使各级领导关怀、领导的结果，更是我们辛勤努力的结果。我们从事的职业是农民教育事业，对于新农村建设起着重要的支撑作用，我们的任务光荣而艰巨、我们的集体团结和谐，我们有好的事业从事、有好的团体来包容。我们应该为我们从事的职业而骄傲、为我们能置身于这个团体而自豪。有着强烈的事业心和责任感、历史使命感和时代紧迫感是我们每一位农广人的本能。是我们不可缺少的心理素质和精神状态。只有这样，学校才能有良好的精神状态，才能形成凝聚力。形成了为大多数人所认可的正确的价值观念和价值取向，具有较强的归属感，能够真正把自己当作学校的一员，自觉地实现与学校的心理认同，从而能够加强学校的向心力，有利于学校内部的团结统一。获得社会认可、获得政府的支持，才能更好地求得向外拓展。

作为农广校的个体一员，敬业是积极向上的人生态度，而兢兢业业做好本职工作是敬业精神最基本的一条。敬业是把使命感注入到自己的工作当中，敬重自己的职业，并从努力工作中找到人生的意义。这是我们最重要的价值取向，是社会主义核心价值的重要体现。其具体表现为忠于职守、尽职尽责、认真负责、一丝不苟、善始善终等职业道德等。只要你有敬业精神，任何平凡的工作都可以干出成绩。要做到敬业，就要求我们有所谓的“三心”，即耐心、恒心和决心。任何事情都不是一蹴而就的，不可只凭一时的热情、三分钟的热度来工作，也不能在情绪低落时就马马虎虎、应付了事。特别在平凡的岗位上要做到长期爱岗敬业，更需要坚忍不拔的毅力。世界上想做大事的人极多，愿把小事做细的人极少，而敬业的人工作之中无小事。

（二）理顺职能，实现规范化和科学化

农广校是一个特殊意义上的学校，管理体制比较独特，近

30年的办学，我们已经形成了较为成熟的管理体制。但是随着新形势的变化和发展，存在着许多的不适应。理顺改革势在必行。因此在岗位设置、职能分工、人员管理等方面都需要进行改革。充分调动教职工的积极性。在下半年，准备进行岗位的调整、职能的确定、人员的交流和优化等，主要是结合全省进行的事业单位改革的六项制度。同时修改和完善各项学校各项管理制度。经过充分讨论后，颁布实施。同时加强制度实施的督导，把每一项制度的管理落到实处。形成有行之有效的管理机制、有职责明确的职能部门、有素质高能力强的领导和员工队伍，发挥学校的整体效能。形成运转有序、和谐协调、高效的团队。

（三）突出重点，努力做好各项工作

工作上，我们年初制定了工作计划，而且也对厅里承诺了目标责任制。按照胡锦涛总书记的6.25讲话和李建国书记的报告，农广校如何实现科学发展、和谐发展、率先发展，如何转到又好又快发展上来，这是我们今后需要长期思考和实践的。

农广校的工作，我想今后在相当长的时间内，都应当紧紧围绕“为新农村建设培养新农民”这一中心任务。强化三项工作重点：即农村实用人才培养、农民技术培训、农业远程教育。拓展和完善五项功能：教育功能、培训功能、推广功能、信息功能、服务功能。具体做好这样四项工作：一是配合做好四大工程（农民科技培训工程、阳光工程、创业培植工程、绿色证书工程等），二是加强对农村实用人才的培养，三是强化远程教育功能（广播、电视、因特网、卫星传播等），四是拓展推广与信息服务功能。为新农村建设培养有用人才，提供智力支撑。

（四）营造团结、和谐、向上，干事创业的团队

农广精神的内涵是什么？虽然我们总结了不少，但是我想无非还是这样几个方面。包括：爱岗敬业、扎实肯干、团结协作、

开拓创新、争创一流。我们的团队在有的人看来是乌合之众，不是正规军，既不同于学校、也不同于推广单位，但建校 26 年的历史证明我们是一支农业战线上的重要力量，是农民科技教育培训战线上的主力军。26 年来，我们创造了一个又一个辉煌的成就，克服了一个又一个艰难险阻，靠的就是这些。因此，我想这次学习也催我深思，怎样营造这支团队：

一是努力塑造学习型团队。这次大家的提议，定期组织学习，包括专题讲座、党性锻炼活动、业务学习活动等。使大家的思想觉悟、业务水平能够得到充实提高。

二是要树立三种意识即：政治意识、责任意识、安全意识。政治是灵魂，是基础，丢弃政治，将一事无成。责任是一个人做人的起码要求，一个人连起码的责任心没有，我想不仅不会成就大事业，小事也难做成。安全意识是我们每个人不需要有的，社会安全、单位安全、个人安全、政治的、经济的、生活的，应当是包括了方方面面。

三是强化三大作风建设：要有好的思想作风，实事求是，光明磊落，不弄虚作假、阳奉阴违；要有好的工作作风，求真务实，言行一致，说老实话，办老实事，当老实人，廉洁自律，艰苦奋斗；要有好的生活作风，正确对待名利、地位和权力，严于律己，防微杜渐，夯实精神支柱，筑牢思想防线，心胸开阔，无私奉献。

（2007 年 7 月）

以科学发展观为指导
努力实现农民科技教育培训工作的新突破

党的十六届三中全会提出了以人为本，全面、协调、可持续的科学发展观，要求按照“五个统筹、五个坚持”的方针推进改革和发展。那么，针对当前农业和农村经济发展形势，农业广播电视学校（山东省农村科技教育培训中心）应如何按照科学发展观的要求，不断推进全省农民科技教育培训工作呢？笔者提出了以下观点，供参考。

一、全面理解和正确把握科学发展观的内涵和要求，与实际相结合在农广校工作中加以正确运用

科学发展观是一个内涵丰富、完整统一的科学体系，其理论基础是马克思主义。

第一，要义是发展，本质是以人为本，内涵是全面、协调、可持续发展，根本要求是统筹兼顾。科学的发展观，是经济工作和各项事业必须长期坚持的重要指导思想，也是解决当前发展中诸多矛盾所必须遵循的基本原则。首先，科学发展观是党执政理念的升华。科学发展观在充分肯定新时期发展成就的基础上，从新的实际出发，进一步明确了要发展、为什么发展和怎样发展的重大问题，标志着我们党对社会主义现代化建设规律的认识更加深入，更加全面。

第二，科学发展观是贯彻“三个代表”重要思想的重要体现。发展是贯彻“三个代表”重要思想的主题，而树立和落实科学的发展观，就是要把“三个代表”重要思想落实到现代化建设的各个领域，更好地推进发展这个我们党执政兴国第一要务的伟大实践。

第三，科学发展观是全面建设小康社会的现实要求。全面建设小康社会，就是把低水平的、不全面的，发展很不平衡的小康，建设成为经济更加发展、民主更加健全、科技更加进步、文化更加繁荣、社会更加和谐、人民生活更加殷实的更高水平的小康社会。只有树立科学的发展观，才能真正实现这一宏伟目标。

第四，科学发展观的关键是统筹城乡发展。没有农村的小康、农民的小康，就没有全社会的小康。把城乡统筹问题解决好，整个经济社会的发展就会顺利进行。

第五，科学发展观的本质和核心是以人为本。要求把解决群众最关心、最关注的难点、热点问题作为一切工作的出发点和落脚点，更好地实现群众的愿望，维护群众的利益。

科学的发展观要求农广校（中心）工作必须以农民为核心，切实满足农民教育培训需求，提高农村人口素质；必须为统筹城乡经济全面协调发展服务，不断提高农民职业技能水平，加快农村劳动力转移，增加农民收入；必须尊重农民在农业和农村经济发展中的主体地位，切实保障农民的经济、政治、社会权益；必须以农村社会稳定为前提，大力开展农村科技文化教育，加快农村精神文明建设。说到底，必须以全面服务于农业和农村经济发展为己任，积极推进农村小康社会建设。

二、牢固树立科学发展观，认清当前形势，进一步增强做好农民科技教育培训工作的责任感与紧迫感

以人为本、全面、协调和可持续发展观的本质和内涵，要求

我们必须坚定不移地落实党在农村的各项方针政策，切实把广大农民群众的根本利益实现好、维护好、发展好。解决农村问题的关键是增收问题，增收问题的关键是农民问题，农民问题的关键是就业问题，就业问题的关键是素质问题，素质问题的关键是教育培训问题。农民培训事关农村稳定和发展大局。关于目前的农民科技教育培训工作，可以用这么几句话来概括：得到空前的重视，面临极好的机遇，存在巨大的挑战，有着广阔的前景。

一是空前的重视。党的十六大和十六届三中全会，全国农村教育工作会议，中央人才工作会议以及全国农业工作会议等，都把农民教育工作、农民科技培训工作放到重要的位置强调。党的十六大提出，统筹城乡经济社会发展，建设现代农业，发展农村经济，增加农民收入，是推进全面小康社会建设的重大任务。全面建设小康社会，重点在农村，难点在农民，关键在于提高农民的科技文化素质。温家宝总理在全国农村教育工作会议上指出："要充分认识农村教育在全面建设小康社会中的战略地位，提高国民素质，增强综合国力，必须大力发展教育事业。农村教育影响广泛，关系农村经济和社会发展的全局。"今年的中央一号文件强调，各地和有关部门要把加强对农村劳动力的职业技能培训作为一件大事抓紧抓好，各级财政都要安排专门用于农民职业技能培训的资金。一个时期以来，从中央到社会各界都高度关注"三农"问题，都高度重视农民教育、重视农村劳动力素质提高、重视农村实用人才的培养。与此同时，随着知识经济的日趋猛进，以及农民物质文化生活水平的日益增长和可支配收入的不断增加，农民用于教育消费的支出不断增长，农民学科技、用科技的积极性不断高涨。农民对教育培训的重视已达到前所未有的高度。

二是极好的机遇。当前农广校面临着极好的发展机遇。一方面，政府交给了任务。中央六部委刚刚启动了农村劳动力转移培训阳光工程，各地也相继启动了一批农民培训项目。农广校系统成为承担这些项目的主要力量。同时，在国务院和各级政府相继批准实施的优质粮食产业建设工程等一系列加强“三农”的具体措施中，对农民科技教育培训提出了具体要求，作为农民科技教育培训工作的主渠道，农广校不但成为教育培训工作的主要承担者，而且正逐步参与到这些农业科技推广示范项目中。另一方面，培训市场的不断拓展。现在比过去任何时候对农民培训教育需求的市场都大。因此，可以说，当前农民科技教育培训形势发生了转变，由过去我们争取培训任务，转到了政府要求，农民需要我们培训。我们一定要认清形势，牢牢把握机遇，树立有为才有位的意识，不断做强、做大农广校事业。

三是巨大的挑战。现在农广校所承担的农民科技教育培训工作是任务有了，目标有了，方向有了，关键是看我们怎么做，做得怎么样。目前，各系统、各个行业都在关注农民科技教育培训，也都在积极地参与，都想在这件事情上有所作为，这是非常好的态势，但也说明，当前农民科技教育培训市场竞争日趋激烈，农广校遇到了前所未有的挑战。这一挑战，不仅来自外部其他教育培训机构的竞争，而且来自农民科技教育工作的需求，这主要反映在多年我们传统的思维、传统的模式、固有的观念。甚至以前有一些我们认为“轻车熟路”的办法现在可能也不太对路，这些都需要调整，需要推陈出新。要冲破固有束缚，创新发展，超越自己，更是一种挑战。面对着里里外外的挑战，我们必须要认真思考的是，我们准备好了吗？能否承担起时代赋予我们的任务，在未来发展中有多大的作为？

四是广阔的前景。山东是农业大省，同时也是农业人口大省。目前，全省7 035.87万农业人口中，农村劳动力近3 700万人。从绝对量上看，农业劳动资源还是很丰富的。但全省农村劳动力中高中以上文化程度的仅占17.5%，平均受教育年限8.3

年，受过专业技术培训的仅占10.8%。全省农民科技文化素质普遍较低，劳动资源“大而不强”的问题很突出。大量低素质的农村劳动力成为制约农业和农村经济发展的关键因素。同时，大量富余农村劳动力由于科技文化素质不高，就业技能缺乏，虽有致富愿望，但难以向非农产业和城镇转移，难以在城镇实现稳定就业，这又成为严重制约农村劳动力实现顺利转移和收入增加的关键因素。加强农民科技教育培训，提高农村劳动力综合素质，是突破农村劳动力转移就业“瓶颈”，发展农业生产力，增加农民收入，全面建设小康社会的关键，因此，农民科技教育培训工作是我国国情、民情所决定的需要应由政府支持兴办的大事业，是基础性、公益性事业，也是一项朝阳事业，是当前农广校义不容辞的责任。农民教育培训工作有巨大的发展空间，会伴随整个经济社会发展越来越凸显重要。农民教育任重道远，前景广阔。

三、正确运用科学的发展观，扎实有效地开展农民科技教育培训工作

加强农村劳动力转移培训和农村实用人才队伍建设是贯彻落实“三个代表”重要思想，为农民办实事的重要工作，也是一项造福亿万农民的宏伟事业，是发展农业广播电视教育的历史机遇。我们要认清形势，紧抓机遇，扎实工作，与时俱进，开拓创新，坚持全面、协调、可持续的科学发展观，营造发展的新环境，拓展发展的新空间，研究发展的新举措，找出发展的新办法。统筹农民科技培训和农村劳动力转移培训发展，统筹学历教育和非学历教育发展，统筹农科教发展。

（一）进一步统一思想，明确工作思路

现在需要进一步考虑和明确我们的工作目标、定位、思路问

题。农广校是干什么的？应当怎么干？现在还是用这句话来概括，它是运用现代远程教育手段对农民实施终身教育和提高农民综合素质的一所学校。它不是一般意义上的学校，它应当具有教育、培训、服务的功能。办学二十多年来，我们以教育功能为本，培养了一大批的基层和农村实用人才，现在，我们必须以提高农民综合素质为己任，高举农民教育的大旗，积极发挥农业部门的教育培训资源和优势。充分体现学历教育和非学历教育的两个职能、扮演好两个角色。按照这个定位，农广校的工作思路可以从以下几个方面来把握。坚持一个中心：即农民科技教育培训。实施两大战略：固根本求生存；搞创新求发展（公益性、效益的两手抓）。强化四个意识：大局意识、创新意识、质量意识（品牌意识）、服务意识。处理五大关系：一是阶段性工作与常态性工作的关系；二是政府与市场的关系；三是个体发展和体系发展的关系；四是中心发展与广校发展的关系；五是事业发展和自身建设的关系。

我们要把农广校工作放到农民科技文化素质整体提高中去把握，放到农业农村经济工作中去把握，放到全面建设农村小康社会中去把握，树立全心全意地为农民服务的使命感，增强加快构建新型农民科技教育体系责任感和紧迫感。要把农广校工作的出发点和落脚点放在不断提高广大农民的综合素质上，为新阶段农业和农村经济发展、全面建设小康社会提供人才支撑，促进农民就业，增加农民收入，改变农民生活质量和农村面貌。要把农广校办成知识传播中心、信息发布中心、劳动力转移就业服务中心、科技成果转化推广示范中心、农村基层干部继续教育中心，构建新型的农村学习型社会。

（二）转变思路，积极承担农民教育培训工作

要跳出传统的就教育抓教育、就推广抓推广的思路，要把我们常规的农业教育培训工作向前拓展延伸。当前要围绕农民培训

这一主题，重点做好四方面的工作：

一是实施农村劳动力转移培训阳光工程。这是当前和今后一个时期农广校系统、农民教育培训的主要工作。阳光工程是国家支持的农村劳动力转移培训的示范性项目，通过这个工程带动整个农村劳动力转移培训工作。农广校开展农村劳动力转移培训不是一个新话题，我们早就在做了，农广校从创办开始，就一直着眼于提高农民的综合素质，各地已有很多很好的经验。农广校系统开设的 100 多个专业中，将近 40 个是涉农专业，将近 60 个是非农专业。培养的非农专业的人就是着眼于转移就业的。但是，我们过去对这方面的工作还缺乏今天的认识，工作还处于被动摸索阶段。对于阳光工程，我们要积极地参与，积极地落实，不仅在于 15 万人的培训任务我们承担多少，更重要的是这是我们的本职和己任，是自身发展的必需。我们要借势而为，推动整个事业的发展。各地农广校充分发挥资源优势，向经济发达地区和城市输送经过技能培训的劳动力。许多地方通过联合招生、合作办学、定单培训等方式促进经济落后地区农村劳动力向经济发达地区和城市转移。如陕西镇安县农广校与北京华夏中青家政服务公司签订了为期十年的家政服务员输出“定单”。

二是配合开展农村党员干部现代远程教育工作。农村党员干部现代远程教育工作作为推进党的建设、惠及亿万农民的创新工程、民心工程，有非常重要的意义，旨在通过远程教育的手段推进农村党的建设，实现“让干部经常受教育、使农民长期得实惠”的目标。这项工程农广校系统、农民科技教育培训机构要积极地参与。我们做的这项工作是落实中央大政方针，和我们一直以来的发展目标完全一致，有利于我们事业的发展。目前，这项工程正在 3 个省试点，试点省的农广校扮演了非常重要的角色，它们利用自身的优势，发挥了重要作用，下一步还要做得更好。

三是着力抓好农民主体培训。这是一项长期的工作，也是一项基础性的工作。要适应新形势，加强整合，重视创新。要系统总结绿色证书、跨世纪青年农民科技培训等项工作的经验。要积极探索适应需求、针对性强、点面结合，使农业科技能尽快进村入户，使农民能真正学得起、用得上的培训方式和途径，从不同层面上提高农民的生产技能和水平。对于广大的农民要进行普及性、引导性培训，要通过各种载体迅速、广泛地把农民科技致富的知识播出去；对于实用技术的培训，要针对不同区域、不同品种、不同需求，有针对性地开展各种形式的培训；对于核心农户和骨干农民的培训，要重点面向从事多年农业生产、有一定的实践经验和有一定的生产经营规模的不离土、不离乡的种养大户。

四是办好学历教育，扎实推进农村实用人才培养。要千方百计推进中专教育的新发展，继续积极稳妥做好中专后继续教育，进一步深化多形式的合作高等教育，大力加强农村实用人才继续教育，把农广校办成农村实用人才培养的重要阵地。

（三）明确定位，发挥优势，开拓创新

农广校系统具有办学体制灵活、教育形式多样、投入成本低、覆盖面广等特点。这是农广校的优势，是农广校承担并做好工作的基础，更是农广校参与竞争的资本，也是农广校理思路、定措施的出发点。为此，农广校要进一步明确定位，一是要依靠政府，就是要按照中央和各级政府的要求承担好相应的工作，但我们不能完全躺在政府的身上。二是要立足市场，就是要在市场经济发展过程中寻求发展的机遇和发展的空间。依靠政府求生存，立足市场求发展，要把握好两者的关系。要发挥优势，依靠政府，立足市场，面向“三农”，服务“三农”。在这里，我还要强调的是要开拓创新，特别是要探索办学机制的创新，例如，

有的地方采取"学校＋企业＋农户"或"学校＋公司＋农户"的办学模式，就是要探索培训和就业相结合的路子，探索产学研结合的路子，在用人主体和农户中间发挥桥梁、纽带作用。再比如农村劳动力转移培训，要以市场为导向，以就业为目的，有的地方大胆培育就业中介机构，积极开拓劳务市场，按定单培训，把培训与就业结合起来。我想，不管采取什么方式，都要敢于大胆开拓，大胆试验。如果把传统的中专教育与就业、创业挂钩，培训的效果会更好，培训的质量会更高，转移就业会更充分，也会给中专办学带来生机，使传统的中专办学焕发新生。

四、坚持科学发展观，认真思考和解决农民科技培训工作的几个问题

当前我们面临的挑战是什么？我认为，挑战更多来自于我们体系内部、来自于农广校的自身建设。目前，农民教育任务很多，工作很繁重，有许多问题需要我们自身冷静分析，理清头绪，找出办法，不能坐等观望，无所作为。

一是关于统筹协调、可持续发展问题。农民科技教育培训中心如何来牵头，如何统筹协调和组织实施；农广校的主体作用、主渠道作用怎么发挥；远程教育的优势如何充分体现；行政职能延伸的工作如何更好地完成。我们要从传统的农广校的工作内容延伸到这个问题来考虑，需要我们换脑筋，需要我们提高工作层次。比如将牵头、组织协调、项目论证交给你来完成，怎样完成？恐怕就不能以传统的思维定势来运作。还有关于中心建设问题，中心怎么架构，中心的功能如何界定，任务如何落实，各级中心如何建设，我们应该有个指导性意见。我认为中心和学校，是一个问题的两个方面，加挂牌子的内涵是传统农广校工作的拓展与提升。中心的功能主要体现行政转移的职能，体现农民科技教育工作的牵头作用。再比如学历教育如何抓好，职业教育如何

深化改革，就需要更多地站在学校角度来考虑。这里有个力量整合的问题。我们要有整合和联合的思想。我们可以设想，主动和大中专院校联合，可以把他们的力量借过来，甚至还可以把社会力量借过来。

二是关于体系建设问题。当前，就全省农广校体系而言，虽然具备了一定的办学实力，但作为办学体系中的每一个体与其他同类学校相比，办学条件还是相差悬殊的。农广校之所以具有强大的生命力，关键在于有一个完整的办学体系和先进的教学传播手段。这种体系化的远距离办学格局，是农业教育的一个创新，是农广校的优势所在，是提高办学效益和竞争力的保证。保持一个完整的体系，有利于争取各级政府和社会的支持，有利于协调各方面的关系，有利于合理利用教育资源，有利于保证教学质量。其他学校非常羡慕我们农广校具有这样一个协调一致的组织体系和覆盖全国的教学传播手段。因此，农广校更应该珍惜、爱护并利用好体系优势。要增强体系意识，积极维护体系的利益。要加强团结，增进了解，增强体系凝聚力。要充分发挥体系的优势。要资源共享，互通有无，相互补充，增强实力；要互相交流、互相学习、互相借鉴，共同提高；要心往一处想，劲往一处使，形成合力，把农广校的体系优势发挥到极致。

三是关于功能拓展问题。从传统教育这个范畴出发，我们要考虑功能的拓展。比如新时期的农科教如何结合？推广示范怎么抓，下一步怎么开展工作？常态工作机制怎样建立？目前，我们要积极探索农科教结合的新路子，以项目为纽带，以基地为依托，把生产、科研、教育的力量整合起来，充分发挥作用。要由单纯的教育培训向教育培训示范推广结合转变，利用学员优势开展技术转化和辐射带动。还有信息发布问题，科学普及、参与扶贫、扫盲、军地两用人才建设等问题，都涉及到功能拓展，要总结现有成功经验，找出新的抓手和亮点来。

四是关于自身建设问题。自身建设首先要加强自身储备。当前农广校要重点抓好以下六项储备，即：理论储备、政策储备、技术储备、项目储备、资金储备和人才储备。若无远虑，必有近忧，没有今天的储备，就很难实现明天的发展。

（2004 年 7 月）

充分发挥现代远程教育优势
大力开展农民职业教育培训工作

农业广播电视学校（以下简称农广校）是一所多部门联合创建的多形式、多层次、多功能的农民教育培训学校，是覆盖广大农村的远程教育培训体系，是山东省重要的农业职业教育、农民科技培训和农村实用人才培养基地。自成立以来，积极运用广播、电视、互联网络、卫星网络等手段，通过远程教育、面授辅导和生产实践，开展了农业实用技术培训、绿色证书培训、农民科技培训、农村劳动力转移培训、农村基层干部培训、中等职业教育、中专后继续教育和合作高等教育，把科技文化传到千家万户和田间地头，为提高农民素质、促进我国农业和农村经济发展作出了重要贡献。先后被教育部、国家发改委、财政部等7部门授予“全国职业教育先进集体”，被省人事厅和省教育厅授予“全省成人教育先进单位”，被省人事厅和省农业厅授予“全省农业教育先进单位”，多次被农业部授予“全国农业教育先进集体”。

一、创新手段，开辟了农民职业教育新途径

改革开放以来，农村的基础教育、职业与成人教育不断发展与普及，农民的文化程度、职业技能有了较大的提高，但是由于受到传统教育模式的影响，受师资、教材、经费的制约，农民教

育未能得到应有的发展与提升。应运而生的农业广播电视学校组织既有系统理论知识又有丰富实践经验的教师，编辑制作文字教材、录音带、录像带、光盘等多媒体教学资源，利用广播、电视、互联网进行传播，共享优质教学资源，把课堂搬到了乡镇、村屯、田间、地头，既为农村解决了办学缺师资无教材的状况，也为农民学习提供了方便，广大农民可以不离岗，不离乡，就地就近参加学习，较好地解决了工学矛盾。农业广播电视学校这种远程教学方式，打破了时间和空间限制，具有低成本、大容量、广覆盖的优势，是政府办得起、农民学得起的农民教育，是实现大规模开展、大范围普及的农民职业教育。这种农民职业教育形式，缓解了农村教育资源严重不足的局面，是农民教育的一个伟大创举，是实施农民终身教育，构建农村学习型社会的重要途径。

一是开播了远程教育栏目。省农广校在山东人民广播电台开播《致富指南》栏目，在山东电视台农科频道开播《山东农广校之窗》栏目，在山东农业远程教育网站建立教学资源点播系统，上传5大类、10小类、1 000多部专题片和农业实用技术片。不少市、县两级分校在当地电台、电视台也相继开播了农广校教育培训专栏，省、市、县三级电台、电视台农广校教育培训专栏每年播出800多小时的教学节目。同时省校和市县两级分校均建立了收听热线，每天解答听众提出的问题，组织专家每天及时答复农民来电来函，收到了很好的效果。

二是开发了多媒体教学资源。我们成立了省农业厅庄文忠副厅长任主任委员、厅人事处、科教处和省农广校主要领导任副主任委员、各协作单位主要负责人、主编、编审任委员的多媒体教学资源编制工作委员会，统一组织，集中力量，进行多媒体教学资源编制工作。制作出版录音、录像和VCD光盘等声像教材365种，年发行1.4万张（盒）；组织编写出版文字教材312种，年发行15万册；《农业广播电视教育报》和《农民科技培训》、《农村远教》杂志，年发行1.5万份。农广校形式多样，种类齐全的教学资源基本满足了农民教育的需求。

三是建设了农民科技书屋。目前各级农广校以建设农民科技书屋500多个，每个书屋均免费提供了价值上万元的科技图书、录音带、录像带、光盘和播放设备。配合农民科技书屋建设，《致富早班车》下乡进村活动在14县区200多个行政村展开，10辆科技培训直通车也奔赴各地开展农民职业培训。农民科技书屋已成为广大农民身边学习知识掌握技能发家致富的一把金钥匙。

二、上下贯通，建立了较为完整的办学体系

由于得到了各级党委政府和有关部门的重视与支持，25年来农业广播电视学校办学体系逐步发展完善，形成了覆盖全省、上下结合、协调联动、资源共享、优势互补的四级办学网络和体系。

全省建成市级分校17所，县级农广分校125所，乡镇教学班2 000多个，共有专兼职办学人员4 000多人。各地依托农业广播电视学校，建立了100多个农民科技教育培训中心。开设了种植、养殖、农业工程、经济管理与服务类共22个专业。培养了一支识大局、谋实事、讲实干的各级校长队伍，一支爱岗敬业、团结奋斗、求真务实、勇于开拓、不断创新的办学队伍，一支既有教育教学能力，又有实践技能和指导能力的“双师型”教师队伍。制定了一整套行之有效的教学管理、督导制度，建立了科学的农民职业教育质量标准和评估指标体系，实现了“六统一”，即统一专业课程设置、统一教学计划、统一教学辅导大纲、统一教学媒体资源、统一教学进度、统一考试考核，形成了完备的组织、管理和教学体系。

农业广播电视学校卫星远程教育系统已经建成3个地面接收站，还有14个地面接收站正在建设中。省农广校多方争取资金，先后投资近百万元，采购了相关设备，建成并开通了“山东省农村远程教育网”，市级分校已开通或正在建设开通统一域名的互联网站。充满生机的互连网络教育平台已经初具规模，实现了流媒体点播、网上答疑、讨论交流等功能。作为远程教育配套设施建设，目前省校和各级分校已建成多媒体教室100多个。全省农广校系统已建自有培训基地68处，通过租赁、联办等方式建设基地近150多处，其教育培训能力涵盖粮食、蔬菜、林果、花卉生产、畜牧养殖、农产品加工以及园艺工、电子操作工、缝纫工、保安员、物业管理员、家政服务员、宾馆服务员、钢筋工、架子工、抹灰工、车工、钳工等40多个类别，形成了天网（卫星接收站点）、地网（互联网站）、基地网（实习基地）三网合一的农村现代远程教育公共服务平台。

三、适应需要，为农村经济社会发展提供了人才支撑

一是以培养新型农民为重点，大力开展农民职业培训。充分利用农广校体系健全、了解农村、熟悉农业、贴近农民的有利条件，抓好农业技能培训，先后在全省116个县开展了以实用技术为主要内容的绿色证书教育，培训142.5万人；在全省87个县组织实施了以提高综合素质为目的的跨世纪青年农民培训工程，共培训青年农民近40万人（次）；开展了粮食生产关键技术“四个一”农民科技培训，培训种粮大户8.3万户；围绕主导产业和主导品种开展了新型农民科技培训，培训核心农户3.9万户；实施了农业部优势农产品重大技术示范推广项目，培训专业农户2.3万户；在济南、烟台、临沂、青岛、淄博建立了5个农业行业职业技能鉴定站，对1.8万人进行了职业技能培训和考核鉴定。按照培训进村、科技入户的整体思路，坚持“培训教师

直接到户、科技成果直接到田、技术要领直接到人”，结合农时季节开展现场培训和技术指导，解决农民在生产中遇到的实际问题，年平均组织教师开展科技下乡活动500多场次，举办各类农业职业教育培训班1 000多次。

二是以培养技能型人才为重点，大力推进农村劳动力转移培训。一方面积极开展农村劳动力转移引导性培训，利用体系、人才、技术和设备优势，开发和制作农民工基本权益保护、法律知识、城市生活常识、寻找就业岗位知识等媒体资源，通过各种公共传播媒体，结合印发资料、板报、办班、咨询等形式开展引导性培训。另一方面大力开展职业技能培训。以就业为目标，市场为导向，根据就业需要设置和调整专业结构、开发新的课程和教材，实行“订单”培养，按照一个工种、一个培训计划、一本教材、一张光盘、一个基地、一本证书、一个岗位“七个一”的培训模式，强化实训教学，提高培训质量，确保农民真正学到就业技能。

自2004年，农业部、财政部、劳动社会保障部等国家六部委实施农村劳动力转移培训阳光工程以来，全省农广校系统109个分校承担并完成了全省阳光工程40%的培训转移任务，达15.75万人。为规范运作、务求实效，农业广播电视学校从教学资源建设、管理制度建设、培训条件建设、宣传组织发动、就业信息服务等方面入手，积极推动农村劳动力转移培训工作。推出了电子操作工、电动缝纫工、保安员、物业管理员、家政服务员、宾馆服务员等8个工种文字教材与配套光盘、培训大纲，印制了农村劳动力转移培训写实性证书，制定了《山东省农村劳动力转移培训阳光工程实施细则》、《山东省农村劳动力转移培训阳光工程检查评比办法》，举办了全省农广校系统农村劳动力转移对接洽谈会，来自青岛、烟台、威海的28家企业与农广校53所分校签定了培训用工意向书121份，涉及30多个工种

6 000多个岗位，并先后向全省109个阳光工程项目县免费印制发放《农民务工培训读本》25万册。按照省校要求，部分有条件的分校建立了“农村劳动力基本情况库”和“农村人力资源情况库”，成立了职业中介机构，组建了农村劳动力转移输出服务队伍，利用各种渠道年发布用工信息3 600余条，为农民提供了30多万个工作岗位。

三是以培养农村实用人才为重点，大力实施中等职业教育。25年来，农广校累计招收中专生42.8万人，毕业25.6万人，合作高等教育培养4.6万人。由于我们始终坚持五个结合办学，即和当地农业科技推广紧密结合，和农业产业结构调整紧密结合，和发展农村市场经济紧密结合，和提高广大农民素质紧密结合，和第二、第三产业发展紧密结合。同时坚持在广大学员中倡导“五个一”科技竞赛活动，即推广一项科研成果，参与一项农业开发项目，参加一项科技服务活动，完成一项致富竞赛指标，带领周围一批群众共同致富，使广大农广校毕业学员扎根农村，学农务农，均不同程度地发挥了所学专长，成为所在行业和岗位的有用之材，涌现出一大批创业发展的典型，有的成为农业科技示范户、种养加能手、农村经营能人和能工巧匠，有的成为农村基层组织和乡村农技推广服务队伍的重要力量，一些优秀学员被评为全国劳动模范、“三八”红旗手、杰出青年农民、种粮大户，为促进农业农村经济可持续发展、建设社会主义和谐农村、实现小康社会作出了积极的贡献。

据统计，全省农广校毕业学员中，被推选为省以上劳模的280人，县以上劳模的3 219名，被推选为省以上人大代表、政协委员的403人，县以上人大代表、政协委员的4 040人，另外还有326人成为地、县级领导干部，8 000多人成为基层乡镇领导，近3万人担任村干部。全省47 000多名毕业学员自发组织了3 100多个专业协会、研究会，带头攻关示范，传播交流科技信息，大面积推广新技术、新成果；11 500多名毕业学员被乡镇以上农技推广部门聘为技术员，占全省农技推广人员的60%以上，济南市历城区仲宫镇、菏泽市黄集乡等地的农技推广人员全是农广校毕业学员；有25 000多名学员成了村科技服务组织负责人、科技网长和科技示范户；在山东省评选的全省首届20名“农民科技明星”中，14名是农广校毕业学员。

虽然我们在山东省农民职业教育培训工作中有了长足的发展，取得了一定成绩，但与全省农民职业教育的要求相比，与兄弟院校的发展相比，还有不少差距。今后，我们将按照回良玉副总理致信祝贺农业广播电视学校成立25周年时的要求，高举邓小平理论和“三个代表”重要思想的伟大旗帜，认真贯彻落实科学发展观和十六大、十六届三中、十六届四中、十六届五中全会精神，根据全国和这次全省职业教育工作会议要求，以培养新农民、服务新农村为己任，发挥远程教育优势，加强体系建设和基础建设，深化教学改革，不断提高办学质量和水平，培养数量更多、素质更高的农村实用人才，为推动农村物质文明、政治文明、精神文明与和谐社会建设，作出新的更大的贡献。

（注：此稿为全省职业教育工作会议典型材料2005年12月完稿）

充分发挥媒体资源优势
加快农民科技教育步伐

山东省农广校建校 20 多年来，办学地位日益巩固，五级办学网络得以健全。目前，全省共有 17 所市分校、125 所县级分校和2 500多个乡镇教学班，拥有专兼职办学人员4 000多人，在校生（大、中专和绿证）近 7 万人，开设了种植、养殖、经济与管理、农业工程四大门类 22 个专业。22 年来，共培养本科及大专生 10 万人，中专毕业生 30 万人，初农（绿证）生 60 万人，开展实用技术培训近千万人次。实践证明，山东省农广校已发展成为全省农民科技教育的主渠道和中等职成教育的排头兵。

一、办学工作基本情况

办学规模稳定发展。“九五”至今，由于措施得力，山东省农广校中专招生规模始终保持在农业人口的万分之二，占全省成人中专招生总量的 1/5 以上，高等教育在校生突破一万人大关，初等技术教育（绿色证书教育）常年稳定在 3 万人左右，每年开展实用技术培训均在 60 万人次以上，各层次教育培训规模发展态势良好。

教育培训质量不断提高。先后建立健全了《教学质量督察制度》等一系列规章制度，管理水平不断提高；实施了《教师继续教育培训规划》，教师素质明显见长；推行了“三堂课教学法”，即：现场教学课把课堂搬到田间地头、果园牧场、工厂车间，把教学内容融于专项高新技术、新工艺、新方法和新成果中的专题讲座课，系统归纳总结全部内容、突出重点、澄清疑点、解决难点、实施串讲的考前辅导课，教学效果得以增强；深化了教学改革，以素质教育为核心，全面改革了自开专业的教学计划、课程设置和教学内容，职业性、技能性、实用性更强；我们把2003年定为教学质量管理年，各项工作正在扎实有效的开展之中。

办学机制运行良好。引进竞争激励机制：使得人人有压力、个个有动力，工作有活力，全省农广校广大办学人员工作积极性明显提高；开展特色联合办学：目前山东省农广校与当地驻军联合培养军地两用人才，与监狱管理部门联合开展对服刑人员的农业职业教育与培训，与电业部门联合进行农村电工的职业技能培训工作全面展开；实施大中专联动机制：这已成为稳定中专招生规模的主要措施，仅此一项就占年中专招生总量的一半。思路创新、机制创新、制度创新、管理创新成为主旋律，进一步增强了山东省农广校的凝聚力和竞争力。

二、媒体资源建设和利用的具体做法和体会

（一）具体做法

1. 以全面普及农民科技教育培训工作为重点，有针对性地加强远程教育培训媒体资源建设和利用

根据山东省农业人口众多，农村劳动力素质普遍不高的实际情况，省校先后在山东人民广播电台和山东电视台开播了《农广校致富指南》和《山东农广校之窗》栏目。

为加强《农广校致富指南》栏目建设，我们一是在全省各级分校建立工作站，专人负责组织、广泛收集编写新技术、新知

识材料；二是省校专门组织了1 000多名专家学者，以新技术、新成果、新信息和各地行之有效的实用技术为重点，包括农业经营方法、农村致富经验、农村政策法规，有目的地编写稿件；三是高薪聘请专家和播音员录制声带，保证了《农广校致富指南》栏目在山东人民广播电台和村庄大喇叭上及时、高质量、全而新的播出。目前，已组织稿件2 000多份，制作播出声带100余盘。节目播出后，山东省及天津、河南、河北、安徽等周边省份的农广校和许多农民来信来函进行咨询，购买磁带。

为加强《山东农广校之窗》栏目建设我们一是在中央农广校的大力支持下播出中央校农业教育声像出版社节目；二是多渠道搜集购买音像资料，保持栏目的新鲜和全面；三是建立栏目热线电话，聘请专家定时答疑，及时接听热线电话，回答农民疑难问题，开播2个多月来，已经收到热线电话和来信来函300多条，接待群众来访80多人次，均已得到满意答复。在省校的带动下，目前全省已有枣庄、淄博、日照、即墨、牟平、阳谷、广饶等30多个市、县电台、电视台开播农广校教育培训专题栏目50多个，为农广校大面积、快速度传播推广农业新知识、新技术、新成果，全面加快农民科技教育培训步伐创造了良好的物质条件。

2. 以加强体系网络建设为重点，开展农民科技教育培训中心建设，全面实施“农广校农村科技书屋”建设工程

为加强对农民科技教育培训工作的统一领导，2000年初，经省编委批准，山东省农广校加挂了“山东省农村科技教育培训中心”的牌子，在各级党委政府重视支持下，目前，经各级编委批准，全省已有近80所分校加挂了“农民科技教育培训中心”的牌子，为全面加快农民科技教育培训步伐作好了组织和机构上的准备。

在科技下乡活动中我们深深认识到：送钱送物送科技，还得

送个好“老师”。为此，我们自2001年起，结合“三下乡”活动的开展，以九亿农民致富丛书、新世纪农民教育百科丛书、农广校教材、实用技术光盘和录音录像带为主要内容，采取地方出场所，农广校出文字及音像资料，双方合作共同管理的方式，逐步实施“农广校农村科技书屋”建设工程，将知识留给农民，把“教师”留在村庄，为广大农民搭起致富的桥梁。目前，山东省农广校已在泰安市岱岳区、阳谷县、沾化县等地建立了18处省农广校“示范性农村科技书屋”，在省校的带动下，全省各级分校在全省部分农村建立科技书屋300多个。按照2003年鲁农广校字1号文件要求，到年底全省90%的县级分校建立农民科技教育培训中心，“农广校农村科技书屋”将达到600个，到2004年年底力争实现全省三年建成1 000个“农广校农村科技书屋”的规划目标。

3. 积极参与新世纪青年农民培训工程，努力探索开展农民科技教育培训工作的新路子

作为新世纪青年农民培训工程省级教学基地，去年山东省农广校根据三厅局的安排，成功举办了全省试点县管理人员微机管理软件培训班，以及青年农民计算机网络管理、市场推销员和农村机电维修三个脱产班，为农村劳动力转移、农业信息化建设和农产品营销队伍建设，积极研究和探索出一条的新路子。全省有50多名21世纪青年农民培训工程管理人员、120名青年农民参加了培训。经过三个多月的培训，120名青年农民全部考试合格，其中有80人参加了职业技能鉴定，50人获得了由劳动部门颁发的初级职业资格证书，为这些农民增加了非农就业机会。

近年来山东省农广校还自筹近百万元，先后为市级分校配备了微机，为县级分校配备了影碟机和农业技术VCD光盘，多次改编和重编了自开专业教材和具有地方特色的农业新技术丛书，建成了山东省农广校烟台计算机培训基地。青岛市分校还争取和

自筹资金建成了网络教育平台和覆盖全市的信息化教学网络。由于媒体资源建设和利用以及科技下乡、科教兴农工作抓的紧、抓的实，全省各地掀起了农民科技教育培训的新高潮，2002 年省、市、县三级开展大型科技下乡活动 500 多次，实用技术培训 80 多万人次，在电视台、电台播出农广校专题栏目近万讲，发行《九亿农民致富丛书》、《新世纪农民教育百科丛书》2 万多册、实用技术光盘 5 000多盘。省校连续三年被省委宣传部授予“三下乡活动先进集体”，全省各级分校涌现出了一大批好的典型。烟台市分校“春雨书店”行动计划的实施，临沂市分校科技下乡结对子帮扶活动的开展，极大地满足了广大农民学科技用科技的需求，政府欢迎，群众满意。滕州市分校把农民培训工作切入到市委组织部农村党员干部实践“三个代表”的中心工作中去，与组织部联合开展农民党员干部“绿色证书”培训活动，有 10 000名党员干部参加了培训，受到了市委市政府的高度评价。即墨市分校大力开展青年农民培训及劳动力转移培训，得到了市委市政府的高度赞扬和大力支持，市政府决定连续 5 年每年拨专款 50 万元给农广校，用于农村干部及农民科技教育培训。

（二）几点体会

1. 抓紧搞好媒体资源建设和利用势在必行

农业人口众多，农民科技文化素质普遍偏低和亟待提高等农民科技教育培训工作现状，以及作为远距离成人中等教育其本身教育要求，决定了当前农广校办学和开展农民科技文化教育必须加强媒体资源建设和利用特别是远程教育媒体资源建设和利用，充分发挥其面广量大、费省效宏、不受时空限制等多种教育优势。

2. 媒体资源建设和利用是农广校发展的优势所在

经过 20 多年的建设和发展，农广校在媒体资源建设和利用方面打下了良好的基础，积累了许多较为成熟的经验，具有得天独厚的优势，运用媒体资源特别是远程教育媒体资源办学和开展农民科技教育培训对农广校办学人员来说，可谓驾轻就熟，因此，媒体资源特别是远程教育媒体资源建设和利用是农广校竞争力之所在。

3. 统筹规划做好媒体资源建设和利用工作

一是做好农广校办学和农民科技教育需求分析，使媒体资源建设和利用做到有的放矢。二是短期投入和长期规划相结合，制定一个切实可行、目标长远的媒体资源建设和利用实施方案。三是充分发挥农广校体系办学优势，在资金争取、硬件建设、课件制作、资料发行等方面，多方参与，分工协作，牢固树立“上级为下级服务，下级对上级负责”的观念，最大限度地发挥体系的合力。四是建立广泛的信息反馈网络，做好跟踪调查和服务，通过及时收集整理反馈信息，能够快速准确地了解我们的媒体资源建设和利用，是否符合实际需要，满足农民需求，有利于改进我们的工作，及时调整媒体资源建设方向，使我们少走弯路，避免重复建设，并为农民增收致富提供更全面更及时的服务。

三、以设立农民科技教育培训工作创新奖为动力，全面加快全省农民科技教育培训工作步伐

（一）多渠道开辟农民科技教育培训工作的新途径

自今年起，山东省农广校将在全省农广校系统设立农民科技教育培训工作创新奖，支持和鼓励各级分校在农民科技教育培训工作中，注意调查研究、分析总结，能够创新发展、勇于实践，围绕21世纪青年农民科技培训工程等五大工程的实施，创出一条在当地产生了巨大的经济效益和社会效益，在全省有典型性、代表性、影响力的农民科技教育培训工作的新途径、新路子、新

方法。

（二）下力气建成一批骨干县级分校（中心）

以强化体系建设，夯实县级分校这一农广校办学基础为指导思想，通过设立农民科技教育培训工作创新奖，省校拿出一定资金，扶优、扶强、扶典型，采取逐级配套的方式，促使当地党委政府和有关部门多方面增加投入，加强农民科技教育培训工作，以农广校（农民科技教育培训中心）为农民科技教育培训工作的主渠道，加快农民科技教育培训工作的信息化、网络化和现代化建设。每年表彰奖励3～5所县级分校（中心），争取在5～10年内，在全省建成一批条件硬、作用大、效益好，能真正起到示范带动作用的骨干县级分校（中心）。

（三）全方位构建新型农民科技教育培训体系

通过设立农民科技教育培训工作创新奖，引导各地逐步建立“政府统筹、行业牵头、部门配合、社会参与”的新型农民科技教育培训运行机制，形成一个适应需要、服务农民、手段先进、灵活高效的农民科技教育培训体系，进一步加大农民科技教育培训工作的力度，培养造就一大批有理想、有道德、有文化、守纪律、懂技术、善经营、会管理的高素质新型农民，最大限度地解放和发展农村社会生产力，实现农业结构的战略性调整，解决农民的增收问题，加快全面建设小康社会步伐。

（注：此稿为2003年4月在山西省召开的全国农广校媒体资源运用和发行工作会典型发言）

积极配合农村党员干部现代远程教育
全面提升农广校办学工作水平

近年来，在中央校的关怀指导下，在各级党委政府的重视支持下，山东省农广校广大教职员工进一步解放思想，开拓创新，团结拼搏，干事创业，抓住发展良机，克服“非典”影响，全省农广校高等教育招生4 500多名，中专招生近万人，初等技术培训（绿色证书教育）3 万多人，开展实用技术培训30 多万人次，组织了教学质量管理年和农民科技教育培训创新活动，实现了“稳定招生规模、发展农民教育、确保教学质量、加快学校发展”的办学目标。

一、山东省农村党员干部现代远程教育试点工作情况

作为全国三个试点省份之一，山东省农村党员干部现代远程教育工作以建成覆盖全省的农村党员干部现代远程教育网络，实现终端进村、延伸到户为目标，整个工作体现出“力度大、起点高、组织精密”的特点。

（一）力度大

一是领导高度重视。成立了以省委书记张高丽同志为组长，组织、宣传、计划、财政、农业、教育、科技、信息产业、广播电视等部门负责人为成员的山东省农村党员干部现代远程教育工

作协调领导小组，负责整个工作的组织协调。二是试点单位多、覆盖面广。在全国确定的东营、威海、滨州三个试点市的基础上，山东又增加了经济条件较好的济南、青岛、烟台三个市，在其他各市也确定了1~2个试点县，这样我省共有61县（市、区）试点，覆盖42 700多个行政村，占全省86 735个行政村的近一半。三是工作措施到位。省委多次召开协调领导小组会议，统一规划、协调组织农村党员干部现代远程教育工作，并多次召开全省各市和试点县（市、区）一把手书记和组织部部长会议，安排部署农村党员干部现代远程教育工作。

（二）起点高

省党员干部现代远程教育中心确定为副厅级事业单位，由省委组织部管理。人员编制暂定为40人，内设综合部、课件资源部、基础设施建设部和教学培训部。试点期间，与省委全省农村党员干部现代远程教育试点工作领导协调小组办公室合署办公。按照山东省试点方案，在试点期间将逐步建立省党员干部现代远程教育基地、省卫星传输平台、省辅助教学网，建立省级教学资源库，实现与全国中心资源库的互连互通。为方便农村党员干部咨询，全省设立热线电话。在6个试点市所有乡镇和行政村及其他试点县行政村建立卫星接收站点。明年，山东省电信宽带网将全部进村，届时山东省将形成一个上连中央，下连农民，“天网”“地网”合一的，完整的农村党员干部现代远程教育系统。

（三）组织精密

为确保全省农村党员干部现代远程教育工作的顺利开展，省委制定了细致且操作性极强的试点工作方案。从领导小组成员单位抽调了部分骨干人员组成办公室，与省党员干部现代远程教育中心合署办公；加强了工作协调力度，整合了有关部门（单位）的教育资源，初步建立起了省级教学资源库；编写了《山东省农村党员干部现代远程教育工作管理手册》，组织了两期由试点市、县共280人参加的管理人员培训班，受到中央试点办的高度评价。目前，各试点市组织的乡镇及村管理人员培训班正逐步展开。全省已建立了一批示范卫星接收站点，大面积的设备招标采购工作已经准备就绪，即将全面展开，年内将建立一批卫星接收站点，12月1日开通省级卫星数字频道，12月底省级教学辅助网站试运行。所有相关工作正在紧张有序地进行当中。

二、发挥优势，积极配合农村党员干部现代远程教育

经过20多年的改革和发展，山东省农广校在基础条件建设、队伍建设、媒体资源建设等方面均有了长足的发展，并在远程教育培训和管理工作过程中积累了较为丰富的经验。按照中央校的指示精神，根据省农业厅的工作安排，我们以高度的责任心、使命感和积极进取的态度，投入到农村党员干部现代远程教育工作中去，主要做了以下几个方面的工作：

（一）积极参与试点方案的制定和实施

按照省委组织部的要求，2003年5月，山东省农广校便派一名同志参与了全省农村党员干部现代远程教育试点工作方案的制定。9月省校张森副校长又被选派到全省农村党员干部现代远程教育试点工作协调领导小组办公室工作，参加了《山东省农村党员干部现代远程教育工作管理手册》的编写、管理人员的培训、教学资源库建设等工作。目前协助山东省党员干部现代远程教育中心课件资源部开展工作。东营、烟台、威海等80%的试点市县农广校已根据需要，选派人员参与农村党员干部现代远程教育试点工作。

（二）积极参与媒体资源库的建设

根据试点工作安排，在资源整合中，山东省农广校认真调查

统计了我校已有的达到电视台播出要求的学历教育和农业适用新技术媒体资源，并在中央校的支持下，为全省农村党员干部现代远程教育教学资源库提供了大量的播出节目，成为山东省农村党员干部现代远程教育教学资源库的重要来源。

为进一步加强农村党员干部现代远程教育媒体资源库建设，我们积极做好承担各类课件特别是农业科技多媒体课件编辑制作任务的准备工作。一是自酬资金十几万元，改建了音像资料制作室、演播厅，更新了部分声像设备，目前已具备专家讲座、专家访谈等各类多媒体课件的制作能力；二是聘请省政府农业专家顾问团、跨世纪青年农民讲师团的部分专家成立了农村党员干部现代远程教育专家团，为编制论证农业类课件制作计划、设计编写课件内容，组成了一支专家队伍。三是举办了全省农广校多媒体课件制作培训班，全省农广校系统 60 名教师参加了培训，参训教师基本掌握了多媒体课件制作技术，为全省农村党员干部现代远程教育工作培养了首批多媒体课件编辑制作人才。

（三）积极参与教育培训的辅导工作

为发挥队伍优势，积极参与全省党员干部现代远程教育辅导工作，我们收集有关资料，编写了《远程教育概论》，印发全省农广校辅导教师，人手一册，采取先个人自学再集中辅导最后严格考核的方式，开展了大规模的教师继续教育工作。全省农广校系统 1 600多名辅导教师参加了培训，1 546名教师获得合格证书，使广大教师对现代远程教育工作有了更为深刻的认识。同时，我们积极开展教学改革活动，推广以“三堂课”为内容的教学方法，建设省级农民培训教材。通过开展教学质量管理年活动，使全省教学水平得到了很大提高。目前，农广校辅导教师正以崭新的姿态，成为全省农村党员干部现代远程教育教学辅导队伍中的骨干力量，积极参与到农村党员干部现代远程教育教学管理和教学辅导工作中去。

（四）多形式多渠道增强服务功能

为全面配合全省党员干部现代远程教育试点工作开展，我们把农广校办学工作与全省党员干部现代远程教育试点工作密切联系在一起，紧密结合，统筹安排。一是积极开展农村党员干部学历教育。在争取组织部门的大力支持下，威海、菏泽等组织部门先后首次下文，聊城、日照等组织部门再次下文要求充分利用农广校开展农村党员干部学历教育，所在地农广校一甩多年未完成学历教育招生任务的帽子，均完成或超额完成了今年的招生任务，如威海市分校中专招生完成自身任务的三倍，达到了 1 283 名。二是大力开展“农民科技书屋建设工程”。在去年全省建设农广校“农民科技书屋”的基础上，今年为积极配合全省党员干部现代远程教育试点工作的开展，全省各级分校齐动员，全省农广校再建“农民科技书屋”600 多个，超额完成了年初“翻两番”的预定目标。三是深入开展“致富早班车”下乡进村活动。在中央校的大力支持下，山东省在全国农村党员干部现代远程教育试点县广饶举行了热烈而隆重的全省“致富早班车”下乡进村启动仪式，受到省委组织部的高度重视和赞扬。目前，全省“致富早班车”下乡进村试点工作已全面展开。

当前，农村党员干部现代远程教育作为党和国家的一项重要工作，写进了十六届三中全会的决议中。农广校应积极配合全面参与这项工作。我们的体会是：一要统一思想，提高认识，高度重视这项工作，摆上重要议事日程，切实加强领导。二要安排专人负责，积极参与工作方案的研究、制定和实施，配合农村党员干部现代远程教育工作的开展。三要充分认识开展农村党员干部现代远程教育对农广校发展产生的有利因素，切实估计到工作中可能遇到的困难和问题，统筹安排，精心组织。

三、抓住机遇，全面提升农广校办学工作水平

（一）以媒体资源的建设和利用为途径，全面开展农民科技教育培训工作

在中央校和厅党组的重视支持下，我们积极与山东电视台协商，于今年的1月6日在山东电视台农科频道开播了《山东农广校之窗》栏目。为继续办好办精山东人民广播电台《农广校致富指南》栏目，今年我们自筹资金30多万元用于该节目的制作和播出，根据全省农业和农村经济发展需要及农民致富的愿望，今年我们又组织了近千名专家学者，以新技术、新成果、新信息和各地行之有效的实用技术为重点，编写稿件2 000多份，制作播出声带150余盘。

今年电台电视台的《山东农广校之窗》和《农广校致富指南》开播11个多月来，我们已经收到我省及天津、河南、河北、安徽、江苏等周边省份的农广校和许多农民热线电话和来信来函2 700多条，接待群众来访360多人次，取得了明显的经济效益和社会效益。《山东农广校之窗》和《农广校致富指南》栏目已成为全省农业科技教育培训推广资源的重要组成部分，在提高农民综合素质，发展农业和农村经济，统筹城乡经济社会发展，促进农民就业，增加农民收入，全面建设小康社会中发挥着越来越大的作用。

（二）以设立“创新奖”为动力，鼓励基层校积极探索农民科技教育培训的新路子

为支持和鼓励各级分校在农民科技教育培训工作中，注意调查研究、分析总结，围绕跨世纪青年农民科技培训工程等五大工程的实施，创新发展，勇于实践，闯出一条在当地产生巨大经济效益和社会效益，在全省有典型性、代表性和影响力的农民科技

教育培训工作的新途径、新路子、新方法，我们下发了鲁农广校［2003］11号文件，决定在全省农广校系统设立农民科技教育培训工作创新奖。设立农民科技教育培训工作创新奖，旨在强化体系建设，夯实县级分校这个办学基础，省校决定拿出一定资金，扶优、扶强、扶典型，通过农民科技教育培训工作创新奖，每年表彰奖励3～5所县级分校（中心），争取5～10年内，在全省建成一批条件硬、作用大、效益好，能真正起到示范带动作用的骨干县级分校（中心），加快各级分校农民科技教育培训工作的信息化、网络化和现代化建设，全方位构建新型农民科技教育培训体系。目前，评比工作正在进行。

（三）以加强就业培训服务为目标，开展农村劳动力就业培训的调研工作

为充分发挥农广校教育培训体系在农民教育培训中的主渠道作用，加强农村劳动力转移就业培训服务，我们下发了《关于开展农村劳动力和农民教育培训资源调查统计工作的通知》，在通过全省农广校系统开展农村劳动力转移培训和农民教育资源情况调查统计的基础上，积极参加由省政府和省农业厅组织的农村劳动力转移情况专题调研组，赴聊城、莱芜、临沂、烟台、威海、淄博、潍坊等市进行了重点调查，并参加了农业部和中央农广校《关于加强农村富余劳动力转移培训工作意见》和《实施方案》的起草工作。根据山东省劳动力和农民教育培训资源及目前富余劳动力转移就业的基本情况，结合农广校教育培训工作的实际，我们已经就加快农村富余劳动力转移就业培训和服务工作形成了自己的意见，有关成立山东省农村富余劳动力转移就业服务中心以及转移就业培训服务方案的制定和转移就业培训岗位课程的开发等工作正陆续完成。农广校加强农村劳动力转移就业培训服务的前期准备工作正在进行。目前，烟台、临沂、日照等分校已成立劳动力转移就业中介机构，烟台、威海、日照、滨

州、聊城、临沂等分校已完成转移培训近万人，实现转移 3 000 多人。

（四）以稳定中专办学规模为基础，拓宽高等教育办学渠道

虽然受地方教育资源重组和“双扩”冲击，但今年以来各级分校和全省广大办学人员克服困难，勤奋工作，在办学形式上，通过与企业、当地驻军以及监狱系统开展联合办学，拓宽了招生路子；在招生措施上，通过进一步强化激励机制，全面实行目标责任制，提高了招生办学的主动性和积极性；在教学管理上，通过改革教学内容、教学方法，教学效果大幅度提高，增强了学校的吸引力。目前，中专招生规模与去年同期基本持平，达到近万名。高等教育除继续与省委党校联合进行农村干部农业经济管理业余本、专科函授教育，与省人事厅联合进行大专层次继续教育外，2003 年我们又积极与山东农业大学联合开展农业职业技术教育本科层次专业证书班，相继与莱阳农学院、山东省经济干部管理学院和山东省畜牧职业技术学院签定协议，开展成人高考助学。全年各类高等教育招生 4 500余人。

（五）以确保教学质量为目的，开展教学质量管理年活动

为进一步强化全省农广校办学人员“质量第一、信誉至上”的意识，实现教学工作的制度化、规范化、科学化，努力提高教学水平，我们下发了《关于在全省农广校系统开展教学质量管理年活动的通知》（鲁农广校字［2003］8 号文），并相继出台了开展教学质量管理活动的八个配套文件。抓制度建设，促内部管理，制定和完善了教学管理制度，印发了《山东省农广校教学管理制度汇编》，发至各级分校和全省农广校办学人员；抓考风考纪，树自身形象，先后派出 30 多个小组近百人次，开展全省性跨区监考巡考两次；抓队伍建设，促自身素质，制定并实施了《教师继续教育规划》和《农广校教师选聘制度》，全省农广

校系统1 600多名教师参加了培训和考试，评聘校外兼职教师500多名；抓教学改革，促素质教育，以实际、实用、实效为原则，突出职业性、技能性，改革开设16个专业教学计划和课程设置，编写了50多门教材，总结推广了“三堂课”教学法，教学水平不断提高，教学效果明显增强。

一年来，山东省农广校无论在自身办学上，还是在农村党员干部远程教育工作中，均做了一些工作，也取得了一定成绩，但与新形势赋予农广校的新任务以及和领导的要求相比，还有不少差距。我们坚信，只要充分发挥农广校自身所具备的先进的远程教育教学管理经验、丰富的农民科技教育培训媒体资源、雄厚的远程教育师资力量、完整配套的教育培训体系和网络等诸多优势，找准切入点，把握增长点，把工作做深、做细、做扎实，就能在发展农业广播电视教育事业、促进农民科技教育培训工作中作出更新更大的贡献！

（注：此稿为2003年11月在上海市召开的全国农广校校长工作会典型发言）

适应新农村建设需求
全面推进农村实用人才培养

自农业部下发《关于实施农村实用人才培养“百万中专生计划”的意见》（农人发［2005］11号文）和中央校下发《关于印发百县万村新型农民教育培训“三进村”工作方案的通知》（农播培［2006］33号）以来，我们组织认真学习并召开专门会议研究部署。省校专门下发文件，各级分校创新工作模式，强化工作措施，工作进展顺利。目前山东省农村实用人才培养“百万中专生计划”正在稳步推进，今年中等学历教育新生注册近2 000人，新型农民教育培训“三进村”工作也在山东省10个县100个村全面启动，取得阶段性成果。

一、统一思想，充分认识加快农村实用人才培养的重要性、紧迫性和艰巨性

党的十六届五中全会提出了推进社会主义新农村建设的重大历史任务，并作为解决“三农”问题的根本性措施。建设社会主义新农村，发展农村生产力是首要任务，建设现代农业是重要基础。农民是发展现代农业、建设社会主义新农村的主体力量。没有农民科技文化素质的提高，就难以繁荣农业和农村经济，社会主义新农村建设就会失去保障。可以说，农民的科技文化素质直接关系着社会主义新农村建设的进程，关系着农业和农村现代

化的成败。因此，我们要把加强农民教育培训，加快农村实用人才培养，培育新型农民作为“三农”工作的重中之重，为建设现代农业和社会主义新农村提供保障。

但从目前看，我国农民呈现人口数量巨大、整体素质不高的特点，农民教育培训任务十分艰巨。以山东省为例目前全省总人口9 180万人，农村人口5 187万人，占总人口的56%，其中农村劳动力3 754.2万人，全省农民平均受教育年限不足9年，农村劳动力中，文盲半文盲占5.9%，小学文化程度占21.5%，初中文化程度占53.5%，高中文化程度占18.2%，大专以上文化程度占0.9%。而与此同时农民教育培训资源又相对匮乏，在山东省除农业广播电视学校外，针对农民专门的教育培训机构少之又少，现存农民教育培训资源与农民教育培训的任务相比极不适应。因此，在中国必须闯出一条适合中国国情的农民教育培训途径。

农业部和中央农广校决定实施农村实用人才培养“百万中专生计划”和开展百县万村新型农民教育培训“三进村”工作，是稳定和扩大农广校中专办学规模，体现农广校农民教育培训主渠道的难得机遇，也是根据国情、民情，充分发挥目前有限农民教育培训资源，采取更为科学合理的教育培训方法和手段，积极培养农村实用人才，通过典型引路和以点带面，提高农民整体素质的有效途径，更是贯彻落实《国务院关于进一步加强农村教育工作的决定》以及十六届五中全会精神，加快新型农民培养的重要举措。目前，山东省农广校和广大办学人员已经充分认识到全面落实农村实用人才培养“百万中专生计划”和大力开展新型农民教育培训“三进村”工作的重要意义，将其作为当前农广校工作的两大主题，迅速行动起来。

二、创新发展，扎实有效地推进新型农民教育培训“三进村”工作

新时期的农民教育，必须坚持从以人为本出发，把提高农民素质、促进农民全面发展作为贯彻落实科学发展观的重要内容，进一步增强做好农民教育培训工作的责任，切实抓紧抓实、抓出成效。因此，我们在实施新型农民教育培训“三进村”工作中，注重改革创新，一方面强化竞争激励机制，调动各级分校和办学人员的积极性；另一方面以农民乐于接受的方式，强化对农民的教育，塑造新农民。

（一）广泛宣传合理组织，形成整体合力

当前农民教育的环境、任务、内容、渠道和对象都发生了很大变化，如果仅靠农民的自觉自愿或个别部门的努力，农民教育培训难以深入开展。为此山东省招远市、滨城区等分校充分发挥乡镇党委、政府的主导作用，加强对农民教育工作的领导，同时注重引导和动员村集体合农民主动参与教育培训，形成抓农民教育的整体合力，像在媒体资源进村方面，他们就采取了农广校投资购置书橱、乡镇政府投资购置电教设备、村集体免费提供倡所和座椅板凳、农民投资购置书籍光盘的多元化投资建设方式，在管理上责权利相结合，各司其职，齐抓共管，形成抓农民教育的大合唱。

（二）责任到人真抓实干，务求取得实效

为加强对“三进村”行动的管理，省农广校制定了《山东省新型农民教育培训工作“三进村”行动管理办法》和《山东省新型农民教育培训工作“三进村”行动评比办法》，印制了《山东省农广校新型农民教育培训工作“三进村”行动工作手册》，发至“三进村”行动实施县分校和相关市级分校全体教师

人手一册，对各地“三进村”行动实施情况进行监督检查。市、县两级分校也要按照“三进村”行动要求，制定有关制度和政策，分工明确责任到人，加强对“三进村”工作的量化考核，使“三进村”行动落到实处。

（三）上下联动协调配合，共同向前推进

为做好2006年全省新型农民培训“三进村”工作，省校拿出10万元资金，一是通过赠送图书、光盘、仪器设备，推进媒体资源进村；二是通过补贴或减免中等学历教育学杂费的形式，支持培养人才进村；同时省校设立专职联系人，加强对实施县沟通联系、检查指导、强化服务，配合教师进村。各市分校也要按照“三进村”行动需要，采取得力措施，支持实施县分校推进新型农民教育培训“三进村”行动。

（四）点面结合辐射带动，促进全面发展

省校和市级分校通过举办新型农民教育培训“三进村”启动仪式，在重点抓好新型农民教育培训十县百村“三进村”工作的同时，通过典型引路，推广带动，示范扩大，促进新型农民教育培训“三进村”工作的全面开展。目前烟台、泰安、临沂全市各县级分校，青岛、淄博等部分乡级分校也积极行动起来，推进新型农民教育培训“三进村”工作。

三、强化措施，千方百计落实农村实用人才培养“百万中专生计划”

（一）争取支持，加大“百万中专生计划”落实力度

我们积极争取山东省农业厅与省党员干部现代远程教育中心支持，联合下发了《关于“十一五”期间充分利用远程教育资源加强农民科技教育培训工作的意见》。《意见》强调了农广校在农民教育培训中的主阵地职能作用。明确提出了“十一五”

期间要培养建设新农村的带头人队伍10万人，使其全部达到中专以上文化程度，以及培养服务新农村建设的公益性岗位人才队伍40万名，使其到“十一五”期末70%以上达到中专以上文化程度的培养目标，并提出了“首先建设一支10万人的爱岗敬业、团结奋斗、求真务实、勇于开拓、不断创新的农村党员干部现代远程教育终端接收站点管理员队伍”的要求。《意见》的出台，一方面使农广校实现了与党员干部现代远程教育中心教育资源共享；另一方面加大了农村实用人才培养“百万中专生计划”的落实力度。在省校的带动下，山东省威海市、临沂市等分校工作积极主动，富有成效。他们经过积极协调，与相关部门联合下发了《关于“十一五”期间充分利用农业关波电视学校开展农村实用人才培养的意见》。

（二）准确定位，全面服务社会主义新农村建设

根据农业部“百万中专生计划”重点加强对村组干部、专业农户、农民合作经济组织骨干、农村经纪人、远程教育接收站点管理员以及复转军人的培养要求，山东省将培养对象定位在培养农村发展领航员（农村经济和社会发展带头人）、农村集体财产管理员（农村保管员、会计员）、农村卫生员（医疗和卫生防疫）、农村计划生育员、农业技术（种养加）指导员、农村电力操作员、农村信息管理员、农村经济管理员（农村经纪人）、农业机械维修员、农村环保员（农业生态建设和农村环境保护），全面服务于社会主义新农村建设。这一培养要求已经以山东省“十一五”农民科技教育培训意见确定下来。

按照这一要求，我们开展了深入细致的调查研究，根据各地农民和农村经济发展的实际需要，2006年山东省农广校在开设中央校统开的15个专业外，根据各地发展特色产业、特色农业的需求，同时开出自开专业17个。如：有建筑之乡之称的淄博市桓台县，建筑产业是他们的经济支柱，培养大批建筑施工人才

是这个县的需求，我们批准淄博市开设了工民建专业。枣庄市是一个煤矿区，根据需求，批准枣庄市开设了矿山机电专业。东营的广饶市要在全市农村推广沼气综合利用工程，根据需求，农广校及时开出了生态农业专业。威海、烟台、济南等地根据劳务输出需求，开设了韩语、日语专业等。

（三）加强管理，确保中等学历教育教学质量

为了适应实施农村实用人才培养“百万中专生计划”这一新任务对教学管理的要求，我们一是在去年山东省农广校中等学历教育采取电子注册和网上管理学籍的基础上，今年省校又统一了电子模版注册格式，实行了毕业学员网上查询、证书认证，进一步提高了中专学籍管理工作水平，推进了学籍现代化管理；二是改革了中专教材订购办法，教材不再实行逐门课程征订，而是采取了整套征订的方法，教材按注册人数一次性成套发放；三是修订完善有关教学管理制度，汇编成《山东省农业广播电视学校教学管理工作手册》，发至全省各级分校教师，人手一册。烟台、临沂、淄博等市分校，围绕省校文件精神，还制定了一系列实施方案和意见。如：《教学媒体课件制作实施方案》、《教务教学管理工作意见》、《教学管理实施办法》、《兼职教师管理办法》、《关于在全市开展教务管理人员专项工作考评的通知》、《教务工作百分考核办法》和《工作月报及情况通报制度》等。

（四）多种形式，强化全省农广校师资队伍建设

为更好的承担起农民教育培训的重任，确保农村实用人才培养“百万中专生计划”。我们对专职办学人员和兼职教师通过建立长期的继续教育培训考试考核制度、教学评优制度和聘用管理制度，建立起了教师培养管理长效机制，以促进全省农广校教师队伍整体素质的提高。一是按照《山东省农业广播电视学校办学人员继续教育规划》今年下发了《关于开展教师继续教育工

作的通知》［鲁农广校字（2006）9号］，以掌握多媒体课件制作应用能力为培养目标，主要安排学习 Powerpoint、Flash、Authorware 等内容，目前已完成了培训考核工作。二是定于 10 月份继续开展全省农广校教师教学评优活动，今年教师教学评比的重点主要放在运用多媒体制作应用电子课件和进行辅导授课的综合能力上。评比方式由往届被推荐教师集中到省校授课改为上报教师授课光盘，省校根据报送光盘组织评判。三是加强全省兼职教师队伍建设。山东省农广校制定和实施了《山东省农广校辅导教师聘用制度》，从辅导教师的条件、职责、申报、聘任、考核都做了具体规定，按照省校要求，按照县级分校推荐、市级分校考评、省校统一聘任的程序，各级分校根据需要，从教育、科研、推广机构中选聘了近 3 000名兼职辅导教师，省校制作了统一的聘任书，建立了聘任教师库，规范了兼职教师队伍的建设和管理。

按照农业部和中央农广校要求，山东省农广校农村实用人才“百万中专生”计划和新型农民教育培训“三进村”活动正有条不紊的进行。下半年我们将借这次会议东风，认真学习兄弟省校的先进经验，并根据工作需要，一是成立专项领导小组，加强对工作的组织领导；二是积极争取财政支持，加大工作投入力度；三是认真开展监督检查评估评比，确保工作富有成效，为全省农民科技教育培训工作作出新的更大的贡献。

（注：此稿为 2006 年 8 月全国昆明会议发言稿）

启动“致富早班车”　建设社会主义新农村

山东省地处东部沿海，黄河下游，土地总面积15.67万平方公里。全省辖17个地级市，139个县市区，86 700个村，耕地总面积为707万公顷，全省总人口9 069万人，其中农业人口为6 435万人，占71%。到2004年末，山东农村从业人员3 754.2万人，其中，小学文化程度占21.5%，初中文化程度占53.5%，高中及以上文化程度占19.1%。由于农村劳动力整体素质较低，严重影响了农业新技术和新成果推广，据统计农业科技成果转化率仅50%，严重影响了省委、省政府提出的加快“大而强、富而美”社会主义新山东的建设步伐。因此，省委、省政府十分重视农民的科技教育培训工作，指示利用一切可以利用的方式加快培训工作，广播电视媒体具有覆盖面广、成本低、见效快、方便快捷的优势，因而得到了领导的高度重视。自1981年建校之初，山东省就在山东人民广播电台开办农广校教学栏目，为农村培养了大批用得上、留得住的农业科技人才，为科教兴农战略的实施发挥了重要作用。2000年，山东省又将教学栏目逐步改版为《致富指南》节目，更加贴近农民、贴近生产实际，为农民的增产增收、脱贫致富提供了帮助，播出后深受全省广大农民的欢迎。2003年，按照农广校办学工作重心下沉的要求，为充分利用农村有线广播，村大喇叭把农村科技、农业政策和农产品市场信息及时直接送到农民手中，中央校将山东省安排为“致富早班车”下乡进村试点省，为山东省广大农民，特别是边远贫困地区的农民送来了致富的技术和信息，经过全省办学人员四年的精心组织实施，提高了农民群众的科技文化素质，激发了农民学科技、用科技的热情，试点县由6个增加到15个，试点村由计划的100个扩大为310个，直接受益农民达到55万人。

一、主要做法

（一）建立组织机构，落实工作职责

省校成立了以校长为站长、分管校长、声像科、教务科、培训科的负责同志为成员的试点工作指导站，监督指导全省试点工作，下发了全省试点工作方案，明确各级工作站的工作职责，2005年下发了《关于进一步加强全省农业广播电视教育工作的通知》，要求各地进一步扩大试点范围，并积极争取时段，让更多的农民受益。各试点区县也成立了工作站，制定了更加详细的试点方案，为协调试点工作，各地还成立了由分管农业的副县长为组长，农业、财政、人事、广播、教育等有关单位主要领导为成员的试点工作领导小组。

（二）精心组织、周密安排

“致富早班车”试点工作是一项富民工程，成败在于是否能抓住农民的心理，是否有农民愿意接受的内容，是否能帮助农民解决生产中的实际问题。为把最新的致富信息和技术及时传播到农民手中，省工作指导站及时将试点单位所需节目内容传送到中央校，节目到达省校后，及时组织分发，组织检查指导各地落实情况，并及时收集反馈有关信息，改进试点工作；县试点工作站，负责节目的安排、制作，收集反馈意见，总结经验，抓出典型，普及推广。乡镇工作站负责指导和监督村广播站的正常工作。试点村建立了广播室，安排一名有责任心的人员担任信息

员，负责节目的定时播放，并及时收集意见和建议，向上反馈。省、市、县、乡、村五级工作站，明确分工，精心组织，紧密配合，保证及时播出农民急需的农业新技术、新品种、新知识。在播出时间上，一般首播安排早 6：00～6：30，晚 19：30～20：00重播，各地还根据生产实际，按照农闲、农忙季节的不同和产业结构调整等情况，灵活的延长或缩短节目的播出时间。

（三）制定制度，规范管理

为了进一步规范各地的试点工作，保障运行效果，省校在总结各地经验的基础上，2005 年制定下发了《“致富早班车”下乡进村试点管理制度汇编》，内容包括“播放工作管理制度”、“播放资料发放制度”、“档案管理制度”、“信息员管理制度”、“督导检查制度”等 13 项，要求各地统一制度上墙，接受群众监督。滕州市去年以来，共组织现场检查 6 次，进行问卷调查 1 次，电话调查 4 次，对工作措施不力，效果不好的及时进行通报批评，增强了镇、村两级的责任心和紧迫感，保证了节目的正常播出。冠县农广校在实际工作中严格实行“五统一”管理措施，即：统一时间、统一制度、统一牌匾、统一播放时间、统一播放程序，取得明显效果。制度的制定和落实，为“致富早班车”的正常运作提供了保障。

（四）搞好服务，力求实效

为充实丰富节目内容，省工作站组织各市、县《致富指南》工作站编写了新技术、新知识材料 2 000多份，聘请专家录制播出带 100 余盘，及时在《致富指南》栏目和村庄大喇叭上播出，节目播出后，山东省及天津、河南、河北、安徽等周边省份的农民来信来函进行咨询，购买磁带。

为让农民朋友更加方便、系统的学习农业技术，省校还加强了农民科技书屋建设，为他们配备了种植、养殖、加工等方面的光盘、实用技术图书等，目前已建84座，在省校的带动下，全省共建农民科技书屋1 000多个。县分校定期组织有实践经验的教师到各村举办实用技术培训班，解答群众遇到的疑难问题，提高和巩固了收听效果。

（五）尽力把“致富早班车”

下乡进村试点工作和新型农民培训、农村劳动力转移培训等政府关心的工作结合起来。在2005年农业部组织的春季、秋季测土配方施肥行动中，我省示范推广面积750万亩，辐射带动面积3 100万亩，亩节本增效20元以上，全省肥料节约投入达5亿多元。为确保这项利国利民行动落到实处，《致富指南》栏目先后22期播放测土配方施肥技术节目；为适应新型农民科技培训工程的需要，让更多的农民了解掌握先进适用的农业生产技术，2005年以来又多次播出小麦节本增效关键技术、设施蔬菜生产等秋冬季农业生产技术74多期；另外，还播出农村劳动力转移培训节目30多期，深受农民欢迎。

临沭县、滕州市分校承担的农业部优势农产品重大技术推广项目，优质专用小麦示范推广面积达到20万亩，他们通过当地电台、村大喇叭以及现场培训等形式，培训农民6万多人，发放技术手册、明白纸4万多份，今年经省专家组的测产验收，采用精播、垄作和氮肥后移技术的麦田比传统栽培增产均在10%以上，达到了项目预期目标。广饶县分校在配合东营市千村万户农民科技培训工程和全国新型农民科技培训项目中，利用电台、村大喇叭等形式培训农民5.9万人，带动近12万人学科技用科技。潍坊市寒亭区配合高致病性禽流感防治录音带的播放，深入试点村开展科普宣传活动，使广大养殖户积极主动配合兽医部门搞好防疫工作，保证了全区养殖业的健康发展。

（六）加强交流，提高水平

省农广校经常检查、询问各地试点开展情况，总结推广典型经验，为促进全省的工作，2004年在聊城市冠县专门组织召开了全省“致富早班车”下乡进村试点工作经验交流会议，通过组织交流、参观现场等活动，交流了试点工作经验，探讨了提高试点工作水平的方式方法，通过交流，大家进一步统一了思想，提高了认识，交流了经验，明确了措施，增强了信心和决心。

二、下一步打算

（一）扩大试点范围

山东省鲁北、鲁西南地区经济条件落后，急需“致富早班车”节目的试点开展，我们计划逐步形成覆盖全省的网络。今年计划结合“三进村”工作，新建100个试点村。同时督促各地按照省校《关于进一步加强全省农业广播电视教育工作的通知》要求，积极争取播出时段，让更多的农民受益。

（二）提高质量、充实内容

我们要注意研究广播的特点，尽量做到内容与形式的统一，提高节目质量，保证播出效果。广播的最大优点是新、快，因此，我们要进一步加大制作力度，不断更新节目内容，多制作一些适合区域性特点的节目，并实现与中央校节目的资源共享。

（三）进一步加强农民科技书屋建设，作好配套服务工作

科技书屋对巩固和提高试点效果具有积极的促进作用，今年，我们要结合“三进村”行动，为基层免费建设100个科技书屋。同时，为规范书屋建设，我们还计划制定一个全省的建设规划，统一建设标准，进一步提高农广校面向“三农”开展科技服务的水平。

总之，通过四年来的实践，使我们充分认识到“致富早班车”下乡进村工程是农广校贴近农业、农村、农民，开展科技服务最直接的方式，是提高农民科技素质和致富本领、实现农业增效、农民增收、加快农村全面建设小康社会进程的有效途径，因而，我们必须切实抓好“致富早班车”试点工作，并不断总结经验，逐步扩大试点，力争尽早在全省推开，真正让全省广大农民早日乘上“致富早班车”，驶入奔小康的快车道，为培养新农民、建设新农村、构建和谐社会作出更大贡献。

（注：此稿为全国2006年6月广播教育研讨会交流材料）

发挥自身优势，创新工作模式
千方百计做好媒体资源发行工作

近年来，山东省农广校始终坚持面向基层、面向农民的服务宗旨，多途径、多形式开展农民教育培训文字、音像教材以及报刊发行工作，实现了农广校媒体资源发行工作的重大突破。

一、强化工作组织领导，提高媒体资源发行能力

为加强全省农广校系统媒体资源发行工作，山东省农广校专门成立了李桂清书记任组长，由教材科、声像科、培训科、编辑部四部门负责人组成的媒体资源发行工作领导小组。按照省校要求，市、县（市、区）两级分校也均成立专门机构，分管校长靠上抓，并安排专人负责文字、音像教材以及报刊发行工作。为有计划有组织的开展媒体资源发行工作，省校每年专门召开一至两次全省性会议，进行安排部署。为规范媒体资源发行工作，省校和市、县（市、区）两级分校制定和完善了文字、音像、报刊等各项征订发行管理制度，不断提高服务水平。为调动基层分校和办学人员开展媒体资源发行工作的积极性和主动性，我们一方面将农民教育培训文字、音像教材以及报刊发行工作作为重要内容，列入各级分校优胜学校综合评比条件进行考核，同时将教材和报刊作为两个单项，每年年终对成绩突出的单位和个人进行表彰和奖励；另一方面在可行范围内，不断增加市、县（市、

区）两级分校分校媒体资源的发行费比例，让利于基层。由于组织得力，工作到位，仅农民培训教材一项，2005 年至今全省农广校就发行 8 万余册、光盘 2 万余片，完成销售总值 60 多万元，位居全国农广校系统前茅。

二、利用体系办学优势，健全媒体资源发行网络

目前，中央农广校有大量的农民教育培训媒体资源，山东省农广校有市级分校 17 所，县级分校 127 所，乡镇教学班 2 000多个。如何充分利用中央农广校农民教育培训媒体资源和省级校办学网络两大优势，扩大媒体资源发行工作一直是山东省农广校关注的课题。自 2000 年起，山东省农广校就从建立市级分校媒体资源发行站、县级分校媒体资源发行点入手，不断发挥市、县（市、区）分校和部分乡镇教学班在媒体资源发行工作中的作用。到目前，全省已建立省、市、县和部分乡镇教学班为主的四级媒体资源发行网络，农业实用技术图书、光盘等实现了下乡进村入户，直接服务于广大农民群众。这其中以烟台市分校最为典型，该分校在全市 10 个县级分校建起“春雨农业科技书店”，建立发行点 110 多个，去年以来共发行科技图书 2. 3 万册，实用技术光盘 6 300张，在全省带了个好头。

三、建设农民科技书屋，促进媒体资源发行进村

加强农民科技书屋建设是扩大媒体资源发行，促进媒体资源进村的一种好形式。为此，近年来，山东省农广校一直重视农民科技书屋建设。为加快全省农广校体系农民科技书屋建设步伐，2000 年以来，省校发挥龙头带动作用，率先在泰安市岱岳区、淄博市临淄区、沾化县、阳谷县、曲阜市、沂南县等全省各地建设示范性农民科技书屋 30 多个，总价值 20 多万元。为配合中央

农广校“三进村”行动，今年5月，省校再次出资10万元，用于10个“三进村”行动试点县（市）农民科技书屋建设。为规范农民科技书屋建设与管理工作，省校统一制作了“山东省农广校农民科技书屋”的牌子，制定了《山东省农民科技书屋管理办法》。在省校直接带动下，各级分校积极开展农民科技书建设，推进媒体资源进村。临沂市分校积极争取市县级党委政府和有关部门支持，拿出专门资金用于农民科技书屋建设，2005年由农广校组织实施，在全市建设农民科技书屋260多个。东营市分校更是积极争取市委市政府和主管部门支持，通过实施千村万户农民科技培训工程，三年来建设农民科技书屋近500个；即墨市分校也从每年40万农民培训专项资金中拿出一部分用于购买图书、光盘等，向农民无偿发放。

为引导和动员村集体和农民主动参与农民科技书屋建设，我省招远市分校在建设农民科技书屋中还采取了农广校投资购置书橱、乡镇政府投资购置电教设备、村集体免费提供场所和座椅板凳、农民投资购置书籍光盘的多元化投资建设方式，在管理上责权利相结合，各司其职，形成了建设农民科技书屋工作的大合唱，创出了一条多元化投资建设、科学化管理农民科技书屋的新路子。

四、围绕农民培训项目，带动媒体资源发行工作

一是围绕新型农民科技培训工程。2005年山东省农广校就积极争取省农业厅有关领导支持，密切配合厅科教处，主动承担了30个新型农民科技培训工程项目县共计150个农民科技书屋的建设任务，按照每个书屋配套农业科技图书和光盘总码样不少于2 000元的要求，当年发行媒体资源30余万元。同时，2005年根据工作需要，山东省农广校还争取财政资金90万元，为工程实施编印发放培训教材3本22 000册，制作了22集660分钟

的电视节目，发放全省120多个县360多套；2006年我们又争取财政资金50万元，继续为工程实施编印发放培训教材并制作发放实用技术光盘。

二是围绕农村劳动力转移培训“阳光工程”。山东省农广校系统每年承担着全省35%以上的“阳光工程”培训任务。自2004年工程实施以来，我们就把媒体资源发行作为省校配合工程实施的主要工作。一方面，我们积极参加省阳光工程办公室召开的各种会议和举办的各类培训班，广泛向各市、县阳光工程办公室领导和工作人员推荐教材光盘，发放订单；另一方面，发挥市、县两级分校作用，除要求农广校系统内要根据转移培训需要订购劳动力转移培训教材和实用技术光盘外，还要求各级分校要积极向系统外的各培训机构推荐。由于宣传到位，各地通过各种渠道纷纷向省校订购教材与光盘。

三是围绕“致富早班车下乡进村”项目。《致富早班车》下乡进村试点工作实施以来，山东省已有17个县330个村开通农村大喇叭广播。按照省校要求，各地在实施致富早班车下乡进村的同时，积极促进其他媒体资源发行。广饶市稻庄镇灰堆村是“致富早班车”下乡进村的试点村，县分校十分重视村里试点工作的落实情况，根据村里立足发展粮食生产实际，建设并不断充实村农民科技书屋，使全村农民既可以利用大喇叭收听科技知识，又可以借阅科技书籍、科技光盘，多样化的培训媒体资源，极大地激发了广大农民学科技、用科技的热情，全村90%以上的村民通过各种形式接受了科技培训。

四是围绕“农业科技入户直通车”项目。为全面发挥“农业科技入户直通车”的作用，更好地为农民服务，山东省农广校通过项目管理，对每辆“农业科技入户直通车”配备的图书、光盘、杂志种类和数量提出明确要求。按照要求，2005年全省“农业科技入户直通车”配备的图书、光盘、杂志等媒体资源总价值达 9 万元以上。

五是围绕农业科技推广项目。山东省农广校十分注意利用农广校的资源优势，积极配合省农业厅各处室和厅属各企事业单位开展的各项农技推广项目。仅 2005 年以来，我们在测土配方施肥行动、农业科技入户工程、禽流感防治、生态家园富民计划、优势农产品重大技术推广项目等多项工作中，发行技术书籍、手册 40 多万册，光盘近万片，《农民科技教育培训》专刊 5 000 册，得到了上级领导和有关部门的一致好评。

五、抓住新农村建设机遇，拓展媒体资源发行渠道

按照十六届五中全会精神，各地都掀起了建设社会主义新农村的高潮。作为建设社会主义新农村的重要内容之一，农民科技书屋建设已被各地党委政府提到了议事日程。针对这一媒体资源发行工作的新动向，我们认为提高农广校媒体资源发行的市场竞争能力已刻不容缓。为此，自 2005 年年底起，我们就着手准备媒体资源发行宣传资料，分门别类地印制了图书、光盘发行目录、手册、征订发行单以及部分彩色宣传资料等，以各级党委、政府、组织部门、宣传部门、人事、教育、科技、民政、卫生、团委、妇联等为重点，上门送样书和相关宣传资料，同时利用各种各类会议以及科技、文化下乡等多种场合，不断加大农广校媒体资源发行宣传力度。功夫不负有心人，山东省农广人通过创新进取与努力拼搏，终于开辟了媒体资源发行的新领域。今年 4 月，在章丘市首先启动的新农村建设农民电子书屋筹建工作招标现场上，省农广校凭借丰富的农民教育培训媒体资源、强大的农民教育培训网络和能力以及可以预期的全方位售后服务等优势，一举中标，目前，一期共 7 个村 8 万多元的图书光盘已经配送完毕。近期，省卫生厅疾病预防控制中心又与省农广签订协议，拟投资 10 万元通过农广校体系开展预防艾滋病教育宣传。

六、依托远程教育媒介，扩大媒体资源发行面向

远程教育培训一直是农广校的重要教学方式，同时在科技传播、信息交流等方面发挥非常重要的作用。自建校以来，山东省农广校就一直坚持在山东人民广播电台播出农广校教育培训栏目，自 2003 年起，我们又积极争取在山电视台开播了《山东农广校之窗》栏目，2004 年我们又积极争取农业部和省发改委投资建成并开通了山东省农业远程教育培训网站，并及时上传了大量农民教育培训媒体资源，专门开辟了媒体资源专栏。许多农民通过这些传播媒介在学习技术和知识的同时，通过热线电话联系购买图书和光盘，据统计，全省农广校每年通过热线电话购买资料的人数都在 2 000人左右。为通过远程教育媒介加强农广校媒体资源宣传力度，2005 年，山东省农广校又专门下发了《关于进一步加强全省农业广播电视教育工作的通知》（鲁农广校字［2005］35 号），要求各级分校要积极与广播、电视部门联合开办涉农节目，提高广大涉农群体对媒体资源的认识和了解，扩大媒体资源发行面向。

虽然近年来山东省农广校在媒体资源发行工作中积累了不少经验也取得了一定成绩，但与领导要求相比，与农民教育需求相比，还有很大差距。我们决心以这次会议为契机，认真贯彻落实上级精神，学习借鉴兄弟学校的经验，进一步加强发行网络建设，拓展发行渠道，努力促使山东省农广校媒体资源发行工作再上新台阶。

（注：此稿为 2006 年 9 月全国媒体资源会议典型发言材料）

站稳自身位置　加强内涵建设
全力谋求发展

一、突出公益性特点，紧扣中心抓工作

（一）大力开展抗旱保苗和春播春管技术培训工作

去冬以来，山东省降雨明显偏少，遭遇了30年一遇的特大干旱，部分地区百年一遇，麦田受旱面积一度达到3 411万亩，重旱灾1 192万亩，有100多万亩出现了点片死苗现象，11.37万人、6.31万头大牲畜出现临时性饮水困难。面对严重旱情，省委、省府、农业厅高度重视，把开展抗旱和春季农业生产科技培训作为最紧迫、最重要的任务来抓。省农广校结合自身职能，发挥体系网络办学优势，全力投入到抗旱保苗和春播春管工作任务中来。

1. 上下联动，迅速组织

根据中央校《关于开展抗旱和春季农业生产科技培训的紧急通知》（农播培［2009］6号）文件，以及省农业厅的相关文件精神，为不失时机的抓好抗旱和春季农业生产工作，省校迅速下发了《关于组织全省农广校专兼职教师进村入户开展抗旱保苗管理技术培训的通知》（鲁农广校字［2009］3号）文件，要求各地市分校迅速成立专门的小麦抗旱保苗和春季田间管理技术科技服务工作领导小组，组织专门人员，设立专门机构；组织广

大专兼职教师要深入进行考察调研，摸清旱情灾情，制定有针对性的技术方案；组建专兼职教师组成小麦春季田间管理讲师团和技术服务团；利用各种形式手段，积极开展小麦抗旱保苗和春季田间管理技术培训等科技服务。同时要求各市分校每日上报小麦抗旱保苗和春季田间管理科技服务活动的情况，做好小麦抗旱保苗和春季田间管理科技服务的相关工作总结，利用体系优势，对各地区在抗旱保苗和春播春管工作中的好经验、好做法在全省范围内进行调度和推广。

2. 加强联合，面上培训

为及时有效广泛的进行抗旱保苗和春播春管的相关技术传播，省农业厅和省委组织部远教中心联合下发了关于《开展全省小麦抗旱保苗和春季田间管理技术培训工作》（鲁农发电［2009］4 号）的通知，省农广校积极主动的承担了具体培训任务。培训班邀请了中国工程院院士、山东农业大学于振文教授，利用远程教育网络直播平台和全省 84 540个终端接收站点，根据实地调研情况和相关专家会商制定的分类技术指导意见，开展全省小麦春季抗旱保春管技术远程培训，现场向全省各市、县（市、区)、乡（镇）农广校专兼职教师、农技推广人员、农村党员干部、小麦种植农户进行了技术讲解，全省近百万人参加了培训。从而加快了抗旱保春管技术的传播速度，为抗旱保春管工作赢得了宝贵的时间。

3. 集中力量，下乡进村

按照农业厅《关于组织开展万名科技人员下乡抗旱保春管活动的紧急通知》（鲁农科教字［2009］4 号）文件，开展“万名科技人员下乡抗旱保春管活动”要求，省校迅速行动，要求各市、县（市、区）分校组织专兼职教师组成小麦春季田间管理技术讲师团，采取分片包干、责任到人、进村入户、现场指导的形式积极开展“农广校专兼职教师科技下乡活动”，指导农户根据苗情、墒情，科学进行分类管理，针对不同情况采取适当的促控措施。并在小麦起身期、拔节期、抽穗灌浆期等关键时期，组织讲师团专家搞好苗情和田间管理会商，发动群众不失时机地科学浇水追肥，努力实现水浇田增产，水浇条件差的不减产。同时，全省各级农广校积极开展不同形式的抗旱保苗和春季田间管理培训班，真正把春季麦田管理技术送到千家万户，落实到田间地头。

4. 媒体资源，进村入户

省校根据小麦抗旱和春季田间管理的技术要点，专门拿出10万余元，邀请农业专家编印和录制了春季小麦抗旱和田间管理技术书籍、光盘、技术明白纸、小册子等，深入农村田间地头和农户家中进行发放，并通过在电台、电视台、山东省农业远程教育网、《农村远教》杂志等固定栏目和刊物多渠道、多形式的发布抗旱技术信息。临沂、烟台、淄博等不少市、县分校也充分利用当地电视台农广校科技培训栏目、报刊、互联网等媒体，开展专题技术讲座，并充分利用农村大喇叭、黑板报、宣传栏等宣传阵地进行广泛宣传，对在小麦抗旱保苗和春季田间管理科技服务工作中涌现出的优秀教师和先进典型的进行宣传报道，真正实现媒体资源进村入户，切实做好小麦抗旱保苗和春季田间管理工作。

5. 措施得力，效果显著

截止到3月底，全省共举办专题培训班600余期，培训农民50 000余人次，共发放技术书籍18 000余册，光盘5 000多片，技术明白纸30 000多张。中国农村远程教育网、山东电视台、山东农业信息网也都对我省农广校系统开展抗旱保春管技术培训的好做法、好经验进行了报道。通过全省农广校系统的共同努力，有效的提高了广大农民的科学抗旱意识和春季田间管理技术水平，为缓解小麦旱情、争取夏粮丰收作出了积极的贡献。

(二) 积极开展返乡农民工培训工作

自去年第三季度以来，受国际金融危机等因素的综合影响，我省常年在外务工人员春节前返乡约400多万人，节后仍滞留在农村的约100万人，比往年有大幅度的增加，部分返乡农民工暂时失去工作。大批返乡农民工滞留家乡问题得到了省委省府的高度重视，要求各级党委政府和相关部门要把农民工再就业问题作为一项政治任务真正抓牢抓实。省农广校针对性返乡农民工的需求特点，迅速行动起来，积极引导和有序组织返乡农民工培训转移。

1. 密切关注农民工返乡情况，掌握各类动态

自去年11月中旬开始，针对农民工提前返乡现象，省校迅速组织基层分校，深入开展调研活动，通过摸底调查，及时掌握农民工返乡的有关数量和情况，了解农民工的培训需求、就业动态，及时搜集返乡农民工信息，并开展了向企业提供农民工就业意向、人数和技能水平，向农村发布企业用工需求、岗位数量和招工条件等信息，为需求双方提供双向信息服务。

2. 加强对返乡农民工的培训

为引导返乡农民工通过提高择业、就业和创业能力，实现再就业，省农业厅和省委组织部远教中心联合下发了《关于开展返乡农民工再就业引导性远程培训的通知》（鲁农发电字[2009] 9号] 4号)，山东省农广校主动承担了培训任务，邀请中共山东省委农村工作领导小组办公室刘同理副主任，于2月21日通过省农村党员干部现代远程教育卫星专用频道，以流媒体形式在全省党员干部现代远程教育各市、县（市、区）、乡(镇)、村终端接收站点就当前我省农业农村经济形势、2009年惠农政策和当前农村劳动力就业形势与途径等内容，为返乡农民工进行了详细的讲解。同时派出多个督查小组赴济南、淄博、德州等地开展远程培训工作督查。泰安市岱岳区等分校还邀请了相

关专家结合视频内容，为参加培训的返乡农民工进行了现场辅导，对农民工提出的就业创业问题做出了详细的解答。据统计，这次远程培训全省共有68万返乡农民工参加，达到了预期效果。为进一步引导返乡农民工树立就业新理念，提高从业、择业和创业能力，青岛市、临沂市等部分县级分校还结合当地农民工自身情况和本人意愿，分别提供第一产业、在当地创业或从事第二、第三产业的不同形式的培训，尽快使返乡农民工在更广阔的领域实现再就业。

3. 积极为返乡农民工提供就业服务

为做好返乡农民工再就业工作，各地农广校广开渠道，积极联系当地龙头企业、基础建设项目、工业园区、规模养殖厂、农业科技示范园区等用人单位，集中发布一批适合于当地返乡农民工的就业岗位，为返乡农民工转移就业提供岗位。菏泽市分校联系当地阳光工程办公室，利用其在长三角、珠三角、京津塘等地设立的118处劳务基地资源，及时收集所在地企业用工情况，发挥农广校的自身体系优势，通过县乡村三级信息网及时传达给返乡农民工，目前通过农广校系统已有1.2万农民工实现再就业；临沂市农广校积极联系临沂金锣集团、山东朱老大食品有限公司等10家知名企业，开展了多次返乡农民工培训就业岗位对接推介服务活动，目前已有1 000多名返乡农民工和当地企业实现了对接。

4. 引导支持返乡农民工创业

为使返乡农民工就地开展创业，省校要求各地分校结合2008年“农村实用人才创业培训”项目，充分利用手中现有资源，采用集中办班的形式，对部分有创业意愿的返乡农民工进行创业培训。各市、县（市、区）也分别开展了多种形式的农民创业培训，即墨市农广校在3个月的时间内对当地500多名返乡农民工进行细致周到的农业科技种养实用技术培训，开设了

"维护稳定，开拓思路发家致富课"、"经济发展市场形势课"、"各取所需实用技术课"。在此三门课的基础上鼓励广大返乡农民工大胆创业，使他们树立了创业的思想，开阔了创业的视野，把握住创业的形势，增强了创业的信心。莱芜市农广校积极争取政府支持，由当地财政统一拨付资金，承担了对600名返乡农民工创业培训，对每一名参加培训的农民工都发放了"创业培训资料"和"创业培训系列讲座光盘"等资料。截至3月底全省共组织培训了返乡农民工3 000余人次。

二、强化服务能力，科学规范练内功

事业兴衰，关键在人。要把农广校办好，真正提高农广校农民科技教育培训工作服务水平和能力，农广校的办学人员和教师队伍必须具备良好职业道德，合理的知识结构和较强的服务能力。但从去年山东省县级分校办学水平评估情况看，农广校教师队伍一是人才总量不足，尤其是各类专业技术人才和管理人才较为缺乏。二是人才结构与分布不合理，呈现"三多三少"，即传统型人才多，高新技术人才少；普通型人才多，产业化人才少；继承型人才多，创新型人才少。三是人才队伍的总体学历层次偏低、中高级专业人才比例过小、高技能复合型人才偏少。因此，加强队伍建设，提高教师素质，已成为当前农广校迫在眉睫、刻不容缓的任务。

打铁还需自身硬。要加快农广校发展步伐，适应农民教育培训工作要求，就必须建立一支作风硬朗、勤于思考、勇于开拓、甘于奉献的教师队伍。为此，山东省农广校根据当前农民的教育培训工作需求，农广校教师队伍现状，采取有效措施，大力加强队伍建设。第一，根据教育培训任务的需要，按照"人才对路、专业对口、质量较高、数量够用"的原则，确定教师的需求量和专业结构，制定了农广校教师建设长远规划和年度计划。第二，确定了“对内抓提高、对外搞引进”的队伍建设思路，对专职教师开展了不同层次的知识提升培训和继续教育深造，同时按照教学任务要求，聘请校外知名专家教授和高水平教师充实到农广校兼职教师队伍中来。第三，成立教研组织，深入探索研究适合农广校特点的教学方法、教学手段、教学辅导方式方法，有效的提高了教师授课水平。第四，成立讲师团，建立首席讲师制度，开展名师传帮带工作。第五，修订完善教学管理制度，把各项教学管理制度汇编成册，使全省的专兼职教师人手一册，从而有效的规范了教学管理活动。

三、适应形势需要，改革创新谋发展

当前农民教育培训正在进入一个新的快速发展时期，农广校也处在了转轨定型的关键时期。面对“农民需求更强烈，党委政府更重视，社会各界更关注”大好形势和机遇，以及“农民需求多元化、优惠政策边缘化、部门竞争复杂化”的严峻现实和挑战，我们正在尝试从以下几个方面寻求突破。

（一）在农村实用人才培养上求突破

要促进新农村社会各项事业发展，满足农村和谐社会和社会主义新农村公益性事业发展的需要，就必须尽快建设一支适应社会主义新农村建设的公益型岗位人才队伍。为此，山东省农广校积极争取政策措施，利用各种机会和渠道，将“启动实施乡村公益型岗位人才培养工程”写进了省委省府办公厅《山东省实施新农村人才资源开发“绿色行动”的意见的通知》（鲁办发［2008］13 号）文件、省委关于《认真贯彻落实党的十七届三中全会决定推进我省农村改革发展的意见》（鲁发［2008］23 号）文件中，目前，我们正积极争取财政立项。

（二）在新型农民创业培训上求突破

2008年，山东省农广校独立承担了农业部农村实用人才创业培训试点工作，整个项目工作以其组织有序、措施得力、手段新颖、效果明显，引起了省财政的重视和关注，目前，通过我们积极争取，省财政正在研究利用专项资金，由省农广校承担，在省内开展农村实用人才创业培训工程。

（三）在农广校教育培训模式上求突破

农广校建校近30年了，从山东省情况看，很有必要系统总结一下近30年来农广校在农民教育培训工作中的经验，开展农民教育培训和现代远程教育培训实践研究，以及农民科技教育培训的需求和发展研究，以便更好地指导全省农广校今后的工作，切实为培养新农民、服务新农村提供理论支撑。为此，我们计划2009年发挥我省远距离教育专业委员会的学术团体作用，组织和引导全系统办学人员，有针对性地开展对农广校系统创业发展典型经验、教育培训模式、办学特点的实证研究和成果推广。

（四）在农广校教育培训根基上求突破

实践证明，要想搞好农广校的教育培训工作，真正下沉办学重心，落实教育培训环节，确保教育培训效果，就要有一大批科学规范的标准化村级教育培训站点作为支撑。为此，今年山东省农广校计划在近几年“三进村”工作的基础上，探索开展农民教育培训示范村建设。每个示范村主要包括“五个标准化”硬件建设，即：一个标准化农民科技书屋、一个标准化教育培训场所、一个标准化科技宣传示范栏、一个标准化广播站、一个标准化农业示范基地。在硬件建设的基础上，每个示范村建设一个标准化中专教学班，建设10个农业科技示范户，培养一批骨干农民。

（注：此稿为2009年3月全国农广校长会议典型发言材料）

以“三进村”工作为总抓手 力促农广校农民教育培训工作再上新水平

近年来，山东省农广校精心组织、扎实开展“三进村”行动取得了一定的成效。通过开展“三进村”行动，已在96个县3 479个村建设农民科技书屋886个，无偿赠送科技图书652 234册、科技光盘98 578片，培训教师进村46 248人次，进村办班12 148次，开展农民培训139万人次，培养绿证学员21 458名，中专学员6 264名。真正下沉工作重心，改进培训方式，拓展培训手段，提升培训能力，实现了农业科技进村入户，增强了农民增收致富的能力，发挥了全省农广校系统的体系优势，在服务山东省现代农业发展和新农村建设中发挥了重要的作用。

一、加强领导、严密组织，“三进村”行动扎实有序开展

为加强“三进村”行动扎实有序的开展，省校和市、项目县（市、区）两级分校均成立了“三进村”行动领导小组，设立了专门机构，指派专门人员负责“三进村”行动的组织实施。为严格“三进村”行动的组织管理，省校研究制定了《山东省新型农民教育培训工作“三进村”行动管理办法》和《山东省新型农民教育培训工作“三进村”行动评比办法》，印制了《山东省农广校新型农民教育培训工作“三进村”行动工作手册》，发至“三进村”行动项目县分校和相关市级分校教职员工人手

一册。各市、县（市、区）分校按照省校要求，实行目标责任制，学校与教师、教师与农户等层层签订责任状，达到了目标明确，分工细致、责任到人，使“三进村”行动落到实处；为有计划、有组织的实施“三进村行动”，省校在研究制订相关管理办法和评比标准的基础上，每年制定《全省农广校新型农民教育培训“三进村行动”工作计划》，各市、项目县（市、区）分校根据省校的工作计划，结合当地实际制定相应的《新型农民教育培训“三进村行动”实施方案》。2007 年省校将“三进村行动”作为农广校开展农民教育培训的主要抓手和重要内容，写进省校 1 号文件，作为开展优胜学校评选工作主要考核内容之一，并对其各项指标又进行了细化和量化。同时，加强对“三进村”工作的量化考核，省校定期对“三进村”工作成绩突出的单位和个人进行表彰奖励，并对工作突出的人员，在职称评聘、选拔任用和评选先进等方面给予优先考虑。

二、科学开展、务求实效，“三进村”行动全面开花

（一）上下联动增力量，各尽其职见实效

为使“三进村”行动有效开展，省校每年委派专人，在 10 个项目县（市、区）的 10 个村建立联系点，确定负责人和联系人，加强沟通联系、检查指导，积极配合“三进村”行动。近年来，省校共拿出 40 多万元资金，一是通过赠送图书、光盘、仪器设备，推进媒体资源进村；二是通过补贴或减免中等学历教育学杂费的形式，支持人才培养进村；三是聘请高水平的专家教授开展进村培训，不但提高了授课的档次和质量，还敦促了农广校教师的理论授课和技术指导水平。市、县两级分校通过组建巡回讲师团和进村入户教师队伍、不断加强专兼职教师师资培训、赠送科技书籍、建设科技书屋等方式，开展“三进村”行动，

真正做到了上下联动、协调配合。

（二）广泛宣传出氛围，多管齐下成合力

为积极推进“三进村”行动，省校和各级分校不断积极主动的向各级党委政府和行政主管部门请示汇报相关的工作进展、典型事迹和经验总结，并通过报刊、广播、电视、互联网等传媒手段向社会和广大农村广泛宣传，营造出“三进村”行动的良好氛围，吸引了农民的广泛参与，增强了广大农民学科技、用科技和传播科技的自觉性和积极性。淄博市分校与淄博市电视台联合利用数字电视开通了四个现代农业专题频道和七个点播频道，使农业技术、信息通过数字电视以最快捷、最直观的方式传送给农民，极大的方便了农民，实现了媒体资源全覆盖，促进了媒体资源进村；即墨市、阳谷县、滨州市滨城区等地财政部门列专项资金用于当地农广校开展人才培养进村；莒南县、曲阜市等分校组织部门以及当地乡镇党委政府不断加强对农民教育工作的领导，主动协调和发动农民参加培训；东平县分校利用农民科技培训项目带动，搭建“三进村”工作平台，力促“三进村”行动不断深化；招远市分校在媒体资源进村方面，采取了农广校投资购置书橱、乡镇政府投资购置电教设备、村集体免费提供场所和座椅板凳、农民投资购置书籍光盘的多元化投资建设方式，在管理上责权利相结合，各司其职，各负其责，齐抓共管，形成齐抓农民教育培训工作的大合唱。

（三）点面结合无缝隙，辐射带动促发展

省校在2006年重点抓好新型农民教育培训十县百村“三进村”工作的基础上，2007年，在全省建立10个新型农民教育培训“三进村”行动示范村，通过典型引路，推广带动，示范扩大，促进新型农民教育培训“三进村”工作的全面开展。目前烟台、泰安、临沂等市分校和部分县（市、区）分校也纷纷通过建设“三进村”行动示范村，实行重点扶持、示范带动，推进新型农民教育培训“三进村”工作全面开展。

（四）广开思路谋渠道，不断创新方法多

为使“三进村”行动能够不断的开拓和发展，全省各级分校积极探索和研究在农民培训上的新模式和新方法，烟台市分校积极探索新的媒体服务形式，研发了新型农民培训智能查询系统，为农民提供方便、快捷的农业科技和农业信息服务；章丘市分校与市文明办共同参与建设农村电子科技书屋，不断充实新的媒体资源利用率，充分发挥出了农民电子科技书屋的作用；滨城区农广校与电台和电视台等媒体单位合作，把最新的农业信息融入到相关的电视栏目中；泰安市岱岳区分校不断创新教育培训模式，通过构建“农民科技教育培训协会”、“农村教育培训信息网络”、“农业科技入户”三个平台，有力推动了“三进村”行动的开展；青岛市分校在“三进村”行动中坚持四个结合：与当地产业发展相结合，与农时季节相结合，与有关农民培训项目相结合，与新农村建设相结合；招远市分校推行“三电（电视、电话、电脑）一体化”培训模式，及时、即时提供最新的农业信息。

三、上下一心、共同努力，“三进村”行动成效显著

（一）渠道作用得到宣传

农广校作为农民教育培训的主渠道，通过“三进村”行动发挥农广校农民教育培训优势，真正进村入户，深入田间地头为农民送科技、传知识，进一步扩大了农广校的知名度和认知度，拉近了学校与农民的距离，体现了服务于“三农”的办学宗旨。

（二）农民素质得到提高

通过农业政策法规学习，增强了广大农民法制意识，通过现

代知识培训，强化了广大农民的科技意识，通过实用技术培训，广大农民掌握了致富本领。科技型农民占农村劳动力总数的比例上升，文盲半文盲比例明显下降；有效地提高了全省农民的科技文化水平，使广大农民开拓了视野、拓宽了思路，激发了农民学科学用科学的热情。农村实用人才的数量与日俱增，使一批农民成为学科学、用科学的科技致富带头人。加快了新品种、新技术的应用、推广、普及和科技成果转化，加快了推广和普及，各种技能水平得到不断提高，有效促进了农村经济的发展。

（三）特色产业得到发展

通过围绕主导产业、特色产业对骨干农民和种、养植大户的生产、加工、经营等环节进行培训，使他们成为农业科技示范带头人，带领广大农民共同致富，促进了产业结构调整，使各地的优势产业得到了更好的发展。

（四）转变了农村干部的工作方式

通过各种形式的培训，农村干部的工作方式大为改观，主要表现在：第一，思想观念上的转变，摆脱了小生产的束缚，树立了大农业的观念，增强了商品经济意识，发展了商品生产，开通了农村商品流通渠道，搞活了农村经济。第二，在工作方式上变“指挥型”为“服务型”，能够顺应农村市场经济的发展，用自己的真正本领带头发展生产，服务于群众，引导群众勤劳致富，帮助解决在生产中出现的实际困难。第三，是变“埋头苦干型”为“知识综合型”。不仅有了实干精神，而且具有带领群众发展商品生产的必备知识。第四，是在具体工作上变“照办型”为“开拓型”。能够敢闯敢试敢冒，灵活运用现行政策和上级指示，走适合本村发展的路子。加强了农村基层组织建设，促进了农村两个文明健康发展。

四、千方百计、开拓进取，“三进村”行动再上新台阶

当前农民教育培训正在进入一个新的快速发展时期，农广校也处在了转轨定型的关键时期。面对“农民需求更强烈，党委政府更重视，社会各界更关注”大好形势和机遇，以及“农民需求多元化、优惠政策边缘化、部门竞争复杂化”的严峻现实和挑战，山东省农广校计划在近几年“三进村”工作的基础上，探索开展农民教育培训示范村建设。每个示范村主要包括“五个标准化”硬件建设，即：一个标准化农民科技书屋、一个标准化教育培训场所、一个标准化科技宣传示范栏、一个标准化广播站、一个标准化农业示范基地。在硬件建设的基础上，每个示范村建设一个标准化中专教学班，建设10个农业科技示范户，培养一批骨干农民。

应该说，近年来，山东省农广校以“三进村”行动为主要抓手，充分发挥体系办学优势，立足三农，服务基层，在新型农民科技教育培训工作方面取得了一定的成绩，但与中央校的要求相比，与全省农民教育培训需求相比，与兄弟省校的工作相比，还有较大差距。但我们相信通过贯彻落实本次会议的精神，认真学习兄弟省校的经验和做法，山东省农广校新型农民教育培训“三进村”工作必将再上一个新台阶。

以上是山东省农广校近期开展“三进村”行动和农民培训的一些工作和几点不成熟的想法，供领导和同志们参考。不当之处，敬请批评指正。

（注：此稿为2009年12月全国农广校长会议发言材料）

解放思想　转变观念　科学规范　创新发展　大力提高农广校教育培训水平

一、2009年工作基本情况

2009年，在中央校的关心和正确领导下，在兄弟省校的支持帮助下，山东省农广校扎实工作，开拓进取，全省农广校农民教育培训工作又有了新的发展，圆满完成了全年的目标任务。2009年，山东农广校分别被中央校授予“全国农业广播电视教育先进集体”、被山东省农业厅评为“先进单位”，连续复评为“省直文明单位”、“模范工会之家”，在全国县级农业广播电视学校办学水平评估工作中，全省123所县级校中，有40所县级校被评为A级校，各有6所县级校被评为“中等职业教育”和“农民培训”全国百强校。

二、重点工作和做法

（一）重点工作

2009年，山东农广校在认真完成日常性工作的同时，积极争取政策措施，利用各种机会和渠道，一是启动了“农村公益型岗位人才培训试点工作”。2008年，在将“启动实施乡村公益型岗位人才培养工程”写进了省委省府办公厅《山东省实施新农村人才资源开发“绿色行动”的意见的通知》（鲁办发［2008］13号）文件、省委关于《认真贯彻落实党的十七届三中全会决定推进我省农村改革发展的意见》（鲁发［2008］23号）文件中的基础上，我们通过不断的与省农业主管部门和财政部门的积极联系和沟通，在2009年全省农民培训项目不增加的情况下，争取启动并承担了我省2009年农村公益性岗位人才培训试点组织实施工作，省财政从新型农民科技培训资金中列支100万元，对我省10个县2 000名农村公益型岗位从业人员进行培训。二是承担了“2009年农村劳动力转移培训阳光工程农民创业培训工作”。我省共安排了1 500人，通过积极的争取和努力，我们承担了500人的培训任务，培训资金125万元，虽然资金量不是很大、培训任务不是很多，但是在项目的立项和争取上是一个新的突破。通过我们不懈的努力，目前两个项目都已顺利完成，得到了农业部、省农业厅、省财政厅领导的高度评价，是目前山东省农广校在爬坡期和转型期的有力助推器。

（二）主要做法

1. 科学制定计划、周密组织安排

在各项培训计划的设计和制定过程中，我们专门组织相关市、县（市、区）分校校长，多次召开项目专题会议，讨论研究培训项目的计划制定。在“农村公益型岗位人才培训试点工作”的培训计划设置上我们积极协调省厅财务处和科教处的领导，召开了“农村公益型岗位人才培训试点工作会议”，研究讨论了培训计划和培训环节，根据农村公益型岗位从业人员培训的特点，采用了“三加一”式培训模式，进行分岗位、分专业培训，合理的确定了有针对性的培训内容和培训方式，科学规范的制定了培训计划；在创业培训计划和流程的制定上，我们根据农业部《农民创业培训规范》，制定了《2009年农村劳动力转移培训阳光工程农民创业培训工作实施流程和培训计划》，对每一个

培训环节都进行了细化说明和责任到人，明确了130.5个总学时数，超过农业部《农民创业培训规范》120学时的要求。其中：理论授课44个学时，多于农业部要求5个学时；实践操作96.5个学时，多于农业部要求的15.5个学时。

2. 探索管理形式、创新培训模式

我们在培训的管理形式上探索新的管理形式，采用准军事化管理，做到“六统一”，即：统一规范编班，按照军事化编制，把每期创业培训班的学员按照人数进行分班、分区队（原则上10人一班、3~5个班一个区队）；统一各级职责，根据编班需要，确定了临时支队长、区队长、班长等岗位，并明确了各岗位职责；统一房间安排，每期培训班都提前为参训学员统一安排了房间和床位；统一资料配发，为学员统一编印了学习资料、学员手册、学员胸卡以及学习用具和部分生活用品；统一作息时间，统一起床就寝时间、统一上课时间、统一就餐时间、统一乘车时间等；统一军事训练，培训期间，每天安排半小时左右的军事训练。同时，每期培训班期间均设立24小时值班室，由会务人员和各区队长轮流值班。在创业培训工作中，为了加强学员对授课内容的记忆，让学员学会用理论指导实践，用实践检验理论，我们引入了两种模拟练习形式。一是采用了班级讨论的形式模拟经营一个企业。根据各自团队人员的特长和特点进行了企业团队的具体分工，全面分析研讨经营过程中每一个环节，总结出企业发展的优势和劣势，真正加深了学员们对所学知识的理解和运用。二是采用实战演练的形式让各团队模拟经营一个相同的企业，在经营的过程中设置大量的模拟道具，让学员感觉是在真实的经营。模拟训练结束后由模拟练习工作评比委员会组织各团队进行研讨、分析和评价，每个团队都对自身的组建情况和成果、模拟练习的体会和感受进行展示，由模拟练习工作评比委员会评委现场对每一个团队展示的情况进行总结分析、量化考核和综合评比。我们在学习过程中穿插了各类放松训练，插入了风趣幽默的互动活动，为紧张的学习过程添加了“调味剂”，有效调动了学员的学习情绪，提高了听课的效果。与此同时，我们穿插了室外拓展和室内拓展两种拓展模式，室内拓展：我们专门聘请了专业室内拓展老师，主要应用“头脑风暴、肢体运动、团队游戏”的方式，充分调动参训学员的积极性、参与性和集体荣誉感。室外拓展：我们专门聘请了专业的室外拓展教练，通过各种室外拓展项目（信任背摔、毕业墙、过电网、拔河比赛、篮球比赛等）来调动全体学员相互之间的团队协作能力。

3. 建设师资队伍、提升服务能力

为了加强项目培训师资的授课水平，我们在项目实施前一是根据项目培训内容，采取聘请外部名师的办法。农村公益型岗位人才培训，我们从省委、省府和农业主管部门邀请到了相关领导和专家进行授课。创业培训我们邀请到了中国农民大学培训中心高级培训师黄鹏程主任、被评为中国百名创业培训名师的济南技术学院刘国智教授、济南科苑科技学院高级创业培训师王立杰副校长等专家教授担任授课任务；二是采取内部公开选拔的形式聘任授课辅导教师和指导教师。我们聘请项目主管部门领导和有关专家，采取试听、评价、选拔、认定的方式对内部教师进行了相关专题讲座的公开认定，并有针对性的对每一位授课教师提出了在培训专题授课方式和内容上的整改意见，并会同最终确定的授课教师一起进行了集中备课，有效的提高了内部授课教师的整体授课水平。在确定培训师资后，我们都成立了培训项目讲师团，评定了首席培训讲师，发放了农广校兼职教师聘任证书，并形成正式文件。在创业培训工作中，我们专门下发文件，要求组织实施项目的相关市分校，结合当地实际，设立两个工作组、成立三个评委会和组建六支教师队伍，两个工作组包括：教务组、会务组；三个评委会包括：模拟训练工作评比委员会、日常管理工作评比委员会、创业计划评估工作委员会；六支教师队伍包括：集中授课辅导教师队伍、考察实习指导教师队伍、模拟训练指导教师队伍、军事与拓展体验教练队伍、培训工作组织管理队伍、跟踪服务指导教师队伍，真正做好培训项目的各项服务工作。

4. 发挥办学优势、加强学员组织

在项目培训对象的选择上，我们充分发挥办学特点和体系优势，真正走出了一条自主招生的路子。在公益型岗位培训的学员选拔工作中，我们按照“条件公开，自愿报名、公开选拔，严格审核、结果公示”的原则，确定了真正在农村从事公益型事业，工作积极主动、学习热情高、示范带动性强的农民学员。聊城市阳谷县结合当地实际，通过县电视台、村广播站广泛宣传农村公益型岗位人才培训在发展农村经济、促进农民增收中所起到重要作用的同时，为发挥村妇女主任在村里的影响力和示范带动作用，积极与县妇联沟通联系，推荐选拔了200名村委妇联主任参加了培训，取得了很好的效果。在创业培训中，济南市分校充分发挥体系办学优势，利用章丘市分校和历城区分校的乡镇班主任深入到农民当中，在大力宣传阳光工程创业培训的同时，负责组织当地农民报名工作，发掘和选拔出了创业欲望迫切、创业意愿强烈的农民学员。临沂市分校充分发挥联合办学优势，加强和组织部门的联合，联合下发了《关于做好阳光工程农民创业人才示范培训工作的通知》，明确了由市委组织部、市农业局负责统筹协调，相关县委组织部、县农业局负责学员推荐选拔工作，更好地保证了学员质量。淄博市分校充分发挥远程教育优势，通过当地电视台、报刊等媒体，向社会各界发放招生广告，招收和选择具有想创业、要学习的农村学员，打破了政府指令性组织学员的模式，真正做到了“公开、公平、公正”的原则，择优选拔和确定培训对象，学员选择余地更大，培训对象更易管理。

5. 严格规范管理、落实培训环节

为规范项目的实施和管理，我们对每个培训项目都根据不同的要求，严格的制定了培训工作管理办法和考核评价体系，在具体的培训要求、培训条件、编制设定、培训教师、培训学员、培训环节、培训资金、跟踪服务、培训考核等方面做了具体的要求和规定。统一制定了培训教师手册、学员手册、学习资料、学员考勤表、授课教师评价表等，为确保培训班学员的到课率和巩固率。我们在每天固定时间考勤的基础上，又实行了集合点名、上课点名、下课签到、班长查人上报、区队交叉抽查等制度，为合理利用培训资源，确保有序开班，我们实行了开班申报制度。通过编制教师跟踪服务手册、建立培训学员交流 QQ 群、制作学员通信录、定期电话回访和手机短信发布相关信息等形式，做好学员的后续指导和跟踪服务，从而有效的确保了培训项目科学规范、扎实有效，同时为了保障学员培训期间的安全问题，我们统一为参加培训的每位学员购买了人身意外伤害保险，为学员提供了有效的安全保障。

6. 强化基地建设、提升培训条件

选择好合适的培训地点和培训场所，不但能够满足培训需求，而且能使农民学员安心培训，有利于提高培训的效果和质量。为此，我们放弃了自有培训场所，按照“远离闹市区、清心静气地”的要求，首先确定培训场所的所在地区范围，其次按照培训所要求的集中授课、模拟练习、拓展训练、军事体验的要求，通过与培训场所签订协议的形式在所在地区范围内选择培训场所，并与济南市历城区第三职业中专达成协议，联合成立了“农民教育培训基地”，进行了基地挂牌。为搞好学员市场考察和专业学习与实践，我们一是积极主动与省农业厅产业化办公室和市场信息处协调，争取支持，就近选择部分农业产业化龙头企业，通过签订协议的形式，建立了市场考察和专业学习实践基地，并进行了挂牌。

7. 做好宣传发动、扩大社会影响

为扩大培训项目的影响力，提升农广校的社会地位，省校和相关市、县（市、区）分校积极协调相关权威媒体，对各培训项目和每期培训班都进行了大力的宣传报道工作，山东电视台、临沂市电视台、淄博市电视台等省内各地权威电视台，都对本次培训的情况进行了新闻报道，大众日报、农村大众等山东知名报刊也在首版进行了报道，山东省农业远程教育网和各地市农业信息网都对本次培训的情况进行了宣传，在项目实施结束后，我们通过省校的“农村远教”杂志对项目的实施情况和取得的效果进行了专题的报道，并统一编制了“山东省农业广播电视学校农民创业培训掠影”画册和“农民创业培训工作纪实”的光盘，报送到上级部门和有关单位，真正扩大了农广校的社会影响。

三、几点体会

（一）解放思想，开展校长研修班是关键

2009 年 10 月，我们在中国农民大学、全国著名的农业龙头企业“大北农集团”的支持协助下，组织全省 61 名市、县（市、区）农广校校长及省农广校科长和相关工作人员共计 74 人参加了在北京举办的“全省农村实用人才队伍建设师资高级研修班”。这次研修班我们在管理形式和研修模式上大胆的实行了创新，利用军事化的管理形式，开展互动式的教学模式，通过崭新的研修模式、良好的研修环境、顶尖的师资力量，使参加研修的校长们感到，真正理清了工作思路、明确了工作重点、提升了创新能力，在农民培训工作的方式方法创新、制度建设、校长决策力、执行力和领导力等方面都有了新的认识和得到了有效的提升，对农民教育培训的形式、模式和任务有了更深层次的了解

和掌握。

（二）把握方向，开展调研是基础

2009年，我们按照农业部和省农业厅要求，赴省内招远市、淄博市临淄区、阳谷县3个不同经济特点的县（市、区），与当地市县分校共同对3个县（市、区）以及辖区内9个乡镇、27个行政村、270户农民，进行了有关农民劳动力素质和职业教育培训情况的调研，真实客观的掌握了农民教育培训需求的第一手资料，在调查研究的基础上，形成了《山东省县域职业教育培训和农村劳动力素质调研报告》。有力地论证和指导了我们农民教育培训工作的方向。

（三）争取立项，项目储备是前提

通过不断的调研和论证，我们根据农民教育培训的热点、焦点和难点，积极谋划编制培训项目，提出了项目建议书，做好了项目的储备，建立了项目储备库，并积极的向相关政府部门进行协调、联系，主动的申请汇报，部分项目得到了相关部门的重视，在2009年争取到了“农村公益性岗位人才培训”的立项。感觉到在项目的承担上仅靠等靠要是比较被动和滞后的，只有拥有充足的项目储备，拥有自己独立的、固定的项目才能真正站稳脚跟，开展工作才能游刃有余。

（四）项目带动，推进中专招生和职业技能鉴定工作

为加强项目的实施力度，我们协调省农业厅下发文件进行项目部署，在项目实施要求中明确写出了要通过培训使参加人员达到中等以上职业技能水平，并宣传和鼓励培训学员参加农广校的中专学习，截至项目实施完毕，共有2 000余人参加了职业技能的鉴定考核，有1 914人顺利通过了鉴定考核。共有900多名培训学员参加了农广校的中专学习。通过项目的实施带动，有效的促进了中专招生和职业技能鉴定工作。

（五）找准重点，积极切入政府中心工作

2009年，农村劳动力转移“阳光工程”的主体培训对象发生了一定变化，农业部、财政部等国家六部门联合下发的《关于做好2009年农村劳动力转移培训阳光工程实施工作的通知》中明确提出2009年阳光工程主要围绕农业和农村服务业、农产品加工等涉农工业、农村特色第二和第三产业、农民创业和农村带头人等从业人员开展培训工作。山东省农业厅、财政厅等七部门联合下发的《关于做好2009年农村劳动力转移培训阳光工程实施工作的通知》中提出了大力开展农村劳动力就近就地转移就业培训、创业培训和农村带头人培训。随着培训方向的调整，阳光工程服务农业农村的特点更加明显，我们要求全省各级农广校根据新形式、新要求，结合自身情况，找准重点，主动切入政府的中心工作，积极承担相关培训任务，全省各级农广校通过高质量的完成培训任务，得到了各级政府和农业主管部门的充分肯定。省校根据国家和省里提出的培训重点，在农民创业培训项目的争取上狠下力气，承担并高质量的完成了“阳光工程”农民创业培训工作，得到了农业部、省农业厅等上级农业主管部门和相关单位的充分肯定，并得到了社会各界的广泛关注。

（六）发挥优势，不断加大宣传力度

在项目的实施过程中感觉到，农广校的优势在于培训对象的组织管理、后续指导和跟踪服务，这是其他农业大学、大中专职业院校所无法比拟的，我们拥有完整的办学体系和成熟的远程教育优势，工作重心更易下沉、基层工作更易开展。同时在发挥好自身优势，做好培训工作的同时，还要不断加强对外的宣传力度，充分利用广播、电视、互联网、报刊、杂志等公共媒体进行宣传报道，扩大农广校体系的社会影响。

（七）发扬精神，是我们取得成绩的重要法宝

面对目前农民教育培训工作所遇到的新形势、新需求和新任务，农广校体系面临着大好的发展机遇，同时也充满各种新的挑战和困难，这需要我们每一个农广人不懈的努力和奋斗，曾校长提出了新时期农广文化的核心，即：品格高尚、行为规范、思想活跃、目标同一；新时期农广精神的核心，即：不怕困难、勇于创新、奋发向上、超越自我，这为山东省农广校体系各级办学人员注入了强心针、凝聚剂，在工作中真正做到了忠于职守、爱岗敬业，钻研业务、开拓创新，提升能力、不断超越，通过各项任务高水平、高质量的完成，也充分的体现出了我们招之能干、干之能胜、顽强拼搏、开拓创新的信心和力量。

四、下一步打算

（一）打造高水平媒体资源平台

针对近年来媒体资源制作任务量不断加大、质量要求不断提高的实际，我们计划通过短期外聘高水平专业技术人员，加强媒体资源制作中心人员的专业技术培训等形式，致力于打造一支具有丰富的媒体运作经验的高水平媒体制作队伍，乘势而上、多出精品，依托电台、电视台、互联网等各种媒体平台进行发布，同时计划对山东省农村远程教育网进行升级改造，真正形成多元化、多功能、高水平的媒体资源发布平台。

（二）成立农民创业委员会

农业部办公厅、财政部办公厅《关于做好2010年阳光工程培训任务和资金申报工作的通知》中明确的提出了要重点“围绕鼓励农民创业开展培训”，我们为进一步规范农民创业培训工作的组织管理，计划在我省农业远距离教育协会已成立中等职业教育委员会的基础上，再申请成立农民创业委员会，实现农民创

业培训工作稳定、扎实、有效的开展。

（三）建设一批农民科技教育示范基地

我们计划根据农业部办公厅《关于公布全国县级农业广播电视学校办学水平评估结果的通知》（农办科［2009］81号）文件所公布A级校的基础上，广泛调研和认真征求各地市农业主管部门意见，按照“择优选拔、打造品牌、以点带面、全面推进”的原则，计划采取省、市、县三级共建的形式，在全省县级农广校中分三批建设30个设施完善、条件过硬、经验丰富，具有示范带动作用的“农民科技教育示范基地”。

（四）加强体系建设步伐

在体系建设工作中一是加强条件建设。通过多种形式和手段加大对农民教育基础设施的投入和建设，尤其是加强县级农广校的建设，充实设施设备，建立教学实习基地，改善教学培训条件。二是加强师资队伍建设。目前农广校专兼职教师的整体授课水平不高，部分教师已长期不担任授课任务，在下一步的工作中，要加强师资队伍的建设，加强各级分校管理人员和授课教师的业务培训。三是加强项目的争取。农民创业培训在2009年500人的基础上，争取实现培训任务翻一番的目标，同时继续承担和实施“农村公益型岗位人才培训”，通过主动争取农民培训项目来调控和调动各级分校的积极性。

（注：此稿为2010年4月全国农广校长会议上的发言典型材料）

团结拼搏开拓创新
努力提高农广校办学水平

山东省农广校工作会议在全体与会人员的共同努力下，圆满地完成了各项议程，即将闭幕了。会议期间隆重表彰了2002年度办学工作先进集体和个人，认真听取了省农业厅庄文忠副厅长和省教育厅杨文法处长的重要讲话，以及青岛、烟台、临沂、潍坊等地的工作汇报，与会同志还进行了热烈而富有激情的经验交流和座谈研讨。会议达到了统一思想、达成共识、理清思路、增强信心的预期目的，这对今后全省农广校的发展，必将起到有力地推动作用。下面，我代表省校就2002年全省农广校办学工作基本情况和2003年全省农广校办学工作的几个问题，供大家参考。

一、团结拼搏，勇于开拓，2002年全省农广校办学工作成效显著

过去的一年，在各级党委、政府和主管部门的高度重视下，在有关部门的大力支持下，全省农广校系统紧紧围绕“三个代表”重要思想的学习贯彻落实，积极努力，辛勤工作，圆满完成了各项办学任务，取得了显著的成绩，具体体现在以下几个方面。

一是办学规模稳步扩大。①高等教育招生实现历史性突破。

全年招生7 530名，其中党校成人业余教育本、专科班招生698名，中专后大专层次继续教育638人，选拔推荐优秀中专毕业生进入成人高等院校学习6 194人。全省8所市分校完成任务。②中专招生稳中有升。全年招生17 036人，比去年增长近67%，其中通过选拔推荐优秀中专毕业生进入成人高等院校学习工作拉动实现中专招生9 943名，占全年中专招生总量的58%。全省11所市分校完成中专招生任务，中专招生超过400人的县级分校有10所，总招生6 326人，占全省招生总数的37%。③特殊行业教育工作步入正规。省监狱管理局、省财政厅和省农业厅联合下发了鲁狱字［2002］26号文件《关于进一步加强服刑人员农业职业教育与培训工作的通知》，成立了山东省服刑人员农业职业教育与培训工作领导小组，全年10所监狱中专招生达1 200多人。

二是科教兴农深入深化。①建立了一批“农广校农村科技书屋”活动。全年在泰安市岱岳区、阳谷县、沾化县等地已建立了“省级示范性农村科技书屋”8处，在省校的带动下，全省各级分校已在全省部分农村建立科技书屋200多个，为广大农民搭起致富的桥梁。②开播了《致富指南》和《山东农广校之窗》栏目。山东人民广播电台农广校《致富指南》栏目开播一年来，组织稿件2 000余份，制作播出声带200余盘。节目播出后，我省及天津、河南、河北、安徽等周边省份的农广校和许多农民来信来函进行咨询，购买磁带，得到了中央农广校和省农业厅领导的充分肯定，《山东农广校之窗》也于2003年1月6日在山东电视台农科频道正式开播。③探索出一条新世纪青年农民培训的新路子。作为新世纪青年农民培训工程省级教学基地，成功举办了全省试点县管理人员微机管理软件培训班，以及青年农民计算机网络管理、市场推销员和农村机电维修3个脱产班，为农村劳动力转移以及农业产业化、规模化、组织化经营人才培养，积极研究和探索出一条新的路子。

三是积极推进素质教育。①抓教学方法改革，提高教学效果。根据素质教育要求以及为满足农广校学员学习需要，提出并积极推行“三堂课”教学法。从而基本满足了教师教学和学员学习的需要，提高了农广校学员的职业技能。②抓教学内容改革，突出职业技能。2002 年省校成立了教材编写委员会和教材审定委员会，组织有关专家，全面调整各个专业教学计划和教学内容，按照实际、实用、实效的原则，以及职业性、技能性、适用性的要求，下功夫集中精力进行改革。③抓教师队伍建设，提高教师素质。按照《山东省农广校辅导教师聘用制度》，对全省农广校系统 3 000 多名专兼职教师进行了资格认定，统一颁发了《山东省农业广播电视学校辅导教师聘任证书》。根据《山东省农广校办学人员继续教育“十五”规划》要求，组织有关人员，编辑了《教育学导论》、《远距离教育概论》两本培训资料，全省农广校教师人手一册进行学习。按照中央校要求，开展了全省农广校系统第四届教师教学能手评比活动，通过以评促教，全面提高了农广校教师素质和辅导教学科学化、规范化程度。

过去的一年，全省农广校广大办学人员心往一处想，劲往一处使，尤其是在座的各位校长发扬了知难而进、开拓创新、爱岗敬业、顽强拼搏的农广精神，率领同志们闯过了一道道难关，夺取了一个又一个胜利，共同铸造了全省农广校事业的辉煌。在此，我代表省校全体同志向你们并通过你们向对省校给予大力支持的全省各级办学人员表示衷心的感谢。

二、抓住机遇，改革创新，加快农广校发展步伐

正如庄厅长在讲话中指出的，经过 20 多年的建设和发展，农广校已经成为全省农民科技教育的主渠道和中等职成教育的排头兵，可谓是成效显著。通过交流，我也发现各级分校在招生办学过程中均积累了很多值得学习和借鉴的经验，也取得了可喜的

成绩。作为农广校的一名新兵和多年从事农业科技教育和农民科技教育工作者，我想从以下四个方面谈谈自己的观点，同与会的各位校长进行交流和探讨。

（一）创新与发展

江泽民同志曾明确指出，“创新是一个民族进步的灵魂，是一个国家兴旺发达的不竭动力”。当今社会可以说是一日千里，日新月异，无处不在变化，无处不在发展，开拓创新体现在我们活动的多个层面，理论创新、制度创新、体制创新、科技创新给我们的生活和工作带来了生机和活力，每个人都有深切的感受。实践证明，创新大到对国家民族小到对单位个人，都是一个能否在竞争中赢得生存发展、地位空间的关键因素，不思进取，因循守旧，墨守成规，必将导致事业的停滞、衰亡。面对“八五”期间，全省农广校中专招生规模不断下滑的不利局面，我省农广校率先在全国农广校系统开展了多形式、多学制、多层次、多部门、多学科、多渠道办学，办学规模迅速回升扩大，位居全国全省前矛，办学效益明显提高，这是招生形式、方法上的创新，这一创新实现了农广校多年来的飞速发展。2001 年，面对中专招生规模又要下滑的态势，我们又迅速抓住机遇，开展了选拔推荐优秀中专毕业生进入成人高等院校学习工作，实行了大中专联动机制，进行了我校历史上又一轮改革创新，这一创新创造了一个又一个有目共睹的辉煌。再如烟台、青岛近几年的高速平稳发展，归根到底就是竞争激励机制的引入，内部管理体制、制度的创新。

开拓创新必须解放思想，实事求是，这是创新的根本保证。只有解放思想，才能不断地突破旧的思想束缚，只有实事求是，才能尽可能地避免不切实际的盲动。创新必须要有科学的态度、科学的精神，必须善于学习、善于借鉴，善于总结前人的经验，善于运用先进的文明成果，善于结合当地的、自身的工作实际、具体情况，因地因时因势的提出新的观念、新的方法、新的思想，只有这样才能超越前人，超越他人，才能更有力地推动我们的工作。现实中创新有主动的也有被动的，但往往是被动的，我看与其“被逼无奈”、“受制于人”，不如“主动出击”、“先发制人”。要主动，必须要先动，做到心中有数，“未卜先知”。要做到心中有数，必须做好全面深入的调查研究。为此，省校决定今年在范围内开展一次大规模的调研工作，适当时机召开一次全省办学工作务虚会，坐下来，静下心，就教育理念、办学体制、内部机制、教学内容、教学方法、教育评价、教育开发等等方方面面，研究农广校的创新发展，明确农广校的思路方向。各级分校也要及时全面地做好当地农广校办学情况、农民科技教育情况调研，开展解放思想，开拓创新大讨论，积极为全省农广校办学工作务虚会做好充分的准备工作。

（二）稳定与生存

农广校的稳定主要是指办学地位、办学规模、教学质量的稳定。

要稳定农广校的办学地位，我看主要要依靠各级党委、政府和主管部门。国办、省办、部发、厅发以及地方党委、政府先后发过许多文件，出台了很多政策，确保农广校的办学地位，各级分校要用好用足，落到实处。事实表明，要加强农广校的办学地位，还必须“密切联系领导”，采取各种方式，多汇报、多请示、多宣传。“领导可能经常换，政策不能随时有”，因此必须使领导尽可能地及时、准确、全面地了解农广校的办学情况。要大力宣传支持农广校办学的领导典型，要把领导的指示领会好贯彻好，把领导交办的工作做好做实做出成效，争取领导不遗余力，长期不懈的支持农广校办学工作。特别是在即将进行的新一轮机构改革中，要积极主动做好工作，力争不但不被削弱，而且进一步健全完善农广校办学体系和办学机构，保证农广校由多部门联合举办、农业部门主管的体制不变，财政拨款的经费渠道不变，面向农业、农村、农民的办学方向不变。

要稳定农广校办学规模，主要是要抓住招生机遇，用足用活一切有关农广校的招生政策。农广校没有高等教育办学权，一个高等教育办学渠道的开通确实来之不易，大家可能不知道，省农业厅、教育厅、人事厅《关于举办农业职业技术教育本科层次专业证书班的通知》，这样一个有些地方认为吸引力不大、力度不强的文件，一签就是 9 个月，工作做了多少就不必和大家说了。高等教育招生渠道的开通对农广校来说既然是机遇，就存在稍纵即失的可能，机会难得，一定要抓住，并最大限度的发挥其作用。当前抓好高等教育招生，我认为要着力做好以下三方面工作：即做好地方招生政策配套，解除学员后顾之忧，增强学员入学信心；做好当地生源分析预测，根据生源学历需求，找准招生主攻方向；做好校内招生工作安排，确立招生工作重点，重点突破与全面撒网相结合。

用足用活政策，最大限度地发挥其作用，并不是说可以漫无边际，任意发挥，过分夸大，甚至隐瞒事实，篡改文件，无法无天。正如任何游戏都有他的规则一样，不遵守规则怎么玩？和省委党校联办六年，考务工作至今还出现这么大的纰漏，省里尚未出台正式文件，布置选拔推荐农广校优秀应届毕业生进入成人高校学习工作，下面就敢大张旗鼓的发动招生，简直胡闹。不循规蹈矩，不按部就班，不实事求是，不遵章守则，其最终结果是什么？就是取消你的办学资格，堵上你的招生办学渠道，甚至造成“城门失火，殃及池鱼”，一个来之不易的办学机会就这样白白葬送掉了。对此，大家一定要引以为戒，自醒自觉，千万不要再犯低级错误。

中专招生工作全省普遍压力很大，从各地反映的情况看，导致招生难的原因很多，我看总结起来主要有内外两方面因素。内部原因是关键，主要表现在：①招生方式、方法没有新的突破。②招生办学政策还有待进一步争取。③办学质量不高，学校吸引力不强。④自身努力不到位，激励机制未实行或是不到位，办学人员精神不振、斗志不高。除了内部原因外，还有外部原因：①受到大专院校扩招的影响和各种办学力量的冲击。②办学经费不到位，招生工作受影响，办学人员人心不稳，积极性不高。③中专学历不上不下，吸引不大。④农民增收趋缓，部分县、乡财政困难，招生收费难度加大。对此，大家要冷静分析、正确认识、认真对待。

中专招生难是长期存在的问题，现在越显突出，今后可能还会更加严峻。但稳定中专招生规模，无论是过去、现在和将来，仍是农广校办学的一个立足点，要千方百计确保完成中专招生任务。如何对待招生难、办学难，我看关键还是一个思路的问题。只要有了新的思路，就会有新的出路。因此，招生越是困难，我们越应该理清思路，坚定信心，振奋精神，苦干实干，下大力气去克服困难。首先要加强调查研究，找准切入点。只要我们把农广校办学工作的切入点放在为当地农业和农村经济建设服务上，专业设置、办学形式和教学内容等紧紧围绕当地经济建设的重点、难点、热点问题，适应市场需要，满足学员择岗就业、增效致富奔小康的要求，没有政策就会争取到政策，没有生源就会找到生源，办学难、招生难就容易得到解决。这一点临沂市分校做得一直很好。其次要积极主动，走联合办学之路。只要我们坚持立足农业，走出农业，面向三农，走向市场，与厂（场）、矿、企、事业单位以及驻军等共同培养急需的专业人才，就能够广辟生源途径。济南、烟台等分校中专招生工作充分说明了这一点。第三，加强内部管理，像青岛市分校那样超额重奖，全面推行竞争激励机制，像潍坊市分校那样彻底改变“校长一人跑招生，其他人员担子轻”的局面，充分调动下级分校和每个人的积极性。当然我们还是要认真学习烟台市分校办学人员那种“别人不行我行，别人不能我能，别人下岗我忙，别人失业我创业”的胆识和气魄，上靠市长、下找市场，四面出击、重点突破，只要精神不滑坡，办法总比困难多。

要确保农广校教学质量，我认为农广校当前主要抓好教学管理、教学改革和师资建设三方面工作。抓教学管理，首先要建立健全各项教学管理制度，做到有章可循；其次要建立岗位责任制，责权利相结合，做到执章必严；再次要实行竞争上岗，岗位考核，做到违章必纠。抓好教学改革，就是按照素质教育要求，稳步进行教学内容改革，教学方法改革，教学评估的改革，努力实现教学的职业性、技能性、实用性和实效性。抓好师资建设，就是要抓好教师队伍和教学条件建设，努力造就一批适应素质教育要求的教师队伍，建设必要的符合素质教育要求的教学场所。为加快全省农广校教学改革步伐，省校决定今年在全省范围内开展“质量建设年活动”，对全省农广校各级分校教学管理制度建设和执行情况、教学改革、教学活动、师资建设、机构设置等进行一次全面的检查评比。

（三）农民科技教育

当前，党和国家对农民科技教育的重视支持，农广校在农民科技教育工作中的地位和作用以及农民科技教育的重要性、紧迫性、艰巨性，庄文忠副厅长在讲话中已进行了深入详细、透彻明了的阐述。在此，我不多讲了，一句话，对农广校而言，农民教育的春天到了。自 2003 年起，农业部将启动“新型农民科技培训计划”，“计划”突出抓一个体系、五项工程，一个体系，即农民科技教育培训体系；五项工程，即绿色证书工程、跨世纪青年农民培训工程、新世纪农民创业培植工程、农村劳动力转岗培训工程、农业远程教育工程。通过实施“新型农民科技培训计划”，在我国逐步建立起“政府统筹、行业牵头、部门配合、社会参与”的新型农民科技教育培训运行机制，形成一个适应需要、服务农民、手段先进、灵活高效的农民科技教育培训体系，培养一大批觉悟高、懂科技、善经营，从事专业化生产和产业化经营的新型农民。

那么，我们现在应做哪些工作呢?

首先，要加快农民科技教育培训中心建设。“农民科技教育培训中心”的建立，是农业主管部门加强农民教育培训职能的具体举措，是国家行政机构改革、转换职能、教育结构调整的必然产物。建立“中心”的政策导向，就是支持发展农民教育，尤其是体现出加大政府行为来发展农民教育。依托农广校建设各级“中心”，是当前体系发展建设的极好机遇。现在全省已有12个市分校、65个县（市、区）分校建立了中心。没有建立中心的分校要引起重视。任何事情的发展都有时间性和阶段性。要紧紧抓住当前有利的时机，通过建设“中心”，巩固扩大农广校的阵地。同时必须跳出农广校的视野和原有的框框，来建立“中心”。在管理统筹职能上，“中心”必然高于农广校。从定位上，农广校首先应该是被“中心”管理统筹的对象，同时利用主管部门赋予的职能，积极发挥好管理统筹者的角色。用“中心”的职能，去整合开发面向农村的教育培训资源；用“中心”建设的政策，争取各级财政投入去发展我们体系的实力；根据主管部门对“中心”的要求，抓好农民教育培训的各项业务建设。通过抓中心的建设，抓中心的职能扩充，把组织机构延伸到基层，真正使我们办学、培训能进村到户，把知识、技术、信息送到农民家里。

其次，树立“有为才有位”的思想，积极主动地多途径、多形式开展农民科技教育培训工作。当前，开展农民科技教育培训工作，要着力提高农民的3个能力：即适应农业产业结构调整的要求，不断加快农民知识和技术更新的速度，提高农民运用新技术的能力；适应农业产业化经营的要求，不断增强农民对信息的捕捉能力和适应市场的能力；适应农村劳动力就业结构调整的要求，不断加强对农民的转岗培训，提高农民从业能力，拓展就业空间，促进农村劳动力的转移。

实践证明，农广校只要紧紧围绕地方经济的增长点和热点，按照“六个一”和“三结合”的路子办学，即选准一个好专业，办好一个教学班，建立一个示范点，培养一批技术骨干，扶持一项支柱产业，致富一方农民群众，把培养人才同使用人才结合起来，把传授知识同发展生产、农民致富结合起来，把地方政府办学兴经、农民求学兴业、学校育才兴农三者的积极性结合起来，农业广播电视教育事业就一定会充满活力，焕发出勃勃生机，就能够在农民科技教育工作中发挥更大的作用，做出更大的贡献。

（四）农广校体系

我们自己心里最明白，目前，就全省农广校体系而言，虽然具备了一定的办学实力，但作为办学体系中的每一个体与其他同类学校相比，办学条件还是相差悬殊的。农广校之所以具有强大的生命力，关键在于有一个完整的办学体系和先进的教学传播手段。这种体系化的远距离办学格局，是农业教育的一个创新，是农广校的优势所在，是提高办学效益和竞争力的保证。保持一个完整的体系，有利于争取各级政府和社会的支持，有利于协调各方面的关系，有利于合理利用教育资源，有利于保证教学质量。其他学校非常羡慕我们农广校具有这样一个协调一致的组织体系和覆盖全国的教学传播手段。因此，我们各级农广校更应该珍惜、爱护并利用好体系优势。

首先要增强体系意识。体系意识具体的讲就是服务意识和服从意识。上级校要为下级校提供全方位的服务，积极争取政策，创造良好的办学环境，尽可能地满足下级校的办学需要；下级校要有全局观念，积极贯彻上级校的工作思路，服从上级校的工作安排，努力完成上级校部署的各项任务。其次要积极维护体系的利益。作为整个农广校办学体系的一员，要重视自己，更要注意自尊，注意影响，不要认为我是一所分校，不足百分之一，无足轻重，可以任意行之，岂知“牵一发而动全身”，你的一举一动都是代表着整个农广校系统；要做到有损体系利益的话不说，有损体系利益的事不做；要分级负责，分级管理，切忌招生办学过程中乱插杠子、相互拆台，互挖墙脚；要加强团结，增进了解，增强体系凝聚力。第三，要充分发挥体系的优势。要资源共享，互通有无，相互补充，增强实力；要互相交流、互相学习、互相借鉴，共同提高；要心往一处想，劲往一处使，形成合力，把农广校的体系优势发挥到极致。

以上是我到农广校上任半年来，对农广校当前办学中几个突出问题的粗浅看法，供同志们参考。

同志们，农广校的发展要靠强大的办学体系，靠灵活的办学机制，靠良好的外部环境，但最重要的还是靠我们全体办学人员对事业的不懈追求，靠团结拼搏的精神和不怕困难的勇气。新的职成教育和农民教育形势对我们提出了新的机遇和挑战，需要我们进行新的实践和探索。面对今年的办学形势和任务，我们首先要理清办学思路，树立正确的办学指导思想，这是事关大局的根本问题。因此，希望大家会后认真贯彻落实庄文忠副厅长、杨文法处长的讲话和这次会议精神，结合本地实际，制定具体措施，进一步解放思想、扎实工作，共同努力把山东省农业广播电视教育事业推向新的发展阶段。

（此文为2003年1月21日在全省农广校工作会议上的发言）

与时俱进　求实创新
努力开创农广校办学工作新局面

山东省农广校校长会议经过两天的紧张工作，完成了各项议程，今天就要结束了。会上，中央农广校曾一春常务副校长、省农业厅庄文忠副厅长作了重要讲话，招远、即墨、临沂、烟台、济南等8个单位介绍了各自的办学经验，与会代表还参观了临沭县、临沂市农民科技教育培训的现场。今天大家还结合学习曾校长、庄厅长的讲话，围绕进一步提高办学水平，加强农民科技教育培训工作，开展农村富余劳动力转移培训等问题进行了热烈讨论和发言。大家普遍反映，这次会议时间虽然不长，但内容丰富，重点突出，信息量大，体现了与时俱进、求实创新的精神。大家感到，这次会议既是一次农广校办学工作经验交流会，也是贯彻落实全国农村教育工作会议的重要举措。召开这次会议非常必要，非常及时，也很有成效。大家感到收获很大，概括起来，主要有以下几个方面：

一是提高了认识，增强了做好这项工作的事业心。应当看到，当前，党中央、国务院、省委省府、农业部、农业厅已经把农民科技教育培训工作以及充分利用农广校开展农民科技教育培训工作摆到了农业和农村经济发展的重要位置，列入了重要议事日程。可以说，全社会广泛关注和重视农民科技教育培训、农村富余劳动力转移培训问题的热潮已经初步形成。农民科技教育培训作为当前农业和农村的基础性、先导性、全局性工作，已成为当前和今后一个阶段内的朝阳产业，大家信心倍增。

二是交流了经验，探索了搞好农民科技教育培训工作的思路和办法。这次会议，我们实地参观了临沂等地的办学现场、8个单位做了典型发言、还有一些单位带来了书面交流材料，同时，进行了认真的讨论。这些在大中专招生、教学管理、农民科技教育培训、农村富余劳动力转移就业等方面的经验实实在在、可操作性强，为我们今后提高办学水平，开展农民科技教育培训工作，寻找到了经验和办法，给人以很大的启发。

三是明确了目标，增强了做好这项工作的信心和决心。这次会上，印发了国务院刚刚下发的《国务院关于进一步加强农村教育工作的决定》以及国务院转发的农业部等6个部门《2003～2010年全国农民工培训规划》等文件，会后省校还要将省里最近要出台的文件搞一本文件汇编，印发各级分校。大家回去后还要进一步学习领会，结合本地的实际，认真贯彻落实这次会议精神，注意研究总结，拿出切实可行的措施，把各项工作开展起来。

我相信，这次会议作为稳定办学规模、提高办学水平、开展农民科技培训、推进农村富余劳动力转移培训工作的新起点，必将对促进全省农业和农村经济的发展产生重要的影响。

下面，我就今后农广校工作谈几点意见和要求。

一、解放思想，准确定位，明确农广校发展思路

当前农广校发展必须进一步明确“发展两翼（一是发展高等层次教育，一是发展农民科技教育培训），稳定中间（稳定中专办学规模）”的办学思路，紧紧围绕“一个中心（农民科技教育培训）、二条主线（教育培训规模、教育培训质量）、三大重点（学历教育招生、非学历教育培训、教学与管理）和四项任务（体系建设、中心建设、环境建设、机制建设）”开展工作。

济南、青岛等分校的办学经验充分说明，开展高等层次教育

是农广校发展的潜力，是社会的需求。各地要积极努力，抓住机遇，采取多种形式继续与省委党校联办成人函授教育大专班，开展中专、大专层次继续教育以及专业证书本科班。抓好高等层次教育招生，要着力做好以下三方面工作：即做好招生政策配套，解除学员后顾之忧，增强学员入学信心；做好生源分析预测，根据生源学历需求，找准招生主攻方向；做好招生工作安排，确立招生工作重点，重点突破与全面撒网相结合。

招远、即墨市等分校的办学实践已经有力地证明，开展农民科技教育培训，是农广校发展的根基，也是各级政府最关心的事情。各地必须高度重视这项工作，工作重心必须下沉，沉到基层，沉到农民，沉到生产一线，沉到实用技术的培训、传播和推广上。只有沉实打牢这个基础，农广校办学才能得到政府支持，受到农民欢迎，中专才能稳定，大专才能突破。目前，抓好农民科技教育培训工作，要按照庄厅长讲话要求，着力提高农民的五种能力。

二、创新发展，千方百计，稳定农广校招生规模

虽然受地方教育资源重组和“双扩”冲击，但今年以来全省各级分校和广大办学人员积极努力，勤奋工作，在办学形式上，通过与企业、当地驻军以及监狱系统开展联合办学，拓宽了招生路子；在招生措施上，通过进一步强化激励机制，全面实行目标责任制，提高了招生办学的主动性和积极性；在教学管理上，通过改革教学内容、教学方法，教学效果大幅度提高，增强了学校的吸引力，使中专招生规模与去年基本持平，目前，已达到5 000多名。

目前，各类教育培训机构都在积极地占领农村教育市场，我们必须要看到竞争的激烈，要有危机感和紧迫感。还有一个月的时间，各地还要想方设法确保中专招生任务的完成。对这个指

标，各地要正确对待。从近几年中专招生工作看，农广校只要紧紧围绕地方经济的增长点和热点，找准切入点，落实《全省农广校办学工作指导意见》，实行竞争激励机制，调动了全体办学人员主动性，开展多部门、多形式、多渠道联合办学，把培养人才同使用人才结合起来，把传授知识同发展生产、农民致富结合起来，把地方政府办学兴经、农民求学兴业、学校育才兴农三者的积极性结合起来，这个目标还是不难达到的。威海市近年就是最成功的范例。

三、发挥优势，全面深入，开展农民科技培训工作

当前，农民科技教育的重要性、紧迫性、艰巨性，党和国家对农民科技教育的重视支持，农广校在农民科技教育工作中的地位和作用，有关文件以及中央校曾校长和农业厅庄厅长在讲话中已进行了深入详细、透彻明了的阐述。在此，我不多讲了，一句话，对农广校而言，农民科技教育培训遇到了前所未有的机遇。

与其他农民科技教育培训机构相比，农广校在开展农民科技教育培训工作的最主要的优势就在于现代化的教育培训手段和先进的媒体资源，其成本低、效果好、大面积、广覆盖、高效率、更新快、不受时空限制的特点，已为广大农民所喜爱，政府所欢迎，在全省农民科技教育培训工作中发挥着越来越重要的作用。各级分校要树立“有为才有位”的思想，积极主动地多途径、多形式开展农民科技教育培训工作。要进一步加强远程教育基本建设，包括设备建设和课件建设，充分发挥媒体资源优势，大力开展科技下乡、结对子扶贫帮困和“致富早班车”节目下乡进村活动，开动农民科技教育培训大篷车，建设农村科技书屋和音像图书资料室，为农民学科技用科技，发家致富奔小康，架起桥梁和纽带。

为支持和鼓励各级分校在农民科技教育培训工作中，注意调

查研究、分析总结，围绕绿色证书工程、跨世纪青年农民科技培训工程、新型农民创业培植工程等五大工程的实施，创新发展、勇于实践，闯出一条在当地产生了巨大的经济效益和社会效益，在全省有典型性、代表性、影响力的农民科技教育培训工作的新途径、新路子、新方法，我们下发了鲁农广校［2003］8 号文件，决定在全省农广校系统设立农民科技教育培训工作创新奖。设立农民科技教育培训工作创新奖，还旨在强化体系建设，夯实县级分校这一农广校办学基础，省校决定拿出一定资金，扶优、扶强、扶典型，通过每年表彰奖励 3～5 所县级分校（中心），争取 5～10 年内，在全省建成一批条件硬、作用大、效益好，能真正起到示范带动作用的骨干县级分校（中心），加快各级分校农民科技教育培训工作信息化、网络化和现代化建设，全方位构建新型农民科技教育培训体系。

四、加强教学管理，确保教学质量

教学质量是农广校的生命线，只有确保教学质量，培养合格人才，才能增强学校吸引力，农广校才能持续发展，农业广播电视教育事业才能长盛不衰。各级分校在学校的各项工作中，要牢固树立教学工作这个中心；在学校的改革和发展中，要紧紧把握教学质量这个主题；在教学的全过程中，要坚持严格的管理、严密的计划、严肃的学风；要处理好招生和教学的关系上，千万不要目光短浅、急功近利，坚决制止“重招生数量、轻教学质量”、“重经济效益、轻社会效益”等现象的发生。

为进一步强化全省农广校办学人员“质量第一、信誉至上”的意识，实现教学工作的制度化、规范化、科学化，努力提高教学水平，省校于今年年初下发了《关于在全省农广校系统开展教学质量管理年活动的通知》，并相继出台了开展教学质量管理活动的八个配套文件。各地要严格按照文件要求，抓制度建设，促内部管理，制定和完善了各项教学管理制度；抓考风考纪，树自身形象，加强考务工作管理；抓队伍建设，促自身素质，积极实施了《教师继续教育规划》和《农广校教师选聘制度》；抓教学改革，促素质教育，以实际、实用、实效为原则，教学过程突出职业性、技能性，全面实施“三堂课教学法”；抓教学研究，促教学水平，建立健全教研组织，积极开展丰富多彩的教学研究活动；抓教学环节落实，促办学条件建设，按标准查找漏洞，弥补不足，积极迎接全省农广校系统教学管理工作大检查。

五、扎实有效，稳步实施，推进农村劳动力转移服务工作

近期，国务院办公厅转发了《农业部等部门2003～2010年全国农民工培训规划》，不久前，国务院办公厅还下发了《关于做好农民进城务工就业管理和服务工的通知》，《关于做好农村富余劳动力转移就业服务工作的意见》。农业部全国农村富余劳动力转移培训工作会议和山东省全省农村劳动力转移工作会议于2003年9月分别在重庆市和济南市召开。农村劳动力转移培训工作已成为全省农业和农村经发展的焦点、热点问题。

为充分发挥农广校教育培训体系和广播、电视、网络等远程教育资源的优势，切实加强农村富余劳动力转移就业培训工作，占领农村富余劳动力转移就业培训服务阵地，根据我省劳动力和农民教育培训资源及目前富余劳动力转移就业的基本情况，结合农广校教育培训工作的实际，省校正在操作农村富余劳动力转移就业培训和服务的机构和工作意见，整个农广校体系将全面参与农村劳动力转移就业培训服务的工作。

各级分校要积极争取尽早建立农村富余劳动力转移就业服务中心，抓紧制定转移就业培训服务方案，建设职业技能培训基地，开发第二、第三产业培训工种，组织教师队伍，开展转移培训。要建立和完善各项管理制度，规范农村富余劳动力转移培训

工作；要建立岗位目标责任制度，分工明确，落实到人，把农村富余劳动力转移就业培训工作绩效作为年度考核的重要内容。要建立农村富余劳动力转移就业培训工作的检查评估机制，制定考核评估办法和评价指标体系。要建立激励机制，按照切实可行的检查评估实施办法，认真组织好检查评估工作。要通过以奖代拨的办法，对工作业绩突出和有创新发展的单位进行表彰奖励，加大扶持力度，使农村富余劳动力培训服务工作在落实督办，经验交流和信息反馈等各方面，能卓有成效地得以开展。

省校将充分利用农广校的体系优势，统筹建设农村富余劳动力培训基地与输出窗口，积极开展区际、省际、国际间劳动力转移就业培训服务工作，当前，重点抓好“订单”培训和“定向”培训，增强培训的针对性，提高广大农民参加培训的积极性。各级分校要根据市场需求，积极主动做好劳动力需求的预测、咨询与服务工作，加强与用人单位及劳动力市场的对接，把培训与就业引导密切结合起来，建立起职业培训与劳动力转移就业的衔接机制，努力使岗位培训、技能考核、就业引导和就业后的跟踪服务融为一体。有条件的地方要全面建设现代化的农村富余劳动力转移就业信息服务体系。要建立农村富余劳动力资源库、岗位培训媒体资源库、城镇用工信息库和就业跟踪资料库。要积极打通与劳动、人事部门以及社会其他有关劳动就业中介服务机构的联系，为农村富余劳动力转移就业提供全方位服务。

六、抓住有利时机，完善中心建设

“农民（村）科技教育培训中心”的建立，是各级党委政府和农业行政主管部门加强农民科技教育培训职能的具体举措，是国家行政机构改革、转换职能、教育结构调整的必然产物。建立“中心”的政策导向，就是支持发展农民科技教育培训工作，尤其是体现出加大政府行为来发展农民教育。依托农广校建设各级

“中心”，是当前体系发展建设的极好机遇。没有建立“中心”的分校要引起重视，任何事情的发展都有时间性和阶段性。要紧紧抓住当前有利的时机，通过建设“中心”，巩固扩大农广校的阵地。同时必须跳出农广校的视野和原有的框框，来建立“中心”。在管理统筹职能上，“中心”必然高于农广校。从定位上，农广校首先应该是被“中心”管理统筹的对象，同时利用主管部门赋予的职能，积极发挥好管理统筹者的角色。用“中心”的职能，去整合开发面向农民的教育培训资源；用“中心”建设的政策，去争取各级财政投入，去发展我们体系的实力；根据主管部门对“中心”的要求，抓好农民科技教育培训的各项业务工作。通过抓“中心”的建设，扩充“中心”的职能，把组织机构延伸到基层，真正使我们教育与培训能进村到户，把知识、技术、信息送到农民家里。

七、积极承担任务，配合远程教育

开展农村党员干部现代远程教育，是全面贯彻党的十六大精神，“让干部经常受教育，使农民长期得实惠”，提高农村党员干部队伍的思想政治素质、科学文化素质和带头致富、带领群众共同致富的能力，加强农村基层组织建设，加快农村的经济发展和社会进步，全面建设小康社会的一项重大举措。作为全国3个试点省份（山东、湖南、贵州）之一，山东省率先在济南、青岛、东营、烟台、威海、滨州6个市及其他各市1～2个县（市、区）先行试点。2003年11月1日，省农村党员干部现代远程教育专用频道开始试播，2004年1月1日正式播出。第二步，再用一年左右的时间，在全省推开，基本建成覆盖全省的农村党员干部现代远程教育网络。第三步，根据经济社会发展和农民群众的实际需求，逐步实现终端由村到户的延伸。

农村党员干部现代远程教育是一项系统工程，涉及到全省各个层次、各个方面，必须加强组织协调，充分发挥各个方面的作用，形成整体合力。农业部门作为主要配合部门之一，中央农广校（郭智奇副校长和张万桢处长）和省校（张森副校长）已有部分人员被抽调协助工作。各级分校必须高度重视这项工作，摆上重要议事日程，切实加强领导。要安排专门人员努力争取参与工作方案的研究、制定和实施，积极配合农村党员干部现代远程教育工作的开展，协调解决工作中的问题。既要充分认识开展农村党员干部现代远程教育对农广校发展产生的有利条件，又要切实估计到工作中可能遇到的困难和问题，统筹安排，精心组织，充分发挥农广校自身所具备的先进的远程教育教学管理经验、丰富的农民科技教育培训资源、雄厚的远程教育师资力量等诸多优势，把工作做深、做细、做扎实，在确保如期顺利完成全省农村党员干部远程教育工作任务的同时，不断发展壮大自己。目前，威海市分校已承担了当地农村党员干部科技教育培训工作，今年中专招生实现了历史性突破，达到1 283名。

八、树立全局意识，加强体系建设

我们自己心里最明白，当前，就全省农广校体系而言，虽然具备了一定的办学实力，但作为办学体系中的每一个体与其他同类学校相比，办学条件还是相差悬殊的。农广校之所以具有强大的生命力，关键在于有一个完整的办学体系和先进的教学传播手段。这种体系化的远距离办学格局，是农业教育的一个创新，是农广校的优势所在，是提高办学效益和竞争力的保证。保持一个完整的体系，有利于争取各级政府和社会的支持，有利于协调各方面的关系，有利于合理利用教育资源，有利于保证教学质量。其他学校非常羡慕我们农广校具有这样一个协调一致的组织体系和覆盖全国的教学传播手段。因此，我们各级农广校更应该珍惜、爱护并利用好体系优势。

首先要增强体系意识。体系意识具体的讲就是服务意识和服从意识。上级校要为下级校提供全方位的服务，积极争取政策，创造良好的办学环境，尽可能地满足下级校的办学需要；下级校要有全局观念，积极贯彻上级校的工作思路，服从上级校的工作安排，努力完成上级校部署的各项任务。其次要积极维护体系的利益。作为整个农广校办学体系的一员，要重视自己，更要注意自尊，注意影响，不要认为我是一所分校，不足百分之一，无足轻重，可以任意行之，岂知“牵一发而动全身”，你的一举一动都是代表着整个农广校系统；要做到有损体系利益的话不说，有损体系利益的事不做；要分级负责，分级管理，切忌招生办学过程中乱插杠子、相互拆台，互挖墙脚；要加强团结，增进了解，增强体系凝聚力。第三，要充分发挥体系的优势。要资源共享，互通有无，相互补充，增强实力；要互相交流、互相学习、互相借鉴，共同提高；要心往一处想，劲往一处使，形成合力，把农广校的体系优势发挥到极致。

同志们，当前，农广校办学又遇到了一个十字路口，走对了会有一个快的发展，走不好就会有许多弯路，甚至碰到死胡同。为此，各级分校和广大办学人员必须进一步解放思想，认清形势，理清思路，研究对策，干事创业加快发展。要坚持面向“三农”和市场，主动融于当地经济发展中去；要坚持发挥现代化媒体和完整配套的教学网络优势，依靠体系办学。要高举农民科技教育培训的大旗，实行普及与提高相结合，学历教育与非学历教育并举，成人教育与职业教育并重，大力开展多层次、多形式、多学科、多渠道、多功能、多部门办学，使专本、高职、成人中专、中等职教、职业资格证书、绿色证书以及实用技术培训等统筹兼顾，综合发展。

（此文为 2003 年 10 月 22 日在临沂市召开的全省农广校校长会议上的总结讲话）

强化体系建设促进农广校各项工作

今天我们在这里召开山东省农广校办学工作会议，主要是表彰了2003年度山东省农广校办学工作先进集体和先进个人，王培泉副厅长作了重要讲话，与会代表进行了工作交流。应该说会议时间虽短，但达到了预期的目的。下面，我代表省校对2003年度全省农广校办学工作作一简要总结，并对2004年全省农广校工作提出几点要求。

一、2003年全省农广校办学工作情况

（一）办学规模基本稳定

2003年，山东省各级分校广大办学人员面对生源竞争日趋激烈，招生工作十分严峻的形势，克服“非典”影响，发挥主观能动性，采取得力措施，多形式多渠道开展招生工作，全省中专招生8 751人，成人高等教育招生4 692人，基本稳定了全省农广校办学规模。7个市分校完成了中专招生任务，11个市分校完成了高等教育招生任务。监狱中专招生创记录的达到1 250人，占招生总量的1/7，历城区高等教育招生超过200人，即墨市分校中专招生超过400人，苍山县分校中专招生更是达到734人，成绩可喜可贺，济宁、德州等分校大中专招生虽未完成任务，但其招生规模均有了较大突破，也确属不易。在此，我代表省校向为稳定2003年度全省农广校办学规模的各级分校和广大办学人

员表示衷心地感谢！

（二）农民培训深入深化

《致富指南》栏目继续在山东人民广播电台播出，《山东省农广校之窗》栏目于2003年1月6日在山东电视台农科频道开播，烟台、枣庄、招远等市、县当地电视台也相继开播了农广校教育培训栏目，收到了很好的效果，广播电视学校也真正名副其实。《致富早班车》下乡进村活动试点工作已在广饶、寒亭、临沭、沾化、岱岳、高唐6县区100个行政村全面展开。在省校的带动下，全省再建农广校农村科技书屋600多个，仅招远一个县目前已建科技书屋104个，招远市分校其农民科技教育培训基地建设、信息体系建设、农业科技大篷车建设等方面走在了全国农广校系统前列，得到了中央校曾一春副校长赞扬。烟台、临沂、日照、滨州、菏泽等市分校农村富余劳动力转移培训工作已经起步，即墨市分校利用市财政划拨的50万农民科技教育培训资金，积极开展农村劳动力转移培训工作，取得了明显成效，其做法与经验，得到了韩喜凯省长的充分肯定。

（三）教学质量不断提高

教学改革初见成效，新的教学计划、专业课程设置、教材教学内容已经出台，职业性、实用性更加突出，“三堂课教学法”已逐步推开，农广校素质教育已经凸现。考务工作进一步加强，考风考纪明显好转，除个别地方外，党校入学考试、党校和推荐生期中期末考试考务工作均得到了省委党校和省教育厅的肯定。教师继续教育按计划有条不紊地进行，教师素质不断提高，2003年11月上旬全省农广校教师多媒体课件制作培训班在济南举办，近60名教师参加培训，为农广校教学和参与农村党员干部现代远程教育培养了一支高水平的辅导队伍。

二、对2004年工作的几点要求

（一）强化办学机构，稳定农广校办学体系

2004年，全省事业单位又面临着新的一轮机构改革。各级分校以什么样的形式存在，甚至能不能存在，又成为农广校办学体系是否稳定的一大悬念。在过去每一次机构改革中，我们有过许多经验和教训值得思考。要争取农广校办学机构在新一轮机构改革中不但不被削弱，而且还能得到加强，要求各级分校一要树立“有为才有位”的思想，先把本职工作做好，用工作业绩说话。二要汇报好，中央、省和地方都先后出台过关于稳定和加强农广校机构建设的文件，对农广校的性质和任务作了明确的规定，各级分校要整理出来，争取主管部门支持，积极主动向当地党委政府汇报。2003年，烟台市分校由自收自支事业单位转变成为差额事业单位，就是以上两条做得好，这一点大家要向赵校长学习，青岛市分校崔校长、临沂市分校曹校长也都很有经验，大家可以找时间互相交流。三要早通气，要随时了解当地机构改革情况，一旦得到不利消息，自身无力解决，要及时与上级校汇报，我们一起做工作。

（二）拓宽招生渠道，扩大农广校办学规模

招生工作是一个老生常谈的问题，时时讲会会讲，这里不多谈。中专招生难是一个多年的问题，省校经过研究，拟调整全省各地中专招生指标，由万分之一点五降低到万分之一点二，中等专业教育是我们的办学权，中等专业教育招生规模是我们今后从教育部门争取高等教育办学渠道和招生名额的基础和依据，各级分校必须从全局考虑，高度重视中专招生工作，千方百计完成中专招生任务。高等教育方面，今年除党校将开出新专业外，省校正积极争取有关部门支持，开辟新的办学渠道，从2003年高等

教育招生情况外，今年实现新的突破是很有希望的。

（三）发挥媒体优势，开展农民科技教育培训

媒体资源是农广校教育培训的优势所在。中央校已基本同意在我省农广校建立省级教学资源库，这将极大地丰富我省媒体教育资源。2004年各地要积极争取在当地电台电视台开播农广校教育培训栏目，充分发挥农广校媒体资源优势，加大农民科技教育培训的广度和深度。同时，各地还要进一步加强教师培训，培养一支多媒体课件制作队伍，提高自身造血能力，不断丰富我省农广校教育媒体资源。为加快全省农广校农村科技书屋建设步伐，今年省校将出台全省农广校农村科技书屋建设意见和实施方案，届时，全省各级分校要按照省校意见，结合自身实际，制定计划，分步建设农广校农村科技书屋，真正把农广校农村科技书屋建设做大、做强、做出声势。

（四）摸清基本情况，加快农村劳动力转移培训步伐

底数清，方向明，工作才能做扎实。为此，2004年省校决定以县为单位建立农村劳动力资源库，省校将专门制定建设意见，制作专用软件通过山东省农业现代远程教育网进行管理维护更新和使用，为今后全省农广校系统、农业系统以及其他部门开展农村富余劳动力转移培训提供依据。根据全省农村富余劳动力转移培训任务，省校将制定全省各级分校农村富余劳动力转移培训意见、计划和考核办法，在省校文件出台前，各地不要等、不要靠，要根据当地实际抓紧开展农村富余劳动力转移培训工作。为确保农村富余劳动力转移培训工作的顺利开展，中央校即将编辑出版8个工种的文字和配套声像教材，省校已经省农业厅同意上报省编委报批加挂山东省农村劳动力转业培训服务中心的牌子，各地也要积极主动申请建立农村劳动力转业培训服务中介机构。作为今后申请成立农村劳动力转业培训服务中介机构必备条

件之一，各地必须事先建设农村劳动力转移培训基地。

（五）积极争取支持，参与农村党员干部现代远程教育工作

农村党员干部现代远程教育试点工作首批终端站点建设将于今年第一季度内完成，2004 年将全部完成。基础设施建设完成后，随着节目的开播和教育的开展，农村党员干部现代远程教育辅导教学工作很快就会提到议事日程。椐省校了解，目前试点各地中，只有烟台、威海参与其中，并承担了许多教育培训任务。省校希望其他分校也要抓住有利时机，参与农村党员干部现代远程教育工作，积极主动承担教育培训任务。

这次会议虽然时间短，但取得了很好的效果，大家精神很振奋，劲头也很足。希望会后各分校要认真学习领会好王厅长的讲话精神，结合去年临沂全省农广校校长会议精神，把这次会议精神贯彻好，按照省校确定的办学思路和工作重点，稳步推进全省农广校办学工作。

（此文为 2004 年 1 月 13 日在省农广校办学工作会议上的总结讲话）

积极参与推进全省农广校系统农村劳动力转移培训就业服务工作

全省农村劳动力转移培训阳光工程启动仪式刚刚结束，省校决定马上召开全省农广校系统农村劳动力转移培训就业服务工作会，就是为了贯彻落实上级会议和领导讲话精神，充分发挥农广校体系优势，落实阳光工程培训和转移任务，全面开展农村劳动力转移培训就业服务工作。

会上，曾校长和庄厅长作了重要讲话，充分肯定了近年来农广校在农村劳动力转移培训工作中的成绩，进一步明确了农广校在农村劳动力转移培训工作中的地位和作用，同时也给农广校系统实施农村劳动力转移培训阳光工程提出了更高的要求，安排了新的任务。会议期间，部分分校作了典型发言，所有承担阳光工程转移培训任务的分校都制定了下步一具体细致、操作性强的实施方案。会议还分组进行了研讨交流。刚才，3 个小组的召集人汇报了各组学习讨论和交流的情况，厅科教处于处长又专门就阳光工程实施提出了具体要求。大家普遍反映，召开这次会议非常必要，非常及时，也很有成效。下面我代表省校，就阳光工程的实施和全省农广校农村劳动力转移培训就业服务前期情况和下步工作，谈以下几方面意见。

一、积极参与，全省农广校系统农村劳动力转移培训就业服务工作取得显著成效

今年以来，全省各级分校紧紧围绕农民科技教育培训为农村劳动力转移服务、为农民增收服务的宗旨，立足农村，服务农民，开展引导性培训80多万人次，转移农村富余劳动力近2万人，在农村劳动力的转移培训工作中进行了一些有益的探索，取得了一定成效。

（一）健全机构人员，农村劳动力转移培训工作有序开展

为有秩序、有组织地开展农村劳动力转移培训工作，菏泽、阳谷等绝大部分市、县（市、区）分校均设立了专门的农村劳动力转移培训机构，配备了专职人员。临沂市、招远市等分校还积极争取市编委发文，在农广校设立“农村人力资源培训开发中心”和“农村劳动力转移培训就业服务中心”，具体负责农村劳动力转移培训工作。为加强对农村劳动力转移培训工作的组织和领导，临沂市、滕州市、淄博市张店区等分校还成立了农村劳动力转移培训领导小组，为了取得了合法的农村劳动力转移中介资质，减少转移的中间环节，更直接的为农民服务，烟台、临沂等市分校经过市劳动部门组织的审查评估和市劳动和社会保障局批准，设立了职业介绍所，使农广校系统可以直接组织对外农村劳动力输出转移工作。

（二）发挥自身优势，掀起了农村劳动力引导性培训高潮

一季度特别是春节前后，农广校各级分校充分发挥自身优势，利用冬季农闲和春节农民工回家过年的大好时机，纷纷启动并切实做好引导性培训。通过广播、电视、网络等手段和集中办班、咨询服务、印发资料以及开展科技下乡活动、致富早班车下乡进村入户活动等多种形式，以农村劳动力基本权益保护、法律

知识、城市生活常识以及寻找就业岗位等方面的知识为内容，开展农村劳动力转移引导性培训。临沂、烟台等市分校由于农村劳动力转移引导性培训抓得早、抓得好，且工作成绩突出，其事迹多次被当地电视台、山东电视台以及报刊等新闻媒体所报道，引起社会各界广泛关注，获得一致好评，得到了有关领导的充分赞扬和肯定。

（三）强化基础建设，提高了农村劳动力转移培训服务水平

各级农广校积极强化培训基地和师资队伍建设，为做好农村劳动力转移职业技能培训提供支持和保障。在各级农业主管部门关心支持下，按照实际、实用、实效的原则，通过争取各级基本建设投入、吸引用工单位和社会投入以及整合农业系统培训资源、联合开发社会培训资源等方式，切实加强了农广校培训基地建设，目前，各级分校已建实习基地近 50 个，临沂市、滨州市、烟台市、菏泽市、枣庄市等分校还制定了 2004 年农村劳动力转移培训实习基地建设规划，全省农广校系统基地建设正扎实推进。

（四）明确培训重点，扩大了农村劳动力转移培训就业规模

农村劳动力转移职业技能培训，要针对用工量大的劳动密集型行业和岗位开展短期培训。目前，中央农广校以城市用工量大、劳动力密集型的“家政保健服务类”、“餐饮旅游服务类”、“社区服务类”、“加工制造与工程建设类”为重点，编制了家政服务、餐厅服务、宾馆服务、保安服务、物业服务、电动缝纫、电子操作和计算机操作等 8 个岗位的培训教材（包括文字和声像），制定了相应岗位培训计划。同时，各地结合当地实际需要先后推出了包括加工制造与工程建设类（车工、钳工、焊工）、建筑类（抹灰工、钢筋工、架子工）、家政保健服务类（保健员）、园艺工、茶叶炒制工以及农产品、水产品、畜牧产品加工

方面等20多个工种，为农村富余劳动力转移后从事第二、第三产业提供较为全面的教育培训服务。各级分校根据不同岗位的技能要求，以举办15~90天的短期培训班为主，加大培训班密度，扩大培训规模。据不完全统计，上半年全省农广校系统面向市场积极主动开展农村劳动力转移培训3.2万人，实现转移近2万人。其中临沂市分校就完成农村劳动力转移培训3 000多人。烟台、菏泽、德州、聊城、枣庄等地也均完成农村劳动力转移培训500人以上。

二、提高认识，进一步明确全省农广校系统农村劳动力转移培训就业服务工作的目标任务

实施阳光工程，开展农村劳动力转移培训就业服务工作是农民科技教育培训工作的重要组成部分，是当前农广校农民科技教育培训工作的中心，是一项重要的基础性工作，具有社会公益性质。因此，大力实施阳光工程，全面开展农村劳动力转移培训就业服务工作，是农广校社会公益性事业单位本色的体现，是全省农广校系统义不容辞的义务，是对农广校教育培训能力的一次大检阅。为此，要求承担阳光工程的分校必须吃透农村劳动力转移培训工作的有关精神和组织实施阳光工程的有关要求。无论是作为农民科技教育培训中心参与阳光工程项目的管理，还是作为农广校参与阳光工程项目的培训，都要严格按照上级的精神和要求以及各地阳光工程办公室的安排开展工作，让主管部门满意，让农民受益。

各级分校要不断加强农民科技教育培训中心建设，充分发挥农民科技教育培训中心的职能作用，积极主动配合各级阳光工程办公室，做好项目的组织、管理和实施工作。通过参与组织实施阳光工程项目，逐步确立农民科技教育培训中心的职能定位和运行机制。要更新观念，开阔思路，把主动面向市场和积极承担政

府支持项目结合起来，创新培训机制；要充分发挥贴近“三农”的优势，加强对培训资源的整合，创新培训模式；要注重研究，勇于实践，深化农广校教育教学改革，创新发展路子。要真抓实干，在扎扎实实完成阳光工程培训转移任务的基础上，力争全省农广校系统开展农村劳动力转移引导性培训100万人次，实现培训转移5万人的目标。

三、精心组织，切实做好阳光工程，带动全省农广校系统农村劳动力转移培训就业服务工作全面开展

（一）成立专门机构，加强组织领导，提高管理水平

各级分校均要成立农村劳动力转移培训就业服务机构，安排专职人员开展农村劳动力转移培训就业服务工作。要根据农村劳动力转移培训就业服务工作的需要建立健全各地规章制度，切实保障各项措施落到实处。要制定培训计划和实施方案，精心组织，扎实推进农村劳动力转移培训阳光工程，使广大农民在培训中确实学到技术，顺利实现就业，明显增加收入；要加强培训管理，按照中央校和省校统一编号，建立培训与转移台帐，颁发中央校定制的写实性结业证书；要搞好跟踪服务，时刻关注转移后的学员动态，并为转移出去的农村劳动力提供跟踪服务和维权工作，建立稳定安全的农民工输出渠道；要建立考核评估标准和体系，加强监督检查工作；要不断制定激励政策，建立有效机制，积极支持和鼓励各级分校和广大办学人员，更加扎实地开展农村劳动力转移培训就业服务工作。各地农村劳动力转移培训就业服务工作情况要作为2004年农民科技培训创新奖和优胜学校的重要考核内容。

（二）找准切入点，大力开展引导性培训

大力开展引导性就业，可以帮助拟转移农民树立新的就业观

念，引导农村富余劳动力加快向非农产业和城镇转移；可以帮助拟转移农民提高寻找就业岗位的能力，促进农村富余劳动力有序有效转移；可以帮助拟转移农民增加法律法规知识和城市生活常识，提高进城务工农民守法维权意识和城市生活能力。因此，引导性培训是整个农村劳动转移培训和就业服务的前提和基础，特别是当前开展农村劳动力转移职业技能培训基础还比较薄弱的农广校，要主动争取首先启动并切实做好引导性培训，以此为突破口，努力创造条件，逐步开展和加强职业技能培训。

（三）明确工作重点，打造自身劳务“品牌”

合格的培训基地，是做好农村劳动力转移职业技能培训的重要基础，是承担政府培训项目的必要条件。各市分校要积极争取当地农业主管部门支持，统筹规划，合理布局，根据实际用工需求和具体培训任务，切实加强了农广校培训基地建设。要通过选聘经验丰富的技工、技师和加强师资培训等形式，建立了一支适应职业技能培训需要的“双师”型师资队伍。要不断研究培训的方式方法，提高培训水平，为做好农村劳动力转移职业技能培训提供支持和保障，确保培训质量。

各级分校要坚持以中央校推出的“家政保健服务类”、“餐饮旅游服务类”、“社区服务类”、“加工制造与工程建设类”8个岗位为重点，根据中央校制定的相应岗位培训计划，结合实际，大力开展家政服务员、餐厅服务员、宾馆服务员、保安员、物业管理员、电动缝纫工、电子操作工和计算机操作员培训。同时要根据自身区域优势，不断开发新工种，满足农村劳动力转移需求。要坚持“送得出、稳定住、干得好、信誉高”的培训原则，精心打造农广校系统自己的劳务“品牌”。

（四）发挥体系优势，以就业为导向加强信息服务

开展农村劳动力转移职业技能培训，要以就业为导向，通过

输出拉动培训，通过培训促进输出。为此，各级分校必须加强用工信息服务，特别是各市级分校要安排专职人员加强用工就业市场调研，积极与用工单位和劳务输出（派遣）机构合作，通过签订培训“订单”或输出协议按需培训，积极为县级分校开展培训提供输出信息服务，确保培训后的输出。输出地农广校和输入地分校要发挥各自的区位优势，积极探索信息服务合作机制。省校将不定期搭建平台，为各级分校和用工单位及中介机构提供面对面的沟通和交流机会（本次会议明天的日程安排就是第一次）。目前，省校正充分利用山东省远程教育网的资源优势，着手建立信息服务系统，逐步完善其信息服务和培训功能，构建农村劳动力转移培训信息服务平台。通过平台建设，扩大信息资源总量和输出渠道，加强系统内信息资源的整合和共享。各级分校也要以就业为导向，加强信息服务，建立城市用工信息数据库，有条件的地方还要建立农村富余劳动力动态信息库。

（五）进行广泛宣传，营造良好氛围

各级分校要严格按照省农广校鲁农广校字［2004］25号文件要求，认真做好农村劳动力转移培训就业服务月报工作。要及时总结上报阳光工程实施和农村劳动力转移培训就业服务工作中的典型经验和先进事迹，通过各种媒体加强宣传报道工作。要宣传外出务工致富和返乡创业的学员典型，用鲜活的事例向农民进行解放思想、转变择业观念的教育，努力按照“做事、造势、务实”的要求，营造全社会关注、关心、支持和积极参与农村劳动力转移培训就业服务工作的良好环境和条件。

（六）深化改革，拉长农广校教育培训链条，积极探索农广校办学新路子

全省农广校系统广大办学人员要积极开展农广校教育教学改革，探索和尝试成人高、中等教育与农村劳动力转移职业技能培

训和职业技能鉴定工作的沟通和衔接，构建农民科技教育培训和农村劳动力转移培训合理的层级结构，不断拉长农广校教育培训链条，通过拉长教育培训链条，在满足用工就业市场对不同层次技能型人才和农村人口多层次教育培训需求的同时，努力提高农广校的办学效益，探索农广校新的发展路子。

同志们，这次会议时间虽然不长，但内容丰富，重点突出，信息量大，体现了与时俱进、求实创新的精神，与会代表感到收获很大，概括起来，主要有以下几个方面：一是提高了认识，振奋了精神，树立了信心；二是交流了经验，启迪了思路，坚定了决心；三是明确了目标，明晰了任务，增强了紧迫感和责任感。希望会后各地进一步学习领会曾校长和庄厅长的重要讲话，把会议精神汇报好，落实好，把阳光工程实施好，把全省农广校农村劳动力转移培训就业服务工作提上一个新水平。

（此文为2004年7月27日在威海召开的全省农广校系统农村劳动力转移培训就业服务工作会议上的讲话）

发挥体系优势　认真实施阳光工程

召开这次会议旨在进一步科学规范、扎实彻底地完成全省农村劳动力转移培训阳光工程任务。有关前一阶段工作以及对下一步工作的要求，庄文忠副厅长已在讲话中作了明确阐述。下面我代表省校就今后如何进一步充分发挥农广校体系办学优势，落实阳光工程培训和转移任务，全面开展农村劳动力转移培训就业服务工作，提出如下几点意见，供参考。

一、提高认识，进一步明确全省农广校系统农村劳动力转移培训阳光培训工程的目标和任务

实施阳光工程是提高农民就业能力、加快农村劳动力转移、促进农民增收的重要环节，事关千家万户的切身利益，是新时期党中央、国务院和省委、省政府审时度势，为统筹城乡发展、解决“三农”问题而采取的重大举措。作为农民科技教育培训工作的主渠道和农村劳动力转移培训工作的重要教育培训机构，全省农广校系统3所市级分校和58所县级分校承担了6万多人的培训任务，占全省阳光工程培训任务的40%多（实际情况可能还要多)，是农业系统内部承担阳光工程的最主要单位，每个分校承担的任务少则几百人，多则上千人。农广校系统实际上已成为阳光工程中农业系统的代表，农广校在阳光工程的中的表现，基本反映全省农业部门在农村劳动力转移培训工作中的能力和水平，其好坏将直接影响农业部门的形象。为此，要求农广校无论

参与阳光工程项目的管理，还是承担阳光工程项目的培训，都要严格按照上级的精神和要求，根据各地阳光工程办公室的安排，积极主动配合各级阳光工程办公室，做好项目的组织、管理和实施工作，让政府满意，让农民受益。同时，要通过实施阳光工程，以点带面，全面开展农村劳动力转移培训就业服务工作，在扎扎实实完成阳光工程培训转移任务的基础上，力争全省农广校系统开展农村劳动力转移引导性培训 100 万人次，实现培训转移 5 万人的目标。

二、强化措施，保质保量完成全省农广校系统农村劳动力转移培训阳光工程

（一）健全机构人员，加强组织管理

为有计划、有组织地开展农村劳动力转移培训工作，前一阶段，部分市、县（市、区）分校成立了专门的农村劳动力转移培训机构，配备了专职人员，有些分校还成立了职业介绍所，个别分校分校还积极争取市编委发文，依托农广校成立了“农村劳动力转移培训就业服务中心”，具体负责农村劳动力转移培训工作，取得了很好的效果。为进一步加强对农村劳动力转移培训工作的组织和领导，省校要求各市、县（市、区）分校均要成立专门的农村劳动力转移培训就业服务机构，明确分工领导，配备专职人员，以正式文件于 9 月底前上报省校备案。同时还要积极争取建立合法的劳动力转移中介机构，力争更直接更有效地为农村劳动力转移服务。

（二）制定实施方案，有序开展工作

各级分校均要按照山东省农业厅鲁农广字［2004］1 号文件《关于充分利用农业广播电视学校大力开展农村劳动力转移培训就业服务工作的通知》和山东省农广校鲁农广校字［2004］37

号《关于进一步加强全省农广校系统农村劳动力转移培训就业服务工作的通知》要求，根据省校下达的目标任务，结合当地实际情况，制定措施得力、操作性强的实施方案，精心组织，扎实推进农村劳动力转移培训工作，使广大农民在培训中确实学到技术，顺利实现就业，明显增加收入。各市分校实施方案务于10月8日前上报省校备案。方案要对培训基地与队伍建设、培训与转移能力建设、培训与转移制度建设、培训的目标任务以及保证措施等作具体、明确、细致的部署和安排。

（三）强化基础建设，确保工程质量

合格的培训基地，是做好农村劳动力转移职业技能培训的重要基础，是承担政府培训项目的必要条件。各市分校要积极争取当地农业主管部门支持，统筹规划，合理布局，根据实际用工需求和具体培训任务，切实加强农广校培训基地建设。过硬的教师队伍是确保农村劳动转移培训质量的前提，各级分校要通过选聘经验丰富的技工、技师和加强师资培训等形式，建立一支适应职业技能培训需要的“双师”型师资队伍。要不断研究培训的方式方法，提高培训水平，为做好农村劳动力转移职业技能培训提供支持。

完善的管理制度是开展农村劳动力转移培训工作的保障，各级分校要严格按照上级有关文件要求，根据农村劳动力转移培训就业服务工作的需要建立健全各项规章制度，切实保障各项措施落到实处。承担阳光工程任务的分校，要严格按照《管理办法》做好培训转移管理工作。各级分校要严格按照鲁农广校字［2004］39号《关于做好农村劳动力转移培训学员注册和办证等工作的通知》要求，根据中央校和省校统一编号，做好培训转移学员的注册和上报工作，颁发中央校定制的写实性结业证书；要搞好跟踪服务，时刻关注转移后的学员动态，并为转移出去的农村劳动力提供维权服务，建立稳定安全的农民工输出渠道；要建立考核评估标准和体系，加强监督检查工作；要不断制定激励政策，建立有效机制，积极支持和鼓励各级分校和广大办学人员，更加扎实地开展农村劳动力转移培训就业服务工作。

（四）进行广泛宣传，营造良好氛围

各级分校要严格按照省农广校鲁农广校字［2004］25号文件要求，认真做好农村劳动力转移培训就业服务月报工作。要及时总结上报阳光工程实施和农村劳动力转移培训就业服务工作中的典型经验和先进事迹，通过各种媒体加强宣传报道工作。要宣传外出务工致富和返乡创业的学员典型，用鲜活的事例向农民进行解放思想、转变择业观念的教育，努力按照“做事、造势、务实”的要求，营造全社会关注、关心、支持和积极参与农村劳动力转移培训就业服务工作的良好环境和条件。

三、发挥优势，把农村劳动力转移培训阳光工程办出农广校的特色和水平

（一）找准切入点，大力开展引导性培训

大力开展引导性培训，可以帮助拟转移农民树立新的就业观念，引导农村富余劳动力加快向非农产业和城镇转移；可以帮助拟转移农民提高寻找就业岗位的能力，促进农村富余劳动力有序有效转移；可以帮助拟转移农民增加法律法规知识和城市生活常识，提高进城务工农民守法维权意识和城市生活能力。因此，引导性培训是整个农村劳动力转移培训和就业服务的前提和基础，特别是当前开展农村劳动力转移职业技能培训基础还比较薄弱的分校，要充分发挥农广校现代远程教育优势，通过广播、电视、网络等手段和集中办班、咨询服务、印发资料以及开展科技下乡活动、致富早班车下乡进村入户活动等多种形式，以农村劳动力基本权益保护、法律知识、城市生活常识以及寻找就业岗位等方

面的知识为内容，首先启动并切实做好引导性培训，以此为突破口，努力创造条件，逐步开展和加强职业技能培训。

（二）明确重点，打造自身劳务“品牌”

各级分校要坚持以中央校推出的“家政保健服务类”、“餐饮旅游服务类”、“社区服务类”、“加工制造与工程建设类”8个岗位为重点，根据中央校制定的相应岗位培训计划，结合实际，大力开展家政服务员、餐厅服务员、宾馆服务员、保安员、物业管理员、电动缝纫工、电子操作工和计算机操作员培训与转移。同时要根据自身区域优势，不断开发新工种，满足农村劳动力转移需求。要坚持“送得出、稳定住、干得好、信誉高”的转移培训原则，精心打造农广校系统自己的劳务“品牌”。

（三）抓住着力点，密切配合形成凝聚力

在农村劳动力转移培训工作中，省校和市、县（市、区）分校要找准自身位置，明确自身任务，做好自身工作，积极参与农村劳动力转移培训阳光工程。为此，省校已经积极行动起来，在培训方案制定、培训计划实施、培训工作管理上，不断加强指导监督和检查；在培训考核鉴定、就业信息服务、总结宣传报道上，多方面加大扶持力度。承担阳光工程任务的分校不断加强基地建设、努力提高培训能力，积极开展劳务输出。烟台市、临沂市、淄博市、菏泽市等分校以实际行动自觉支持所属承担阳光任务的县级分校千方百计完成阳光工程转移培训任务，均取得了明显成效。

今后，各级分校还要进一步提高认识，增强责任感和紧迫感，在当前和今后一个时期把农村劳动力转移培训作为一项中心任务和重点工作抓紧抓好，通过实施阳光工程，以点带面，全面开展农村劳动力转移培训就业服务工作。特别是市级分校要加强调查研究，及时总结推广、宣传报道农村劳动力转移工作的经验和典型；要加强监督检查，确保工作科学规范地开展；要提高服务意识，加强用工信息服务，安排专职人员开展用工就业市场调研，积极与用工单位和劳务输出（派遣）机构合作，通过签订培训“订单”或输出协议按需培训，积极为县级分校开展培训提供输出信息服务，确保培训后的输出。同时，输出地市分校和输入地市分校要发挥各自的区位优势，积极探索信息服务合作机制，找准突破口，全面实施农村劳动力转移培训工作的“西输东接工程”。

（四）认清落脚点，拉长农广校办学链条

全省农广校系统广大办学人员要积极开展农广校教育教学改革，探索和尝试成人高、中等教育与农村劳动力转移职业技能培训和职业技能鉴定工作的沟通和衔接，构建农民科技教育培训和农村劳动力转移培训合理的层级结构，不断拉长农广校教育培训链条，通过拉长教育培训链条，在满足用工就业市场对不同层次技能型人才和农村人口多层次教育培训的需求的同时，努力提高农广校的办学效益，探索农广校新的发展路子。

同志们，这次会议时间虽然不长，但意义十分重大。希望会后农广校各级分校进一步学习领会庄厅长的重要讲话，克服困难积极主动地把会议精神落实好，把阳光工程实施好。

最后我借此机会，代表全省农广校系统向多年来始终如一地关心支持农广校事业发展的各位农业主管部门的领导表示衷心的感谢！同时，也希望各级农业主管部门和阳光工程办公室不断加强对农广校的领导，把农广校真正作为农业部门的“自留地”，在人力、物力、财力等诸方面予以倾斜，使农广校圆满完成农村劳动力转移培训阳光工程，为我们农业系统争光添彩。

（此文为2004年9月20日召开的全省阳光工程办公室负责人会议上的讲话）

抢抓机遇推进农广校工作向纵深发展

在各位领导和同仁的关心指导和积极配合下，经过与会代表的共同努力，2004 年度山东省农广校办学工作总结表彰会议已经圆满地完成了各项日程，即将结束了。会议期间表彰了 2004 年度的农广校体系的办学先进集体和先进个人，省农业厅庄文忠副厅长作了重要指示，厅人事处、科教处等单位领导亲自到会，我很感动。这是对我们工作的支持，是肯定。刚才，部分市校校长作了典型发言。应当说过去的一年来，是农民教育培训事业快速发展的一年，农广校办学工作取得了丰硕的成果，这是党中央国务院省委省府重视“三农”工作的结果，是各级政府和主管部门正确领导的结果，是社会支持的结果，是广校人真抓实干、创新开拓、奋力拼搏的结果。可以概括为“政策好，机会多，任务重，目标明，干劲足，成效显”。2004 年，全体系上下团结一心、努力拼搏，认真贯彻落实中央、省委 1 号文件精神，紧紧围绕农民科技教育培训这一中心任务，着重开展了以下几个方面的工作。

一、紧紧围绕党和政府的中心工作，充分发挥农广校体系这一农民科技教育培训主渠道作用

（一）积极参与，全力落实阳光工程培训任务

作为承担阳光工程培训任务的农业部门教育培训机构的主要

代表，农广校4个市级分校58个县级分校承担着全省阳光工程46%以上的培训转移任务，达7万人，农广校系统在阳光工程培训工作中的表现直接代表农业部门的形象。为此，省农广校根据阳光工程培训转移工作的需要，从机构建设、队伍建设、制度建设、条件建设、信息服务等方面入手，下发各类配套文件，引导和支持各级分校全面开展农村劳动力转移培训工作。

农广校各级分校均成立了农村劳动力转移培训专门机构，配备了专职人员。临沂市、招远市等分校经当地编委批准，还加挂了农村劳动力转移培训服务中心的牌子；烟台市、阳谷县等分校还成立了职业介绍中介机构，派专人负责，多方搜集用工信息，开展转移后跟踪服务，使农民培训后实现有效转移。

在各级农业主管部门的领导支持下，各地分校加快了资源整合步伐，培训条件大有改观。据不完全统计，全省农广校系统已建自有培训基地68处，通过租赁、联办等方式建设基地近150处，其培训能力涵盖农产品加工、贮藏、园艺工、电子操作工、缝纫工、保安员、物业管理员、家政服务员、宾馆服务员、钢筋工、架子工、抹灰工、车工、钳工等40多个工种。

为充分发挥农广校体系优势，圆满完成阳光工程转移培训任务，全面开展农村劳动力转移培训工作，7月27日至28日，山东省农广校系统在威海召开了农村劳动力转移培训就业服务工作会议。中央农广校常务副校长曾一春、省农业厅副厅长庄文忠等领导同志出席会议并讲话。全省农广校系统17个市分校校长以及53个承担阳光工程培训转移任务的县级分校校长参加会议。会议期间，还组织代表实地参观了威海金猴集团等4家企业，举办了全省农广校系统农村劳动力转移对接洽谈会。洽谈会上，来自烟台、威海的28家企业提供用工岗位15 000多个，有53家分校签定了培训用工意向书121份，涉及30多个工种6 000多个岗位，供需双方十分满意，为农广校系统顺利完成阳光工程任务奠定了坚实的基础。

全系统先后编印了《农村劳动力转移培训简明读本》、《外出打工就业手册》、《农民进城务工300问》等小册子和明白纸，录制了专题片《农村劳动力转移培训纪实》，通过电台、电视台、报刊等媒体，利用科技下乡、乡镇大集等多种场合广为宣传。

一年来，全省农广校系统已开展农村劳动力转移引导性培训100多万人次，技能性培训近11.5万人，实现转移近10万人，承担阳光工程项目的市、县分校圆满完成阳光工程培训转移任务。全省农广校系统圆满完成中央校下达的任务。

另外，除积极配合人事处做好农业特有行业工种技能鉴定总站的工作外，农广校技能鉴定站还结合农村劳动力的转移培训，开展了农村经纪人、花卉、茶叶等工种的技能鉴定。

（二）全力配合农村党员干部现代远程教育试点工作

1. 积极参与试点工作的实施

按照省委组织部要求，我校张森副校长被选派参与全省农村党员干部现代远程教育试点工作方案的实施，参加了《工作手册》的编写、管理人员的培训、节目的编排等工作，目前协助山东省党员干部现代远程教育中心课件资源部开展工作。烟台、威海等80%的试点市县已经参与到农村党员干部现代远程教育试点工作中去。

2. 积极参与媒体资源库的建设

根据试点工作安排，在中央校的支持下，今年山东省农广校又为全省农村党员干部现代远程教育资源库提供了各类多媒体课件170小时，包括各类农业新技术、新知识300多项。为进一步加强农村党员干部现代远程教育媒体资源库建设，提供稳定的片源，经省农村党员干部现代远程教育中心批准在我校建立多媒体课件制作站，我校积极筹措资金，改造了演播室，购置了部分摄录像设备，积极承担专家访谈类课件的制作工作，目前已完成8小时节目的摄制编辑。专家访谈、农事答疑300问也正在制作过程中。

（三）农民科技教育主体培训蓬勃开展

继续在山东电视台、山东人民广播电台开播《山东省农广校之窗》、《致富指南》栏目。全年共播出电视节目156集，广播节目184集。市、县分校在当地电视台也相继开播了农广校教育培训栏目，同时省市各级农广校均建立了收听热线，解答听众提出的问题，每天接到热线、来电来函几十条，收到了很好的效果，广播电视学校也真正名副其实。

《致富早班车》下乡进村活动在去年6县区100个行政村试点的基础上，今年又在8县市100多个行政村展开。同时配合农业部科技书屋建设，指导完成农民科技书屋建设200多个。

在四大作物科技提升行动中，省校配合科教处承担了农业部在兖州组织的“四个一”培训工程的启动仪式，积极组织和引导有关市县分校，严格按照“四个一”模式开展农民培训，8个示范县培养核心示范户8万户，辐射80万户。

作为新世纪青年农民培训工程省级教学基地，省农广校今年又完成了计算机操作员、农业信息员等近百人的培训任务，省校还组织部分县校探讨家政服务员的培训转移，全省20多所县级分校参与到这一工程实施中。各地还积极开展了绿色证书教育、科技下乡活动，据不完全统计全年全省农广校系统开展各类农民教育培训120多万人次，开展科技下乡活动200多次。

二、努力拓宽办学渠道，扎实有效地稳定学历教育招生规模

面对高校、高中不断扩招（双扩），成人招生不断下滑的局

面，全省农广校通过“走出去，请进来，多交流，同发展”等多种形式，不断更新办学人员思想观念，各级分校思想认识有突破、招生政策有突破、激励机制有突破、方法路子有突破，学历教育招生规模稳中有升。全年中专招生8 000多名。高等教育招生4 000多人。8个市分校完成大中专招生任务，全省农广校系统基本完成年初招生计划。

三、强化教学管理，确保农广校系统的教学培训质量

为加强全省农广校教学管理工作，确保农广校教学质量，自2003年起我们就提出了在全省开展教学质量管理年活动。根据教学质量管理年活动要求今年着重抓了以下几方面。

（一）开展教师评优，提高了教师素质

开展了以岗位练兵为核心的第五届全省农广校教师教学评优活动。本次教师教学评优活动，主要检验教师多媒体教学课件的制作和运用水平，全省农广校系统绝大部分专职教师和辅导教师参加了本届县级教师教学评优活动，经过逐级选拔，200多名教师参加了市（地）分校教师教学评优活动，37名教师参加了省校教师教学评优活动，被省农业厅授予教学能手。其中10名教师被中央校评为优秀教学能手，1名教师被中央校授予“十佳优秀教师”，总体成绩位列全国农广校系统前茅，得到了农业部和中央校的高度赞扬。

（二）强化教学管理，提高了农广校办学声誉

为全面加强学校教学管理，今年我们专门召开教学管理工作会议，交流经验、部署工作，提出要求；为加强考务工作，严肃考风考纪，省校和各级分校均从组织落实、责任落实、措施落实几个环节着手，组织考务工作；自去年起更新中专教材，今年全部启用新的教材，在组织措施上落实并保障了教学工作的顺利

进行。

（三）进行全面检查，促进教学工作

开展教学质量管理大检查是教学质量管理年的一项活动，是对整个教学质量管理年活动各项工作的大检阅，其结果将综合反映教学质量管理年一系列活动的效果。为此，省校组织了专门的评估检查组，本着“严格公正、真实有效”的总体要求，在各地自查的基础上，采取“听、查、议、评”等几种方式，分四个组分片对各市分校进行全面检查并抽查所属1~2个县级分校。在检查评比过程中，各级分校大兴求真务实之风，以检查促提高，根据检查内容，分门别类，提供备检材料，做到“硬件历历在目，软件有据可查”，真正通过检查评比，了解真实情况，评出信心干劲，促进教学工作。

四、积极争取有关部门支持，探索农广校新时期农民科技教育培训工作服务途径

（一）加强了农业远程教育网站建设

今年，在厅领导和有关处室的支持下，农业部投资支持省农广校建设农业远程教育网站。根据农业部项目建设要求，结合农民教育培训的实际需要，省校采取政府采购方式，投资20万元，采购了服务器、路由器等相关设备，申请宽带接入，不断加强农广校山东省农业远程网站建设。目前，病毒防护体系、数据备份体系、应急响应体系等已经建成，5大类、10小类、240多部专题片和农业实用技术片已经上传，网站已能实现流媒体点播、信息导航、邮箱功能、资料下载、网上答疑、讨论交流等功能。

（二）积极争取并实施农技推广项目

为实现农民教育培训与农业科技推广的有机结合，使农民科技教育培训针对性、目的性更强，农业科技项目推广力度更大、

速度更快，在中央农广校和省农业厅的重视支持下，省校承担了农业部优势农产品重大技术推广项目。目前在项目首席专家的指导下，在项目领导小组的统一组织下，小麦精量半精量播种、氮肥后移和高垄节水灌溉技术推广项目正在有条不紊地实施，实现了农广系统承担科技推广项目的新突破。

（三）加快多媒体课件制作步伐

运用现代传播媒体加快农业知识和技术的传播速度、扩大农业知识和农业科技的传播面积，是推动农业科技成果向现实生产力转化的有效途径。多媒体课件是现代传播媒体的有效承载形式。为此，今年我校积极参与投标，承担了农业影像出版社的制作项目。同时在省农业厅和省委组织部的重视支持下，作为省农村党员干部现代远程教育中心多媒体课件制作站承担了农村党员干部现代远程教育专家访谈类节目制作任务。

总结一年的工作，我们取得了可喜的成绩，得到了各级领导的好评，有这样几点体会：

一是农民教育培训工作要以科学的发展观为指导。坚持全面发展观，要立足农民综合素质的提高，把传统的学科（学历）教育与实用的技能培训结合起来，把教育培训与技术推广、科学普及、信息传播结合起来，把农民教育培训、农广校工作与促进农业科技进步、提高农民的自我发展能力结合起来；坚持协调发展，要立足不同时期的农业和农村经济工作的重点以及农业科教工作的整体要求，统筹学历教育与非学历培训，统筹农民科技培训、农村劳动力转移培训、农村党员干部现代远程教育和农村实用人才培养发展；坚持科学发展，要立足发挥现代教育技术或现代远程教育优势，积极探索工作的新机制、培训的新模式、手段的新突破，将传统的教育培训方式与现代的教育培训方式结合起来，使我们的工作更有针对性、更有实效性。

二是农广校在新时期的发展，必须尽快实现工作重心的转移。要解放思想，开阔眼界，对比差距，立足现实，面向未来，把工作放在农民教育培训的整体工作中把握，放在农业和农村工作的大局中把握，放在全面建设农村小康社会的步伐中把握，贴近政府、贴近农民、贴近市场。

三是农业远程教育事业的发展。加快实现从第一、第二代向第三代远程教育技术转变。我们在重视发展现代远程教育技术的同时，要重视发展运用文字教材、广播、电视媒体的作用，特别是大喇叭进村入户、VCD 光盘入户；在充分发挥传统教育媒体作用的同时，要紧紧跟上信息化的发展步伐，大力发展数字技术，发展互联网和卫星网的作用，构建“天网、地网、人网”三网合一的农业现代远程教育公共服务平台。

四是农民教育培训工作要以我为主，突出行业作用，与产业发展结合，要利用农广校熟悉农业、了解农村、贴近农民的优势，始终高举农民教育培训的大旗和农业远程教育的旗帜。要充分认识农民教育培训是长期的、艰巨的历史性任务，是农业和农村的基础性工作，需要全社会的关注，需要争取各行业的支持和多方面的帮助。在农业系统内部要进一步整合资源，充分发挥各类教育培训机构的作用，创新培训模式，创新管理模式、创新运行模式，建立公平公正公开的新的投资、竞争、评估体制。

2005 年，各级农民科技教育培训中心和全省农业广播电视学校系统要以“三个代表”重要思想为指导，进一步树立和落实以人为本和统筹协调的科学发展观，认真贯彻落实中央和省委 1 号文件精神，根据中央农村工作会议和全国全省农业工作会议的部署和农业科教工作的总体安排，围绕实现粮食稳定增产和农民持续增收这个“三农”工作的中心任务，按照“抓住机遇、拓展空间，推进改革、责任到人，分类指导、典型引路，强身健体、提升能力”的要求，以教育培训能力建设为核心，加快建立天网（广播、电视、卫星网络）、地网（教育培训基地、互联网络)、人网（办学队伍、组织网络）三网合一，教育培训、科学普及、推广服务和信息传播多功能一体化的农业现代远程教育公共服务平台，努力构建适应农民需求和市场需要的新型农民教育培训体系；充分发挥远程教育的优势，在建立农业科技入户、农民教育培训和农村实用人才培养长效机制、创新方法路径和扩大效果效益上下功夫，把现代传播手段和传统培训方式有机结合，大面积普及农业先进实用技术，大范围开展农民主体培训，大规模培养农村实用人才和转移就业技能型人才，依靠教育培训提高农民的自我发展能力。

要紧紧围绕“一个中心”（农民科技教育培训)、“三条主线”(基础条件建设、教育培训规模与水平、农民科技教育培训体系)，主要做好以下四方面的工作。

一是抢抓机遇，完善基础建设，提高服务功能。

当前农广校相对薄弱的办学条件，已经成为制约农广校发展的重要因素。为此，农广校系统必须通过各种方式，采取多种途径，加强基础设施建设。省农广校的建设重点将继续放在农业远程教育网站的建设与开发上，并积极争取资金，更新现有设备，提高多媒体课件制作水平和能力。各级分校要充分利用目前有利的社会大环境，尽快提升农广校的办学实力。要积极争取各级党委政府的支持，统筹规划，合理布局，强化各级农村科技教育培训中心建设，切实加强农广校培训基地建设，促使服务于农民科技教育培训的农广校这一主渠道早日实现“五级办学网络化、办学场所基地化、教学手段现代化、教学服务多样化、教学班建设标准化”的“五化”建设目标。

二是发挥优势，全面深入开展农民科技教育培训工作。

积极参与并组织实施“阳光工程”，扎实规范地完成培训转移任务；进一步加强农村劳动力转移引导性培训，继续搭建平台，为农广校与用工单位提供面对面的交流机会，促进农村劳动力有组织有秩序的转移；建立和不断完善有关制度，促使农村劳动力转移培训工作进一步科学化、规范划；争取多方投入，逐步完成农村富余劳动力资源库、岗位培训媒体资源库、城镇用工信息库和就业跟踪资料库建设；结合实际适当开发转移就业第二、第三产业岗位培训课程，开展转移就业培训服务工作。

继续发挥农广校远程优势，利用山东电视台、山东人民广播电台播出的《山东省农广校之窗》、《致富指南》栏目，高速度、大面积传播农业科技知识。

积极配合农村党员干部现代远程教育试点工作，争取与有关部门联合发文，参与农村站点管理员的系统培训。

主动参与并承担新型农民教育培训工程、新世纪青年农民科技培训工程和绿色证书工程培训项目，大力开展科技下乡、结对子扶贫帮困和“致富早班车”节目下乡进村以及“四个一”培训活动，全力配合农业部农业科技进村入户工程的实施和省里的农民科技教育培训工作，开动农民科技教育培训大篷车，建设农村科技书屋和音像图书资料室，力争开展农民培训 100 万人次，培养“觉悟高、有知识、懂科技、会管理、善经营”的新型骨干农民 10 万人，为农民学科技用科技、发家致富奔小康架起桥梁和纽带。

继续设立农民科技教育培训工作创新奖，寻求农民科技教育培训的新途径。

做好优势农产品重大技术推广示范项目实施工作，实现农民科技教育培训与农业科技推广有机结合，探索农业科技服务新模式。切实发挥农广校（农村科技教育培训中心）的主渠道作用，真正把农民科技教育培训这项基础性、公益性事业做好。

三是开拓创新，千方百计稳定学历教育招生规模。

高中等教育，在办学形式上，通过联合办学，尤其是通过配合农村党员干部现代远程教育试点工作及农业部即将出台的

“111 计划”，拓宽招生路子；在招生措施上，通过强化竞争激励机制，调动办学人员的主动性、积极性和创造性；在教学管理上，通过教育教学改革，增强学校的吸引力，确保完成招生任务。

四是凝聚体系，规范办学管理，创新教育培训模式。

加大宣传工作力度，努力营造一个有利于农广校加快发展的社会环境。在全体系内树立“体系至上、质量第一、创新发展”的观念和意识。体系内通过开好校长研讨会、加强办学工作调查研究、倾听基层意见建议等工作，提高凝聚力、战斗力，提高办学质量，探索新的模式。

各级农广校的校长是统领一方的带头人，要一手抓好事业，一手带好队伍，使我们承担的任务与我们完成任务的能力相匹配，使人才的成长与成长过程的磨练相匹配，使收入的分配与创造的业绩相匹配，使群众的承认与所做的贡献相匹配。面对新的形势和新的任务，全体系办学人员必须焕发精神，增强责任感、使命感，带着热情做工作，带着感情干事业，使各级农广校真正成为农民教育培训的主阵地和骨干力量。

（此文为 2005 年 1 月 21 日在全省农广校办学工作总结表彰大会上的讲话）

规范办学管理
促进招生等各项工作的全面开展

今年以来，在各级党委政府和主管部门的重视支持下，山东省各级分校和广大办学人员认真贯彻落实中央、省委1号文件精神，按照省校1号文件要求，紧紧围绕农民科技教育培训这一中心任务，做了大量的工作，取得了明显成效。下面我简要总结一下上半年的工作，并就下半年招生办学工作谈几点意见。

一、坚持两手抓，两手都要硬，上半年在开展保持共产党员先进性教育活动和业务工作中实现了“两不误、两促进、双丰收”的目标

（一）以实施农业科技入户工程开展测土配方施肥技术培训为抓手，大力推进农民科技培训工作

根据农业部和中央校安排，今年上半年省校组织实施了优势农产品重大技术示范推广项目，积极组织部分分校完成了科技直通车项目、卫星小站建设项目以及生态家园富民项目的申报工作。按照农业部、中央校和省农业厅关于农业科技入户和测土配方施肥工作的意见和要求，省校迅速制定下发了鲁农广校字［2005］19号文件《关于配合开展测土配方施肥技术培训工作的通知》，要求各级分校提高对开展农业科技入户和测土配方施肥工作重要性的认识，与有关部门密切配合，积极主动有针对性地

开展农民培训工作。

为充分发挥远程教育优势做好农业科技入户和测土配方施肥技术培训工作，省校及时向农业影像出版社订购了测土配方施肥技术音像资料，在省电视台农科频道《山东农广校之窗》和山东人民广播电台乡村综合频道《致富指南》节目先后16次播放测土配方施肥技术节目。即墨市等分校也在当地电视台开辟《测土配方施肥》专题栏目，举办科技讲座。为方便基层分校教师培训和农民学习，省校又向中央校订购了1 200册《测土配方施肥技术专刊》和测土配方施肥技术音像资料720盘（盒），印制了2万份《测土配方施肥技术》科技明白纸等宣传材料，免费发放到全省142所分校。烟台、青岛等市分校积极行动起来，迅速组织农广校教师深入到农村，开展培训，直接把测土配方施肥技术送到千家万户、田间地头。临沂市分校还与土肥站、山东红日阿康化工股份有限公司联合，发挥各自的优势，开展了“测土配方施肥技术培训服务‘3+1’行动”，为当地农民提供了测土配方、肥料供应、技术培训一条龙服务，深受农民欢迎，收到了很好的社会效益和经济效益。

据统计，全省各级农广校共组织测土配方施肥专题技术宣讲培训623场次，电台电视台等媒体播放时间共计2 160分钟，组织技术人员下乡3215人次，发放技术资料20.5万份，实际培训农民167 245人，农业科技入户和测土配方施肥技术培训工作取得了阶段性的成果。

（二）以承担阳光工程转移培训任务为契机，大力推进农村劳动力转移培训工作

2005年，全省农广校系统近百个分校承担着全省阳光工程45%以上的培训转移任务，超过10万人。作为承担阳光工程培训转移任务的主要培训机构，农广校系统自年初起，就从条件建设、宣传发动、信息服务等方面入手，积极推动农村劳动力转移

培训工作。

为配合省阳光工程办公室做好阳光工程培训转移工作，省校主动承担了全省阳光工程信息管理工作，并向全省各地免费发放阳光工程引导性培训培训教材12万册。为广泛宣传阳光工程有关政策，改变农民就业观念，为农民提供企业用工信息，莱阳分校通过莱阳电视台《图文影视》栏目打广告，并印制了近万份阳光工程宣传材料和一大批年历，下乡分发给广大的农民；招远分校先后与鲁花食品、恒润公司、龙庆服装、张星镇20家石材厂、5家建筑公司、招远玲珑橡胶厂等单位进行用工联系，签订用工合同3 000份，并下乡20多次，赶集13次，发放招工简章4万份；为进一步规范农村劳动力转移培训工作，临沂市分校积极争取临沂市政府下发了《关于进一步加强农村劳动力转移培训工作的通知》，从培训发证、招工转移、跟踪服务等方面都提出了明确要求。上半年，全省农广校系统已开展农村劳动力转移引导性培训18.6万人次，技能性培训7.3万人，实现转移6.7万人。

（三）以加强联合办学拓宽办学渠道为突破口，大力推进农广校学历教育招生工作

面对高校、高中不断扩招（双扩），成人招生不断下滑的局面，全省农广校各级分校和办学人员思想认识有突破、招生政策有突破、激励机制有突破、方法路子有突破，学历教育招生工作正在有条不紊地进行。高等教育除继续做好省委党校、山农大推荐生、本科层次专业证书班、省电大开放教育和中专后继续教育的招生工作外，今年省校还与山东大学、山东农业大学、曲阜师范大学3所高校分别签订了联合招收成人高考生的办学协议，与山东大学鉴订了举办网络教育的办学协议，为高等教育招生工作又开辟了新的渠道。

为进一步加强全省农广校中高等教育专招生工作，目前，省

校已就承担终端接收站点管理人员教育培训工作向省农村党员干部现代远程教育中心提交了申请报告，计划分批分期对全省终端接收站点管理人员开展不同层次的教育培训。另外，中央校提出的农业实用人才培养“111”工程，也将于8月中旬前进行全面部署。

（四）把配合做好农村党员干部现代远程教育工作作为一项政治任务，积极主动抓出成效

今年已来，按照省农村党员干部现代远程教育中心的要求，农广校把切实配合做好农村党员干部现代远程教育工作作为重大政治任务，积极承担媒体资源制作任务，丰富了农村党员干部现代远程教育教学内容；积极协助开展管理人员培训，加强了终端接收站点设施设备的管理和维护；积极参与教学辅导工作，提高了农村党员干部现代远程教育教学质量。

作为山东省农村党员干部现代远程教育教学资源建设主要工作站之一，为切实加强多媒体教学资源编制工作的组织领导，持续不断地为省农村党员干部现代远程教育中心提供新的教学资源，成立了省农业厅庄文忠副厅长任主任委员、厅人事处和省农广校主要领导任副主任委员、各协作单位主要负责人、主编、编审任委员的多媒体教学资源编制工作委员会，统一组织，集中力量，进行多媒体教学资源编制工作。今年以来，在多媒体教学资源编制工作委员会的统一领导下，在厅人事处的积极协调下，在各协作单位密切配合下，按照精心组织、周密策划、打造精品的原则，农广校多媒体教学资源制作工作稳步扎实推进。农广校计算机多媒体课件制作中心组已完成首批13个报批选题的制作任务，第二批49个报批选题正在制作过程中。完成了《农事答疑300问》、《专家访谈》、《农业实用技术》、《农村劳动力转移就业技能》等系列片22集471分钟的制作任务。近期报批的《阳光政策进农家》（10集）、《可持续发展农业实用技术》（92

集)、《2005 年山东省重大农业技术》(28 集) 三个系列片,正在进行前期策划。按照全省农村党员干部现代远程教育终端接收站点建设要在“管和用”上下功夫的工作要求,临沂市分校、招远市分校等部分分校受当地农村党员干部现代远程教育中心委托,已经分期分批培训乡镇、村级终端接收站点管理人员 3 000 多人。提高了当地乡村终端接收站点管理人员的技能和水平,加强了终端接收站点设施设备的管理和维护,提高了终端接收站点设施设备的利用效率。按照全省农村党员干部现代远程教育中心确定的“各级试点办要依托各级农广校(农民科技培训基地)建立教学辅导站点,承担辅导教师的集中备课、培训,以及对骨干农村党员干部开展重点教育”的工作要求,部分分校已经建立了农村党员干部现代远程教育教学辅导中心,积极参与农村党员干部现代远程教育教学计划、教学大纲、教学辅导方案的制定和编写,并深入乡、村、站、点,开展教学辅导。据统计,烟台、临沂、威海等分校先后开展辅导教学近百次,培训党员干部群众 26 200 多人次,确保了农村党员干部现代远程教育教学质量。

前一阶段,省农业厅庄文忠副厅长和有关处室同志陪同省试点办曲主任专程到农业部向负责山东的联络员尹成杰常务副部长作了专题汇报。近期,农业部将在山东召开 12 个试点省的专门的座谈会议,专题研究如何配合组织部门做好这项工作。

(五)深入开展保持共产党员先进性教育活动,提高广大党员综合素质,不断加强和改进农广校工作作风

按照中央、省委和省农业厅党组有关文件和上级领导讲话精神,为加强农广校保持共产党员先进性教育活动的组织领导,省校下发了鲁农广校字[2005]5 号文件《山东省农业广播电视学校关于做好保持共产党员先进性教育活动的意见》,成立了专门工作机构,分工明确,专人负责,对工作进行详细安排、精心部

署。全体党员做到了认识到位、行动到位、目标到位。

为方便每位党员学习，我校根据保持共产党员先进性教育活动学习阶段需要，汇集了有关文件、有关会议精神、有关领导讲话，编印了一本保持共产党员先进性教育活动学习资料，发至我校全体党员，人手一册，供每位党员学习使用。为深入理解学习内容，巩固提高学习效果，学习期间我们开展电视讲座 2 讲 4 个学时，聘请省委党校刘贵丰教授来我校开展了《关于学习“三个代表”重要思想的几个问题》、《关于加强党的执政能力的决定》两个专题讲座，并组织全体党员多次开展学习心得体会交流。通过集中强化学习，省校全体党员思想政治素质均有明显提高。

为使支部班子和每位党员自我剖析的更为深刻、找准努力方向，省校在全体党员干部群众中广泛开展批评与自我批评，并向农广校系统广泛征求意见，在此，我代表省校领导班子和全体党员诚恳地接受你们的意见，并对你们认真负责的态度和直言不讳的表现，表示由衷的敬佩和衷心的感谢！针对提出的 5 个方面 41 条意见，我们深刻剖析了原因，并制定了具体措施，从以下几个方面进行整改。一是制定学习计划，使政治和业务学习经常化、制度化，不断提高分析问题和解决问题的能力、综合协调能力、语言和文字表达能力、依法治政和廉洁自律能力；二是修订和完善《山东省农广校工作管理制度》，规范农广校内部管理，不断提高省校的服务水平很能力；三是加强调查研究，开展考察学习，研究分析当前农民教育、成人教育、远程教育、职业教育面临的形势，明确目标任务，理出新的思路，拿出具体措施，不断推动农广校的发展；四是坚持民主集中制原则，采取多种形式，广开言路，倾听基层分校和广大办学人员的意见和建议，以人为本，营造和谐的工作环境；五是积极争取有关部门支持，尽可能地为农广校办学人员解决一些实际问题，为广大职工工作生活提供必要的条件。

二、统一思想，强化措施，千方百计完成中高等教育招生工作

各级分校要从维护体系的角度，认识和把握今年的招生工作。招生工作是办学的重中之重，为解决招生难的问题，今年以来，中央校和省校通过积极争取有关部门支持，主动与有关中高等院校协商，已经为全省农广校招生工作出台了一些新的政策，开辟了一些新的渠道。目前，高等教育部分招生工作已经完成，下半年招生工作的重点和难点将主要集中在中专和成人高考招生上。

中专招生不能等靠。在招生渠道上，要强化联合办学，除继续加强与当地驻军、属地监狱等部门行业联合办学外，当前，尤其要抓住农村党员干部现代远程教育在全省全面铺开这一机遇，主动争取当地组织部门和各级农村党员干部现代远程教育中心支持，积极开展部分终端接收站点管理人员和农村党员干部中等教育；在专业设置上，要更加灵活，主动适应当地成人教育的需求，开设特色专业，提高农广校吸引力。另外，还要积极探索农村劳动力转移职业技能培训与中等学历教育的结合以及中专招生与部分高等教育招生的结合，广开中专招生门路。特别是要抓住实施农村实用人才培养“111”工程的契机，落实好中专招生任务。

成人高考要上下统一。今年省校在广泛听取各地意见的基础上，经过充分研究论证，多次讨论协商，与山东农业大学、山东大学、曲阜师范大学、莱阳农学院4所院校签定了办学协议，基本满足了各级分校和求学人员对报考学校、专业、学制学习形式、收费等各方面的要求。这样，各级分校把所招成人高考学员统一报名注册到与省校鉴定办学协议的这四所院校，既不会增加

招生难度，影响招生规模，也不会降低经济效益，影响经济收入。为此，省校要求今后各级分校要从增强体系凝聚力，提高体系竞争力的高度，严格按照整个体系统分结合、分级管理的办学体制，上下统一、分工协作的办学要求，维护体系利益，不得再直接与高校联系办学事宜。今后对那些不按要求、自行其是、甚至破坏体系整体性的分校，省校将在今后安排培训推广项目、分配表彰奖励名额等方面体现出来。

招生工作关系全省农广校的生存和发展。为此，各级分校要强化领导责任意识，进一步落实招生工作一把手负责制，要加强对招生工作的组织领导，详细部署、精心组织、加强调度，要实行竞争激励机制，调动县级分校和办学人员的主动性、积极性和创造性，群策群力，确保完成招生任务。

三、抓住机遇，完善功能，扎实推进下半年的工作

（一）完善基础建设，提高农广校服务功能

当前农广校相对薄弱的办学条件，已经成为制约农广校发展的重要因素。为此，农广校系统必须通过各种方式，采取多种途径，加强基础设施建设。今年省农广校的建设重点将继续放在农业远程教育网站的建设与开发上，并积极争取资金，更新现有设备，提高多媒体课件制作水平和能力。各级分校要充分利用目前有利的社会大环境，尽快提升农广校的办学实力。同时积极争取各级党委政府的支持，统筹规划，合理布局，强化各级农村科技教育培训中心建设，切实加强农广校培训基地建设，促使服务于农民科技教育培训的农广校这一主渠道早日实现“五级办学网络化、办学场所基地化、教学手段现代化、教学服务多样化、教学班建设标准化”的“五化”建设目标。

（二）规范操作，圆满完成阳光工程培训转移任务

去年阳光工程转移培训工作中发生的“曹县事件”，应该为今年承担阳光工程培训转移任务的分校敲响警钟。为此，要求今年承担任务的分校一定严格按照上级有关文件和管理办法要求，认真开展培训转移。要大力开展引导性培训，把阳光工程有关政策和农村劳动力转移基本常识宣传到广大农村千家万户；要不断加强培训基地和教师队伍建设，为农村劳动力职业技能训练提供必要的场所和师资，确保培训质量；要积极与用工单位签订用工协议，开展订单式培训，力争培训已转移一个；要积极成立职业中介机构，搭建平台，为农村劳动力与用工单位提供面对面的交流机会，加强农村劳动力转移服务；要按照“七个一”要求，高质量开展农村劳动力培训转移工作，打造农广校品牌；要注意总结经验，及时向省校汇报当地工作情况，加强各地间的了解和交流。有条件的地方还要争取多方投入，逐步完成农村富余劳动力资源库、城镇用工信息库和就业跟踪资料库建设，并结合实际开发转移就业第二、第三产业岗位培训课程，为农村劳动力提供更为全面地转移就业培训服务。

（三）发挥优势，全面深入开展农民科技教育培训工作

省校将继续利用山东电视台、山东人民广播电台播出的《山东省农广校之窗》、《致富指南》栏目，高速度、大面积传播农业科技知识；各级分校要主动参与并承担新型农民教育培训工程、农业部科技进村入户工程和测土配方施肥工作，结合当地农业和农村经济结构调整，主动切入当地党委政府的农业和农村经济社会中心工作，大力开展绿色证书培训、送科技下乡和“致富早班车”节目下乡进村活动，开动农民科技教育培训大篷车，建设农村科技书屋和音像图书资料室，全省农广校系统力争实现培训农民100万人次，培养“觉悟高、有知识、懂科技、会管

理、善经营”的新型骨干农民10万人的目标任务，真正把农民科技教育培训这项基础性、公益性事业做好。

（四）凝聚体系，规范办学管理，创新教育培训模式

2005年下半年，全省农广校系统将通过组织研讨会，开展考察学习，加强交流，加强沟通，加强理解，达成共识，凝聚体系力量；通过继续开展农民科技教育培训工作创新奖评选，寻求农民科技教育培训的新途径、新模式；通过开展保持共产党员先进行教育活动，抓教师学习，促素质提高，抓制度落实，促内部管理，逐步实现办学工作的制度化、规范化、科学化，最终在全体系内树立“体系至上、科学规范、创新发展”的观念和意识。

（五）早作布置，全方位做好校庆筹备工作

2006年是山东省农广校建校25周年，举办校庆是加强农广校宣传的一次重大机会。为此，各级分校要按照鲁农广校［2005］26号文件要求，结合当地实际，做好校庆筹备工作。要认真细致、实事求是地做好农广校基本情况调查统计工作，要把各级分校、广大教师和毕业学员的典型经验总结好，宣传好，要把“农广情怀”演讲比赛组织好，要采取制作电视专题片、组织图片展、召开专题会等多种形式，宣传农广校办学25年来的成就，努力营造一个有利于农广校加快发展的社会环境。

（此文为2005年7月19日在全省农广校招生工作会议上的讲话）

认真总结　科学谋划
再创“十一五”期间的事业辉煌

今天，我们在这里召开全山东农广校校长会议，主要是总结2005年的工作情况，表彰先进集体和个人，研究部署2006年的办学工作。刚才，对去年的先进集体和个人进行了表彰，庄文出副厅长作了重要讲话，下面我谈几点想法，供参考。

一、“十五”期间山东省农广校发展回顾

（一）以服务农村经济社会发展为目标，培养了大批农村实用人才

“十五”期间，山东省农广校年平均组织教师开展科技下乡活动500多场次，举办各类农业职业教育培训班1 000多次，培训农民40万人次；先后在全省116个县开展了以实用技术为主要内容的绿色证书教育，培训35万人；在全省87个县组织实施了以提高综合素质为目的的跨世纪青年农民培训工程，共培训青年农民近30万人；开展了粮食生产关键技术“四个一”农民科技培训，培训种粮大户8.3万户；实施了农业部优势农产品重大技术示范推广项目，培训专业农户2.3万户；在济南、烟台、临沂、青岛、淄博建立了5个农业行业职业技能鉴定站，对1.8万人进行了职业技能培训和考核鉴定。自2004年实施农村劳动力转移培训阳光工程以来，全省农广校系统109个分校承担并完成

了全省阳光工程40%的培训转移任务，达15.75万人。5年来，农广校累计招收中专生5.1万人，毕业4.9万人，合作高等教育培养4.6万人。广大农广校毕业学员扎根农村，学农务农，均不同程度地发挥了所学专长，成为所在行业和岗位的有用之材，为促进农业农村经济可持续发展、建设社会主义和谐农村、实现小康社会作出了积极的贡献。

（二）以满足农民教育培训需求为目标，提高了农广校服务能力

通过争取农业部和省发改委项目资金50万元，建设并开通山东省农业现代远程网站；每年自筹资金20万元，在山东人民广播电台和山东电视台开播《致富指南》和《山东农广校之窗》栏目，目前，省、市、县三级电台、电视台每年播出农广校教育培训节目800多个小时；5年来，依托农广校建立了100多个农民科技教育培训中心，全省农广校系统再建多媒体教室30多个、培训基地68处、农民科技书屋500多个，编制农民教育培训电视片82集2 500分钟、录音节目450分钟、计算机多媒体课件62个，编印农民教育培训文字教材近百种、《农村远教》杂志42期，在14县区200多个行政村开展了《致富早班车》下乡进村活动。我省农广校形式多样教育培训传播途径，种类齐全的教学资源基本满足了农民教育的需求，农村现代远程教育公共服务平台建设已具雏形。

（三）以确保农民教育培训质量为目标，规范了农广校管理工作

“十五”期间，按照“规范管理秩序、落实教学环节”的要求，我省农广校制定了一整套行之有效的管理制度和科学合理的督导制度，编印了《山东省农业广播电视学校教学管理工作手册》，建立了科学的农民教育培训质量标准和评估指标体系，开

展了教学质量大检查，实现了“六统一”，即统一专业课程设置、统一教学计划、统一教学辅导大纲、统一教学媒体资源、统一教学进度、统一考试考核，形成了完备的组织管理和辅导教学体系，确保了教育培训质量。

二、2005 年的主要工作

（一）以工程项目为抓手，大力开展农民科技教育培训工作

一是主动承担了新型农民科技培训工作。按照 2005 年新型农民科技培训工作意见，省农广校制定了实施方案，承担了小麦节本增效关键生产技术、冬季农业生产技术 20 项 40 集电视片的编制工作，拟为 125 个县发放了 2 846盘实用技术光碟或电视台专用播出带；编印了《小麦主导品种与主推技术》、《冬季农业生产技术手册》等 4 本新型农民科技培训文字教材，承担了项目县农民培训教材和农民科技书屋教育培训资料的征订发行工作，并积极组织 2005 年新型农民科技培训工作项目县的农广校专兼职教师深入农村，对核心农户进行技术培训和指导。

二是积极参与农村劳动力转移培训阳光工程。2005 年全省农广校系统 109 个分校承担了全省阳光工程 40% 以上的培训转移任务，达 9.75 万人。为加强农村劳动力转移引导性培训，在科教处、财务处的争取支持下，省财政拿出专门资金，由农广校负责向全省 109 个阳光工程项目县免费印发《农民务工培训读本》25 万册。同时省农广校还主动配合厅科教处深入开展调研，制定下发文件，组织举办阳光工程管理人员培训班，召开阳光工程工作会议，并配合省阳光工程办公室先后两次赴全省各地检查督导阳光工程工作。

三是全面普及测土配方施肥技术和禽流感防控知识。按照中央校和省农业厅关于做好测土配方施肥工作和防控高致病性禽流

感工作的意见和要求，省农广校及时制定下发了《关于配合开展测土配方施肥技术培训工作的通知》和《关于做好有关高致病性禽流感防控工作的紧急通知》，积极发挥农广校体系办学、远程教育的优势，动员和组织全省农广校系统开展测土配方施肥技术培训工作，向广大农民宣传普及高致病性禽流感传播特点和防控知识。

据统计，省农广校向各市、县（市、区）分校免费发放测土配方施肥技术音像资料720盘（盒）、有关高致病性禽流感预防与控制的电视节目和广播节目200套；农民科技培训杂志《测土配方施肥技术专刊》和《防控高致病性禽流感特刊》2 000册、《农业广播电视教育报》高致病性禽流感防治科普知识问答专版800份以及测土配方施肥技术明白纸2万张；在省电台、电视台和部分市县电台、电视台播放专题讲座共计3 660分钟；组织农广校系统教师和农技推广人员下乡进村开展测土配方施肥和高致病性禽流感防控专题技术宣讲培训1 000多场次，发放技术资料30.5万份，实际培训农民267 200多人。

四是不断探索农民教育培训的新途径。积极争取并组织实施了2005年农业部优势农产品重大技术示范推广项目，探索培训和推广的结合机制，培训核心农户6 000多户，完成了农业部的项目目标；争取中央农广校科技培训直通车项目，为山东省基层9所农广校争取配备了科技直通车；在14所市或县分校配套建设了双向接收卫星小站；向2个县20村赠送了生态家园富民技术VCD光盘32套、录音带272套；向4个县10个村赠送宣传部农村文化建设1 000张VCD光盘、2 000册图书；致富早班车进村入户活动再扩大10个县100个村，赠送音像资料3 000套。

（二）以加强媒体资源建设为重点，全力配合做好农村党员干部现代远程教育工作

作为山东省农村党员干部现代远程教育教学资源建设主要工

作站之一，按照精心组织、周密策划、打造精品的原则，制作多媒体教学资源已完成13个选题，第二批49个选题也已基本制作完成。电视片制作中心组也成功策划报批了《2005年山东省重大农业技术》、《可持续发展农业实用技术》、《阳光政策进农家》、《山东农业产业化发展之路》等四个系列片，共计60集1 800分钟的制作任务，目前采编制作工作正在紧张进行。

农广校系统还分期分批培训乡镇、村级终端接收站点管理人员3 000多人；按照全省农村党员干部现代远程教育中心确定的“各级试点办要依托各级农广校（农民科技培训基地）建立教学辅导站点，承担辅导教师的集中备课、培训，以及对骨干农村党员干部开展重点教育”的工作要求，先后组织开展辅导教学近千次，培训党员干部群众36 000多人次。部分基层校还争取组织部门的支持，配备了农村党员干部现代远程教育终端接收站点的设备。

2005年9月，按照全国农村党员干部现代远程教育领导协调小组办公室的要求，省校还全力协助厅人事处和省党员干部现代远程教育中心，圆满完成了农业部农村党员干部现代远程教育试点工作调研组赴山东的调研工作。

（三）以联合为突破口、以管理为切入点，稳定农广校的办学规模

面对高校、高中不断扩招（双扩），成人招生不断下滑的局面，全省农广校各级分校加大了联合招生的力度，积极承担农村基层干部、农村党员干部现代远程教育终端接收站点管理人员、军地两用人才、农村实用人才、服刑人员农业职业教育等，完成中专招生近7 000人。高等教育除继续开展省委党校成人业余函授本专科教育、专业证书本科教育、中专后继续教育、推荐农广校优秀毕业生进入成人高等院校学习外，与山东农业大学、山东大学、曲阜师范大学、莱阳农学院四所院校签订了合作办学协

议，继续拓宽招生渠道，尽量满足各级分校和求学人员对报考学校、专业、学制学习形式、收费等各方面的要求。同时强化体系办学意识，要求各级分校从增强体系凝聚力，维护体系利益，提高体系竞争力的高度，按照“四统一”的办学要求，开展高等教育招生工作，全年招生8 000多人。

按照“规范中等教育管理秩序、落实高等教育教学环节”的原则，省农广校下发了文件、召开了专门会议，对中等教育的各个教学环节作了明确的规定，中等农业教育实行了自开专业申报审批制度，毕业生实现了网上查询和证书认证。高等教育教学管理工作在落实辅导教学、考务管理、论文答辩等教学环节上下功夫，全年组织有关联合办学单位、省校教学管理人员60多人次分赴各地开展巡考、监考工作，考务工作井然有序；与山东农业大学农民学院联合赴章丘、平度市分校开展了辅导课观摩，对有关市分校学员毕业论文答辩工作进行了检查督导。

为方便农广校办学人员学规章、用规章，进一步规范教学管理工作，省校编印了《山东省农业广播电视学校教学管理工作手册》，作为日常教学管理工作的工具书，分发农广校广大办学人员，规范教学管理工作。

总结一年来的工作，应当说取得了一定的成绩，得到了领导的好评。中央校中心组于6月赴山东临沂考察学习，对山东的工作给予高度评价。山东省农广校也先后被教育部、财政部、人事部等七部门授予“全国职业教育先进单位”称号，被中央农广校领导小组授予“全国农业科技教育先进集体”，被中央校评为“农村劳动力转移培训先进单位”、“宣传发行工作先进单位”等。但是，工作中也还存在不少的问题：一是硬件建设远远不能适应农民科技教育培训的要求；二是教职员工的能力和水平与学校的发展不适应；三是大中专招生形势不容乐观。

三、"十一五"期间山东省农广校发展规划

根据《山东省农业农村经济发展"十一五"规划纲要》中提出的1 600万农民教育培训任务要求，"十一五"期间山东省农广校将以"三个代表"重要思想和科学发展观为指导，以培养新农民、服务新农村，全面建设农村小康社会为目标，以加快农村实用人才培养和加强农广校教育培训能力建设为基本任务，转变农民教育的发展观念，创新农民教育的发展模式，提高农民教育的发展质量，重点做好以下四个方面的工作：

（一）加大农民科技教育培训力度，培养农村实用人才

一是以普及农业科技知识为重点，通过开动科技培训直通车、建设农民科技书屋、开展科技下乡和致富早班车进村入户活动等，有组织的开展农业实用技术培训1 000万人次。

二是以培养骨干农民为重点，通过实施农村远程教育工程、农业科技入户示范工程、新型农民科技培训工程、绿色证书工程等，培养新型农民85万人。

三是以培养技能型人才为重点，通过实施农村劳动力转移培训"阳光工程"，对拟向非农产业和城镇转移的500万农村劳动力开展引导性培训，并对其中的150万人开展第二、第三产业技能培训。

四是以培养农村中高等实用人才为重点，通过实施农业部农业实用人才培养"百万中专生计划"和配合开展农村党员干部现代远程教育试点工作以及举办合作高等教育，培养农村中高等职业技术和管理人才15万人，为社会主义新农村建设培养"十大员"，即农村发展领航员（农村经济和社会发展带头人）、农村集体财产管理员（农村保管、会计员）、农村医疗卫生员、农村计划生育员、农业技术（种养加）指导员、农村电力操作员、

农业信息管理员、农村经济管理员（农村经纪人）、农业机械维修员、农业生态建设和农村环境保护员。

（二）加强农民教育培训条件建设，提高农广校服务功能

一是远教平台建设。扩建“山东省农村远程教育网”、开通各市“农村远程教育网”、新建具有双向交互功能的卫星远程教育网络县级远端站点和多媒体教室以及利用农村党员干部现代远程教育终端接收站点，构建现代数字化远程教育网络平台。

二是示范基地建设。依托现有基础好的各类农民科技教育培训基地，在全省规范建设100个集培训、试验、示范、推广、服务于一体的设施功能比较齐全的新农村、新农民科技教育培训示范基地。

三是教学资源建设。以加强农民科技文化素质、职业技能水平、生态环境意识、民主法制意识等方面的教学资源建设为重点，每年编制1 500分钟的影视和150万字的文字教育培训资料。

四是服务队伍建设。制定实施《全省农广校教师继续教育五年规划》，建立能上能下的用人机制，建设一支既具有教育教学能力，又具有实践技能和指导能力的教育培训和技术指导队伍。

（三）完善农民科技教育培训体系，发挥农广校辐射带动能力

利用农业广播电视学校业已形成的网络体系，有效整合现有各类农业农村教育培训资源，建立并完善以省农村科技教育培训中心为龙头，以各级农民（村）科技教育培训中心为骨干，以中高等农业院校、科研院所和农业技术推广机构为依托，以企业与民间科技服务组织为补充，以县、乡、村农业技术推广服务体系和各类培训机构为基础的全省农民科技教育培训体系。重点加强省农村科技教育培训中心和县、乡农民科技教育培训基地的建

设。选择农民科技教育培训工作基础较好的50个县级分校进行示范。

（四）建立农民科技教育培训长效机制，确保农广校平稳顺利发展

积极争取党委政府支持，逐步建立有效的农民科技教育培训工作组织领导机制、多元化投入机制、绩效评估机制、竞争激励机制、改革与创新发展机制等，形成政府统筹协调、农业部门牵头、相关部门配合、社会广泛参与、中心负责实施的新型农民科技教育培训运行机制。

四、2006年山东省农广校的工作思路和工作重点

2006年，山东省农广校的工作思路是：紧紧围绕“培养新农民，建设新农村”这一中心，突出“基础条件建设、农民科技教育培训”两个重点，重点做好以下四个方面的工作。

（一）完善基础建设，提高学校服务水平

农广校薄弱的办学条件已成为制约农广校发展的重要因素。全系统拟通过积极争取领导支持等多种措施和途径，加强基础设施建设。建设重点将放在山东省农村科技教育培训中心基本条件建设和农村现代远程教育设备更新上，同时关心指导各级分校充分利用当前有利的社会环境，积极争取各级党委政府和有关部门的重视支持，强化各级农村（民）科技教育培训中心建设，提升农广校的办学实力，以满足农民职业教育培训工作的需求。

（二）发挥自身优势，开展农民科技培训

农民科技教育培训是一项基础性、公益性事业。省校将继续利用山东电视台、山东人民广播电台农广校专栏和山东省农业远程教育网站，高速度、大面积传播农业科技知识。全省农广校系统将充分发挥体系网络优势，积极承担新型农民教育培训工程、

农村劳动力转移培训阳光工程，主动参与农业进村入户和测土配方施肥技术培训工作，同时结合各地农业和农村经济结构调整，主动切入当地党委政府的农业和农村经济社会中心工作，大力开展绿色证书培训、送科技下乡和“致富早班车”节目下乡进村活动，开动农民科技教育培训大篷车，建设农广校农村科技书屋和音像图书资料室，全年全系统力争实现培训农民100万人次，培养“觉悟高、有知识、懂科技、会管理、善经营”的新型骨干农民10万人的目标任务。

（三）稳定招生规模，培养中高等农村实用人才

认真贯彻落实农业部“农业实用人才百万中专生培养计划”，与厅人事处、科教处密切配合，搞好规划和计划，强化领导责任意识，落实具体工作措施，确保完成任务。合作高等教育将充分调动各级分校和办学人员的主动性、积极性和创造性，在联合和管理上下功夫，力争实现新突破。

（四）早布置早安排，做好校庆筹备工作

2006年是山东省农广校建校25周年，我们将认真按照中央农业广播电视学校领导小组办公室和中央农广校有关文件要求，采取制作专题片、组织图片展、召开专题会议和开设专栏、出版专刊、汇编专辑以及总结经验、树立典型、表彰先进等多种形式，把25年来农广校的工作向各级党委政府和主管部门汇报好，向社会各界展示好。

（此文为2006年1月21日在全省农广校校长会议上的讲话）

科学规范管理
开创招生及教学管理新局面

召开这次会议的目的，主要是为了学习和领会省校及有关高校招生及教学管理工作中的意见和要求，总结和交流全省各地经验，安排部署下一阶段工作。刚才，山东省教育厅以及有关高校的领导做了重要指示，下面我代表省校简要总结一下前期农广校招生及教学管理工作并就下步如何完成年初既定的目标任务谈几点意见。

一、严格规范，科学合理，山东省农广校教学管理工作见成效

2006 年是省校对全省农广校高等函授教育实行“三统一”原则的第一年（统一招生、统一教学管理、统一考试），山东省农广校高等函授教育在校生 11 000 人左右，开出专业 30 多个，呈现“联办高校多、学历层次多、专业开出多、学员数量多、分布散”的特点。面对我校成人高等教育“四多一散”的现象，今年以来，省校及各级分校重点抓了以下几方面的工作。

（一）从大处着眼，从小处着手

2006 年省校下发了《关于进一步加强全省农广校成人高等函授教育各班次教学管理工作的通知》（鲁农广校字［2006］12 号），要求各市分校建好教学班、抓好教学班。要针对教学班的

建设与管理，制定切实有效的班主任责任制，精心组织各项教学活动；要按照省校制定的《成人高等教育教学管理暂行规定》，采取有效措施，落实各项教学环节。

（二）精心安排，科学规划

今年以来省校提出了“坚持以学员为中心，合理安排各项教学工作”的新要求，要求各市分校在按要求完成教学计划中规定的学时数，不得随意减少面授辅导次数的基础上，根据各联办高校专业课程设置，结合当地实际情况，以学员为本，以提高教学质量为目的，按照有利于学员自学，有利于学员按时到校听课，有利于教师备课、面授辅导的要求，认真研究新形势下教学管理工作的新特点，制定出科学合理、切实可行的实施性教学计划，努力提高辅导教学效果。

（三）跨区辅导，保证教学

针对部分专业学员少、分布散的特点，今年省校下发了《关于全省农广校高等教育 2006 年各专业集中面授辅导的通知》（鲁农广校函字［2006］3 号文），要求各市分校按照省校制定的跨地区辅导的办法，及时公布各市分校辅导教学时间表，组织部分专业的学员参加跨地区辅导，做好部分小专业教学辅导工作，以保证各专业教学工作的平衡开展。

（四）坚持巡考，严肃考风

针对历次考务工作中出现的问题，省校对各班次的考务工作都非常重视，每次考试前，召开考务工作会议，派出责任心强，素质高的教师赴各市校巡考，并邀请各联办高校的领导开展跨区巡视，对在巡考过程中发现的问题，按照省校《成人高等教育教学管理规定》进行及时坚决的处理，严肃了考风考纪，消除了部分学员的侥幸心理，基本杜绝了违纪现象的发生，提高了全省高教考务管理工作的水平。同时针对学员特点，认真抓好毕业论文的撰写与答辩。

（五）开展评优活动，提高教学水平

为全面加强队伍建设，落实人才兴校计划，自今年2月份以来，按照省校要求，各级分校先后组织1 500多名教师参加了旨在提高教师媒体资源制作能力和辅导教学能力的全省农广校系统第六届教师教学能手评选活动。通过这一活动的开展，锻炼了教师队伍，提高了教师的整体素质。经过层层选拔，逐级评审，涌现出了一大批工作认真扎实，活动效果良好的先进集体、先进个人和优秀教学能手，制作出了《无公害西瓜栽培技术（实践课)》等一批优秀的媒体资源课件（详细内容附后）。为做好当前和今后一个时期的农民培训和农村实用人才培养工作，建设了一支勤奋敬业、甘于奉献、作风过硬、业务精良的师资队伍。

二、统一思想，提高认识，全面提高农广校教学管理工作水平

规范教学，严格管理，既是办学能力、办学水平的体现，又是确保办学质量的内在要求，事关农广校的生存与发展。教学管理的目标任务就是建立良好的教学秩序，实现良好的教学效果，提高教学质量。要实现这个任务目标，就要求管理者要具有长远的眼光、广阔的视野和前沿的意识，要确立适应时代发展要求的办学理念，具备战略思维能力，富有变革创新精神，掌握现代管理理论，并在今后工作中重点做好以下几个方面：

（一）创新教学管理制度

新形势下，我们要本着“符合教育教学和科学管理的内在要求，有利于规范教学秩序，有利于调动教、学、管等各方面的积极性，有利于推进教学改革，有利于提高人才培养质量”的基本原则，加大教学制度创新力度，使农广校的教学管理不断适

应时代的新要求。在创新制度中应注重贯彻好“三个结合”：

一是激励与约束相结合。通过实施“名师”、“新星”、“新法”、“新课件”等活动，调动和发挥教、学、管等方面的积极性、主动性和创造性；通过对违规问题的严肃处理，形成依法从严治教治学的良好氛围，创建良好的教风、学风和校风。

二是目标管理与过程管理相结合。在管理职责的纵向层次区分上，要体现省校宏观管理、分校微观管理的分层管理原则；对课件、课程建设、专业建设等工作实施目标管理和项目管理，真正使责、权、利有机统一；对课堂授课质量，要通过备课、听课、查课、信息反馈、总结讲评等环节实行过程管理，确保教学过程扎实高效。

三是定性管理与定量管理相结合。尽量量化我们的教学管理过程，逐步使我们的教学管理科学化、规范化。对于不适合量化的工作，也要尽量做到明确、细致，便于执行和操作。

（二）规范日常教学活动

一是严格选聘辅导教师。教师在教学活动中具有关键的作用，充分发挥教师的主导作用是提高教学质量的保证。我们的学员来自不同的工作岗位，他们大多数都有一定的工作经历和工作经验，对教师的教学水平要求相对较高。为此，各级分校要严格按照省校的制度要求和学员的特点，选聘热爱教育工作，有丰富的教学经验的教师来任教。教师要端正教学态度，认真履行教学计划，不断更新和拓展自己的知识视野，理论联系实际，采用灵活多样的教学方法传授知识、培养学员的应用能力，确保教学质量的提高。

二是严格执行教学计划。教学计划是教学工作的总体设计，是实现培养目标和组织教学的科学依据。在保证教学内容系统化的前提下，切实把成功教育贯穿于教学的全过程，全面实现“掌握理论知识，提高成功素养，增强实际能力”的教学目的。

始终坚持把“从严办学，质量第一”放在首位，着力拟好教学计划实施方案、每门课程教学具体安排，切实解决学员在自学中遇到的疑点和难点，以最大限度为社会培养人才。

三是加强考勤管理。到课率的高低直接影响到教学辅导质量的好坏。为此，要严格班主任工作责任制，选择责任心强的人员担任班主任，并严格考核班主任的工作，将他们的工作情况与劳动报酬紧密结合，充分调动班主任的积极性；要制定严格的考勤制度，设置考勤登记表，要实行月报、月总制度，及时了解、掌握和分析学员到课情况；要实行班主任随堂听课制度，随时了解学员的思想动态和学习情况，检查学员的考勤、听课、纪律等情况，把不良倾向消除在萌芽状态，同时沟通任课教师与管理人员，及时解决教学方面存在的问题和困难。

四是严格考试管理。考试是检验教学效果的重要手段，端正考风考纪是促进良好学风的基础。要从严治考，无论从考场安排、监考人员的选派，还是对违纪学员的处理，都要按照有关考试管理的规章制度进行。省校在继续抓好通开专业考试课程期终考试巡考的同时，对各地的自开专业的期终考试进行重点抽查制度，以良好的考风，树立起农广校的办学形象。

（三）激发学员学习主动性

一是在教学设计上要促进学员的自主性。教师要为学员提供丰富生动的学习资源，指导学员自主探究、自主学习，通过小组合作学习为主的学习形式，加强学员间的交流讨论，调动学员学习的欲望和兴趣，创造一种交往环境，让学员通过探索，在主动参与的过程中，获取知识，提高能力。

二是在教学过程中教师要善于从教材中抽取能够引发学员思维的切入点。在教学过程中要精心设计问题，促进学员动脑，放手让学员在课堂上思考，给予充裕的时间让学员讨论，能开放地接受学员思考的结果。让学员在开放的氛围中掌握知识和技能，为成才和创业成功奠定坚实的基础。

三是在学习过程中教师要关注学员的感受和学员的参与。要彻底摆脱传统的课堂教学模式，在学习过程中教师要给予学员一定的主动权和自主权，为他们提供较多的选择机会，调动他们的积极性，使他们参与教、参与学。教师要作为课堂的组织者、指导者和主持人的角色出现，使学员完全发挥自己的学习潜力，同时创设出民主、平等、和谐的学习氛围。

四是在实际工作中教师要不断提高自身素质。教师要在教学过程中，树形象，立师德，精业务，不断提升自我价值。要以自己的实际行动，在社会上树立农广校的形象；要提倡奉献精神，将自己的知识奉献给广大的学员，奉献给农业广播电视事业；要进一步加强继续教育工作，不断提升教师素质，适应创新工作的需要。

（四）建立质量评价体系

建立完整、规范的教学管理制度是提高教学质量的第一步，如何考查教学质量的好坏，还需要建立配套的教学质量评价体系。只有把教学过程的监控和对教学结果的分析结合起来，才能对教学质量做出有效的评价。在这方面省校计划将教学管理的各项工作包括组织管理、教学活动、教学成果等各个方面全部纳入教学质量评估范围，进行细化量化，形成一个较完整的评估指标体系。以每 2 年为一考核周期开展评估活动，评估结果以一定形式予以公布，并采取奖优罚劣的措施，达到激励先进，鞭策后进的作用。

（五）提高教学管理工作的现代化水平

全省农广校体系经过多年的建设，在各项教学设施建设方面，有了一定的提高。但是，我们应当清楚的看到，我们绝大部分分校的教学设施设备少、教学条件差、教学资源短缺，还远远不能适应教师教学和学员学习需求。为此，各级分校今后要逐年加大教学设施的投入，逐步建立自己的微机室、多媒体教室、实验室和教学实习基地。要构建现代化教学管理平台，积极开展教务管理信息化建设。省校将逐步建立以互联网和卫星网络为基础的天地人三网合一的现代农村远程教育体系。目前，省校网站以初具规模，下一步将重点进行教学管理电子化和网上教学等方面工作。各地要抓住机遇，积极争取当地政府的支持，不断改善我们的教学条件。

三、强化措施，真抓实干，坚决完成 2006 年中专招生任务

自 2006 年以来，面对生源日趋萎缩，竞争日益激烈的形势，全省各级分校和广大办学人员知难而上，顽强拼搏，目前，全省农广校系统大、中专招生工作保持了良好态势，招生规模与去年同期基本持平。中专新生注册近 5 000人，淄博、威海、临沂三市分校已经完成了省校年初下达的任务指标；省委党校成人函授教育、专业证书本科层次、中专后继续教育以及推荐生专科层次新生注册 2 600多人，已被录取近 4 200名成人高等教育新生和 200 多名本科层次推荐生正在注册过程中济南、淄博市分校也已经完成了省校年初下达的任务指标。在此我代表省校向战斗在第一线的农广校广大办学人员表示中心的感谢！

招生难已成为成人教育学校的共性，这是现实。但在如此困难的境地，部分培训机构依然提前超额完成任务，这也是现实。这一现实表明：只要动脑筋、想办法，想干、敢干、真干，就能够克服这个“难”字，闯出一条路子，创出一片新天地。临沂、淄博市分校这样做的，威海、济南、烟台市分校也是这样做的。总结他们的经验，我看主要有三条：一是有一种精神和一股干劲；二是真正调动起全员积极性；三是注重拓宽维护招生渠道。

一会儿他们要介绍各自的经验，大家要认真学习，积极借鉴。

时值12月份，高等教育招生已近尾声，对未完成任务的分校来说，可回旋的余地不大。但中专招生还可以促一下。要强化联合办学，除加强与当地驻军、属地监狱等部门行业联合外，要积极开辟新的路子；要主动争取当地组织部门和各级农村党员干部现代远程教育中心支持，积极开展部分终端接收站点管理人员和农村党员干部中等教育；要主动适应当地成人教育的需求，开设特色专业，提高农广校吸引力。另外，还要积极探索农村劳动力转移培训阳光工程、新型农民科技培训工程与中等学历教育的结合以及中专招生与部分高等教育招生的结合，广开中专招生门路。

招生工作关系山东省农广校的生存和发展。为此，各级分校要强化领导责任意识，进一步落实招生工作一把手负责制；要加强对招生工作的组织领导，详细部署、精心组织、加强调度；要实行竞争激励机制，调动县级分校和办学人员的主动性、积极性和创造性，群策群力，为今后确保完成招生任务打好基础。

四、认真扎实，稳步推进艾滋病知识培训宣传普及活动

根据《中国遏制与防治艾滋病行动计划（2006～2010）》、《艾滋病防治条例》及省政府2006年8月制定的《山东省贯彻〈中国遏制与防治艾滋病行动计划（2006～2010年）〉实施意见》中提出的“各级政府防治艾滋病工作委员会要求协调有关部门，将艾滋病防治法规、政策和知识纳入各级党校、行政学院和团校的培训课程，切实加强对各级各类领导干部的宣传、培训和教育”的要求，在省防治艾滋病工作委员会、山东省卫生厅和山东省疾病控制中心的重视支持下，山东省全球基金艾滋病多部门和社会参与项目——山东省农广校系统大、中专学员艾滋病防治知识培训和普及工作将于今天下午正是启动。在下午的启动

仪式上，我们将邀请山东省全球基金艾滋病项目主管介绍全球基金项目整体运作情况；邀请艾滋病防治专家对艾滋病流行形势、防治法规和预防知识进行专题讲座；同时部署在全省农广校系统大中专学员中开设《艾滋病预防控制与管理》课程的有关事宜。

项目启动后，全省农广校系统大、中专在校生及今后新生将按要求增设有关预防艾滋病知识的课程。同时我们将充分发挥农广校远程教育优势，利用报刊、广播、电视及网络等多种媒体教育资源，在《农村远教》杂志、山东人民广播电台《致富指南》栏目、山东电视台农科频道《山东省农广校之窗》栏目、山东省农业现代远程教育网广泛进行覆盖全省的预防艾滋病知识宣传。各级分校要按照省校部署，一要根据教学计划和安排，组织学员认真学习，二要及时组织农民收听收看，让广大群众充分认识艾滋病的危害、传播途径和预防知识，纠正人们的一些错误认识，呼吁大家一起来关爱生命，关注艾滋病。倡导自觉养成文明健康的生活方式，从自我做起，洁身自爱，革除陋习，共同建立预防控制艾滋病的社会屏障，为建立大而美、富而强的新山东作出贡献！

（此文为2006年12月1日在全省农广校招生及教学管理工作会议上的讲话）

认清形势　增强信心
抓住机遇　提升能力

为期一天的山东省农广校校长工作会议即将结束了。会议传达了全国农广校校长工作会议精神，表彰了2006年度全省农广校办学工作先进集体和先进个人，听取了庄文忠副厅长专门就全省农民科技教育培训工作和农广校办学工作的重要讲话。刚才与会各位校长也都总结交流了2006年的办学情况，并根据就2007年的办学工作提出具体的工作思路和具体打算。下面，我谈几点意见，供大家参考。

一、认清形势，增强信心，紧紧抓住当前有利的发展机遇

今年的中央一号文把推进现代农业作为标题，把“培养新型农民，造就建设现代农业的人才队伍”作为八大重点之一明确提出，文件指出“建设现代农业，最终要靠有文化、懂技术、会经营的新型农民。必须发挥农村的人力资源优势，大幅度增加人力资源开发投入，全面提高农村劳动者素质，为推进新农村建设提供强大的人才智力支持。”，要求“加大投入力度，中央和省级财政都要加大力度，采取多种有效形式对农民加强培训——提高种田水平和提高外出务工农民就业能力并从中培训一批中高级技工。”这充分说明党中央国务院以及社会各界对农民素质的关注，和对农民教育培训工作的重视。中央投资11亿元、省里也是拿出7 000万元用于农民培训资金，投资力度之大前所未有。

各级政府和农业部门的领导也把农民培训作为三农工作的一个突破口和重点来抓，把此作为亮点工程，有的何把此作为政府考核的重要指标和为民办的实事之一。领导的重视和外部环境给了我们极大的发展空间。

农民的教育需求不断加大。各地也都在农民科技教育培训工作中做了不少的探索，创造了不少的经验。

农民科技教育培训工作是新时期的“三农”工作的重要工作，遇到了前所未有的发展机遇。我们既要看到我们面临的良好机遇和大好形势，又要看到我们存在的突出问题和面临的严峻挑战。机遇和形势不等于就是我们自己的资源，不等于就是我们现实的优势。目前农广校存在的突出问题和面临的严峻挑战至少有以下几个方面：一是农村实用人才的正规化培养难度不断加大。这一方面是近几年高校不断扩招，职业教育、民办教育迅猛发展，教育竞争日趋激烈的必然结果，也是行政干预手段不断弱化，税费改革以后，集体收入大幅度下降，村不可能再拿出资金让村干部到农广校学习的缘故。

二是随着农村青壮年劳动力向城市和农村和第二、第三产业转移，现有种地农民的人员成分和素质结构都发生了很大的变化，加之农村经营方式的转变，农广校的课程设置、教学方式、体制创新等都受到了严峻的挑战。

三是农广校现有的条件建设已远不能适应新形势的需求。其一：校长队伍的观念、水平、能力；其二：师资队伍的能力水平；其三：教学手段的水平。

农广校在新的机遇和形势下应该怎么办？我们能扮演什么样的角色？我们能占领农民教育培训多大的市场份额？很值得我们深思。我认为：在现在的形势下有这样16个字大家需要思考。即“抓住机遇、把握主动、拓展服务、提升能力”。

二、总结经验，创新发展，积极拓展农广校的服务功能

（一）围绕中心工作、服务大局是农广校发展的前提

农民教育是公益性、基础性事业，要得到各级党委、政府的重视，各级农广校的工作必须做到位，用我们的激情去感染，用我们的行动去争取各级主管部门和联合办学单位的支持，使我们的工作能摆到政府的议事日程上，摆到领导的桌面上。这就要求我们所做的一切必须围绕各级党委、政府的中心工作，围绕联合办学单位的热点、重点问题，有为才能有位。实践证明，哪个学校工作到位，成绩突出，就能引起地方的重视，就能得到联合办学单位的支持。加强领导，强化农民科技教育培训的政府行为，建立健全由农业部门牵头，各有关部门参与的农民科技教育培训工作领导机构，统一组织，互相配合，通力协作，是开展农民教育培训工作的重要保证。

（二）找准工作的切入点是做好农广校工作的关键

由于各地的实际情况不同，各地分校也面临着不同的发展形势。这也就要求各个分校要因地制宜的开展工作，找准工作的切入点。在这方面全省各地都有不少的经验值得学习。临沂市、威海市分校积极争取组织部门支持，各个层次农民教育培训问题都解决了；淄博市、德州市分校积极开展联合办学，中专招生问题也解决了；济南市分校引入竞争激励机制，调动办学人员积极性，群策群力，大中专招生名列全省前茅；东营市分校通过积极承担市政府的千村万户农民科技培训工程，烟台市分校通过推进“三进村行动”，都把农广校农民科技培训工作搞得轰轰烈烈。莱芜市、潍坊市、济宁市、菏泽市等分校也都根据自身实际，科学定位、合理站位、工作到位，在2006年的办学工作中均取得了较大的发展。

关于如何准确地找到工作的切入点，在这里我给大家提三点要求：一是振奋精神，知难而进。要有股闯劲，敢闯、敢想、敢干，不能被困难压倒，要有良好的精神状态。二是要干一行爱一行。认真研究规律，把握规律，用好规律，创造经验。我们要把农广校教育的规律研究透。问题是什么，出路是什么，外面有什么经验。我们研究工作就是要看上级是怎么要求的，先进的单位是怎样做的，我们是怎样做的，我们的差距是什么，下一步应该怎么办。要透过现象，看本质。三是是要以“为”求“位”，创造业绩。无论是通过项目带动、还是联合办学，都要通过干，来扩大影响，提高地位，提高知名度；要靠突出的成绩，来引起方方面面的重视和支持。

（三）创新办学机制是农广校发展的动力源泉。

十六大指出要搞机制创新，体制创新，制度创新。江泽民指出创新是一个民族进步的不竭灵魂和动力。所以农广校要搞好创新。如何创新？大家要共同研究，在机制创新方面探索一条路来。我们经常说：“思路决定出路”，“观念一转，路子就宽”。“只要思想不滑坡，办法总比困难多”。任何问题都有一个最佳的解决办法，关键是你找没找到这个办法。至于如何创新？我这里提几点要求：

在办学原则上，要坚持三个有利于：只要有利于提高农民素质；只要有利于扩大规模；只要有利于促进农民增加收入，一切途径和办法我们都可以试验和探索。

在办学的指导思想上，要实现四个转变：由学历教育向学历教育和非学历教育并重转变；由面向第一产向面向第一、第二、第三产并重转变；由单纯的抓教学向教学和就业并重转变；由重社会效益向社会效益和经济效益并重转变。

在办学的方式上，要充分利用现有的资源和优势，发挥品牌效应。一是要与有条件的单位和个人开展联合办学，克服孤军奋战，整合社会资源，取长补短，互惠互利，力求双赢，共同发展。二是开展民办公助，公办民助。三是通过订单培训和委托培训来扩大招生规模。可以自己拿订单自己培训，也可以拿订单让别人来培训，可以接受别人委托的培训，也可以委托给别人培训。四是有围墙的学校和无围墙的学校共同发展。

（四）发挥农广校的体系优势是发展的基础。

重视个性化教育和完整人格的教育已经成为21世纪世界教育的发展趋势之一。农业的复杂性和农民需求的多样性为实现这种教育提供了动力，农业现代远程教育能够为实现以人为本的个性化需求提供了可能。

农广校的办学体系是终身教育体系，充分利用和发挥现代远程教育手段，以最好的方式给个体提供必要的知识和技术，扭转教育资源集中在城市和少数发达地区的局面，实现城乡教育公平。无论是发达国家，还是发展中国家，都在积极开发利用远程教育，并把远程教育作为教育技术的战略制高点。日新月异的现代远程教育已成为世界教育的重要组成部分，也是当今世界教育的发展方向。面对我国农民教育培训数量大、任务重的现实情况，运用现代远程教育开展农民教育培训和现场面授辅导相结合，是新阶段农民教育的战略选择。发展远程教育已成为社会主义新农村公共事业发展中的内容之一。

实践证明，农广校的办学有天网、地网、人网三网合一的网络优势；有点、线、面的特色优势；有着广播、电视、科技直通车、报刊、杂志、大喇叭、短信、卫星、互联网的手段优势；有着25年的农民教育办学经验优势等。农广校的农业远程教育，打破了时间和空间限制；成本低、容量大、覆盖广，政府办得起，农民学得起，体现了“大国办大教育”的特点。是符合国情民情、行之有效的农民教育培训形式。

三、突出重点，明确目标，努力完成2007年的各项工作

（一）以“三进村”行动为抓手，深入开展农民科技培训工作

去年以来，在全省十县百村开展的培训教师、媒体资源和人才培养“三进村”行动试点工作证明，“三进村”行动是一个很好的农民培训模式，贴近和方便农民，可以为农民提供有效的技术指导、优质的媒体资源和教育培训服务，可以把培训工作做实，让农民看到变化、得到实惠。为此，要求各市分校要根据自身实际情况，不断扩大农民科技教育培训“三进村”行动实施范围。同时要求各级分校积极参与测土配方施肥技术、农村沼气生产技术等培训工作，大力开展绿色证书培训、送科技下乡和“致富早班车”节目下乡进村活动，开动农民科技入户直通车，建设农广校农民科技书屋，力争全年全系统实现培训农民100万人次的目标任务。

（二）积极承担农民科技培训工程项目

各级分校要按照今天上午庄厅长的讲话精神，积极争取当地农业主管部门领导支持，承担起新型农民科技培训工程。同时要根据自身的办学条件和能力，主动承担农村劳动力转移培训阳光工程，条件不够，能力不足的，不要勉强承担，没有金刚钻，就不要揽瓷器活。但凡是承担任务的分校，不管何种农民培训项目工程，一定要严格按照有关文件要求，规范操作，不要出任何问题。

（三）加快农村实用人才培养步伐

认真贯彻落实农业部“农业实用人才百万中专生培养计划”，争取农业部门领导支持，与人事科、科教可密切配合，搞好规划和计划，强化领导责任意识，落实具体工作措施，充分调

动广大办学人员的积极性，同时积极争取财政部门支持，力争落实部分资金，加速农村实用人才的培养。高等教育则继续调动各级分校和办学人员的主动性、积极性和创造性，在联合和管理上下功夫。力争全年全系统完成中等教育招生6 000人，高等教育招生3 000人的目标任务。

（四）不断加强自身条件建设

要积极争取当地有关部门支持，争取立项，加强农广校条件建设。为促进各级分校条件建设，经省校研究决定，2007 年对各县级分校开展办学条件星级评比工作，具体评比办法和标准春节后将制定下发。根据目前农广校工作需要，在办学条件上，今年全省重点抓好“三库”建设。即专兼职教师库、媒体资源库和条件资源库。

四、抓班子，带队伍，不断加强农广校自身建设

任何一项事业、任何一个单位，要想把工作搞上去，关键是要有一个好的带头人，有一个坚强的领导班子。各级农广校长也要注意加强学习，练好内功，努力成为教育的行家、管理的高手、思想工作的专家、干事创业的带头人，成为一名称职的、有作为的校长，带动农广校成为一支工作效率高、开拓能力强、敢打硬仗的队伍，一个想干事业、能干事业、干成事业的充满生机和活力的团队。为加强队伍建设，今年省校计划举办各市分校校长研修班、县级分校校长培训班和骨干教师进修班。希望各级分校按照省校要求，一方面积极主动抓好分级培训；另一方面积极组织相关人员参加学习培训，确保学习培训效果。

同志们，农广校这些年来是在条件比较艰苦的情况下开展工作的，有些地方的经费只能养人不能办事。在这种情况下应该肯定大家默默无闻、无私奉献的精神，在今后的工作中也要发扬。

现在农广校工作面临着很好的机遇，但竞争也很激烈。既然民办和社会教育都能办得非常红火，我相信事在人为，在困难的情况下，我们也应该通过自己的努力，闯出一片天地来。

沧海横流方显英雄本色。农广校的发展要“靠事业统一思想，靠发展凝聚人心，靠实干树立形象”。我相信有各级农广人的努力，有各级农业部门的支持，在目前好的机遇下，农广校这面在齐鲁大地上飘扬了25年的旗帜，一定能在我们的手中，飘扬的更加鲜艳。农广校一定能为全省发展现代农业，建设社会主义新农村作出应有的贡献。

（此文为2007年1月全省农广校校长工作会议上的总结讲话）

分析影响环境　强化关键工作

为期一天的山东省农广校办学工作会议现在就要结束了。会议时间虽然不长，但开的很紧凑、很充实、很有成效。下面，我对这此会议做一个小结。

一、会议的基本情况

这次会议是2008年第一个山东省校长会，也是体系内一次年度表彰先进、展示成果和交流经验的大会。会议对于上一个年度，在农村实用人才培养、农民科技培训、媒体资源发行等方面做出突出成绩的单位和个人进行了表彰，授予淄博等6个市分校“2007年度优胜学校”称号，并根据各市分校的工作业绩给予了不同奖励，希望大家珍惜荣誉，继续努力。会上，传达了中央农广校校长会议精神，省农业厅庄文忠副厅长作了重要讲话，对2007年全省农广校系统农民科技教育培训工作所取得的显著成绩给与了充分的肯定，同时认真分析了当前农民科技教育培训工作面临的形势与任务，要求各级农业部门和农广校坚定信心，增强做好农民科技教育培训工作的责任感和紧迫感，同时强调各级农业主管部门要充分利用农广校这一农民教育的主渠道，抓住机遇，明确职责，全力推进农民教育培训工作。会议期间，淄博市、济南市等分校作了典型发言，刚才与会各位校校长也都简要总结了各地2007年的工作，对取得的经验和存在的问题进行了深入的交流和讨论，并就做好2008年的工作提出了很好的建议和意见。应该说，经过大家的共同努力，会议取得了圆满成功。

在此我代表省校向你们，并通过你们向 2007 年战斗在全省农民科技教育培训工作第一线上的全体农广校教职员工表示衷心的感谢！

二、会议的收获

（一）统一了思想，提高了认识

会议形成了三点共识：一是各级党委政府十分重视提高农民素质，把培养有文化、懂技术、会经营的新型农民作为发展现代农业、建设新农村的重要内容和保障措施，这给建校以来一直从事农民教育培训工作的农广校，带来了更广阔的发展空间。二是组织实施新型农民科技培训三大工程是农广校发展的重大机遇，既为农广校带来了项目和资金的支持，又给农广校发挥优势和作用提供了用武之地，农广校要通过积极争取、认真实施项目，来推进农民教育培训这项公益性事业不断发展。三是有为才有位，只有认真做好当前工作，增强农广校服务能力，保证教育培训质量，才能得到领导部门的重视，才能创造出事业发展的有利环境，争取到更多的资金和项目。

（二）抓住了重点，明确了要求

通过传达全国农广校校长工作会议精神和学习庄文忠副厅长的讲话，以及听取部分市分校的典型发言和与会代表的讨论交流，我相信大家一定明确了做好 2008 年主要工作的任务和要求，有了做好工作的措施和办法。

（三）加深了了解，增进了感情

大家都说全省农广校是一家。但是由于路途较远，工作繁忙，我们真正能聚在一起，坐下来，面对面进行交流的机会并不多。通过召开这样的会议把大家从四面八方聚在一起，会上沟通工作，分享经验，发表看法，会下拉拉家常，格外亲近。两天下来，我们更加深了相互了解，沟通了思想，增进了感情，更增加了彼此的支持和信任，更加坚定了我们共同为农业广播电视教育事业努力奋斗的决心与信心。

三、对农广校目前办学环境的几点思考

总体说，农民教育培训事业迎来了历史上从未有过的大好形势和机遇。但对我们具体的办学单位，却要具体问题具体分析，不可盲目乐观。我们有一些学校，近年来不但没有发展进步，甚至在退步，不进则退，这是为什么呢？我认为，其中一个主要原因，是新形势、新阶段，办学外部环境变化给我们带来了巨大冲击。

一是资源配置方式的根本性变化，对等、靠、要思维定式产生巨大冲击。随着我国社会主义市场经济体制的不断建立和完善，计划经济下，以政府为主导的资源配置方式，已被以市场为主导的资源配置方式所代替，与之相对应的，大包大揽的“生产建设财政”体制，被公共财政体制代替。公共财政的基本特征是，着眼于满足社会公共需求，立足于非盈利性和收支行为规范化。我们比较一下前几年组织实施的跨世纪青年农民科技培训工程，和正在实施的新型农民科技培训工程、农村劳动力转移培训阳光工程，不难发现这里面有质的不同。第一，农民教育培训是开放市场，政府面向社会公开、公正、公平确定教育培训机构，谁办学条件好、谁教育培训质量高，谁就来承担工程项目，农广校必须依靠实力参与竞争。第二，先服务后埋单，农民满意、政府满意才能得到钱。行政主管部门不能护短，也护不了短，农广校躺在行政主管部门身上过日子的时代一去不返。第三，资金直接补贴农民，项目审计和监管力度不断强化，利用项目资金补贴单位事业经费不足越来越不可能。这种变化，对于我

们一些习惯于等、靠、要的学校，是致命的打击。

二是通信和网络技术飞速发展，农广校办学优势弱化、缺陷日益凸现。改革开放之初，农村土地家庭联产承包制的实施，使亿万农民成为市场经济主体，农民焕发出巨大的生产积极性，农民、基层农业管理干部和技术人员，对科技对教育的渴求前所未有，但同时，农村教育培训资源奇缺，教育技术手段又十分落后。农广校体系就是在这一特定历史时期建立和发展起来的。其主导思想是，低投入、大容量、广覆盖，迅速满足巨大的农民教育培训需求。多数学校办学之初只有几个人几张桌椅，借助于广播、电视等简单手段办学。经过 26 年的发展建设，我们形成了中央、省、市、县、乡五级办学体系，具有广播、电视、互联网络、卫星网络等多种农村远程教育传播渠道。但是，随着通信和网络技术飞速发展，远程教育已经成为谁都可以利用的一种教育手段，我们与传统围墙式的职业教育院校相比，远程教育优势开始弱化。优势弱化了，办公、教学、实习、师资等硬件条件不足的先天缺陷，却在日益凸现。

三是全社会共同关注和参与，农民教育培训主力军地位受到挑战，竞争压力增大。农民教育培训已不是农业部门独撑局面，我们长期以来，自然形成的农民教育培训主力军地位受到严重挑战。目前各部门都在积极参与农民教育培训。如组织部门实施农村党员干部现代远程教育、农村实用人才培养和农村人力资源开发，教育部门实施农村实用技术培训计划、农村劳动力转移培训计划，科技部门实施星火科技培训专项行动和“百万农民科技培训”行动，劳动部门实施农村劳动者技能就业计划和实施农民工培训示范基地建设工程，共青团实施农村青年转移就业促进计划，科协实施科普惠农兴村计划等。科研院所，大专院校，民办教育培训机构、企事业单位、社团组织，也都在积极参与。农民教育培训正逐步向社会化和市场化发展，农广校办学正经受前所未有的巨大竞争压力。

四、2008 年农广校的几项关键工作

（一）加大农民教育培训工作力度

一方面继续深入推进培训教师进村、媒体资源进村、人才培养进村。各地要在去年工作基础上认真总结，让培训真正贴近农村，方便农民，构建“三进村”工作的长效机制。各级分校要按照省校要求对“三进村”行动早作布置，今年“三进村”行动和农业科技入户直通车项目实行“月报制”，各地要及时上报进展情况。另一方面，认真组织实施农村实用人才培养“百万中专生计划”。要进一步争取办学政策和项目资金投入，按照中央校“百万中专生”管理软件，规范管理，在全面落实培训任务基础上提高教育质量。要进一步办好各种类型的合作高等教育，稳定规模，确保质量，探索高等教育向农村延伸的有效途径。

（二）积极承担新型农民培训项目

工作上要积极主动，力争 2008 年承担的新型农民科技培训工程项目的县级分校有较大幅度增加。对于这项工作，各地要高度重视。这次大会交流中，很多市分校都没有涉及到这项工作，显然重视不够。引导县级农广校积极承担项目任务是市分校的责任。有条件的学校要积极承担和实施好农村劳动力转移培训“阳光工程”任务，落实制度，规范操作。

（三）提升整个体系的服务能力

加强自身建设、提升教育培训能力是事业长足发展的重要支撑，也是多年来我们重点强调的一项工作。虽然近年来农民教育培训取得了一些成绩，但是要看到，目前，整个系统的办学观念、管理水平、硬件条件、工作质量与当前繁重的教育培训任务

以及农民多元化的需求相比还存在一定差距。这说明我们在自身建设方面力度还不够，针对性措施还不多，还跟不上形势的快速发展。因此，省校确定 2008 年作为农广校系统的能力提升年，主要做好三方面工作：一是以培训为手段，着力加强队伍能力建设；二是以评估为手段，着力加强制度建设和条件建设；三是以共享共建为手段，加大媒体资源开发与建设力度。

（此文为 2008 年 1 月 29 日在全省农广校工作会议上的讲话）

把握特点　应对挑战
努力开创农广校办学工作新局面

一年一度的山东省农广校办学工作会议现在就要结束了。下面，我想对会议做一个小结。

一、会议的基本情况

这次会议是2009年第一个山东省校长会，也是体系内一次年度表彰先进、展示成果和交流经验的大会。会议对于上一个年度，在农村实用人才培养、农民科技培训、媒体资源发行等方面做出突出成绩的单位和个人进行了表彰，授予济南等9个市分校"2008年度优胜学校"称号，并根据各市分校的工作业绩给予了不同奖励，希望大家珍惜荣誉，继续努力。会上，省农业厅庄文忠副厅长作了重要讲话，对2008年全省农广校系统农民科技教育培训工作所取得的显著成绩给与了充分的肯定，同时认真分析了当前农民科技教育培训工作面临的形势与任务，要求各级农业部门和农广校坚定信心，增强做好农民科技教育培训工作的责任感和紧迫感，同时强调各级农业主管部门要充分利用农广校这一农民教育的主渠道，抓住机遇，明确职责，全力推进农民教育培训工作。各位校长作了交流与发言，并就做好2009年的工作提出了很好的建议和意见。应该说，经过大家的共同努力，会议取得了圆满成功。2008年在我们国家来说是不平凡的一年，农广校体系也是一个不平凡的年份。

二、2008 年农广校的主要工作

2008 年山东省农广校工作突出表现在以下四个方面特点：

第一，承担农民培训项目有突破。一是独立承担了新型农民科技培训工程部级项目县农村实用人才创业培训工作，圆满完成了全省 31 个项目县 1 550名学员的创业培训任务。二是积极参与组织，成功举办了全省出口型农业龙头企业负责人培训班，分四期对全省千余家出口型农业龙头企业负责人进行了培训。三是 2008 年“致富早班车”节目下乡进村项目又扩大至日照、济南、德州等 10 市 20 县 50 个乡（镇、办事处）100 个村，无偿赠送培训录音带 10 000盘。四是按照中央校要求，“农村节能减排示范村建设”工作在我省 3 个县（市、区）开展，省校无偿赠送培训教材 600 套、光盘 300 套，总价 10 000多元。五是“三进村”行动在全省近百个县 1 000多个村开展起来，举办培训班 5 000多次，培训农民近 30 万人次，培养绿证学员 1.5 万名，培养中专学员 2 000多名。六是继续坚持在山东人民广播电台播出《致富指南》栏目、在山东电视台农科频道开播农业教育培训专栏《山东农广校之窗》。全年《致富指南》栏目全年播出 365 讲（次），《山东农广校之窗》全年播出 156 讲、312 次，每讲（次）30 分钟。

第二，培训媒体资源建设有突破。全年制作实用技术专题片和讲座 131 集、3 442分钟。一是根据 2008 年新型农民科技培训工程实施要求，省农广校校积极与有关行业站和主讲专家联系，摄制制作了《2008 年新型农民科技培训工程行业培训主推技术》系列讲座，共计 49 集，总长 1420 分钟，涉及 22 项技术。二是根据农村实用人才创业培训工作要求，制作完成了《2008 年农村实用人才创业培训》系列讲座，6 个专题共计 23 集，总长 667 分钟。三是完成了全省出口型农业龙头企业负责人培训班、全省现代农业专题培训班领导和专家授课摄制任务，制作系列讲座共32集，总长约950分钟。四是根据各行业站新型农民科技培训行业培训要求和农村劳动力转移培训阳光工程要求，先后派出摄制组42组次，深入县乡村进行摄制编制宣传报道。制作山东电视台农科频道《进城务工阳光路》栏目节目27期。

2008年农广校制作的农业科教电视片《缓释控释肥应用技术》先后获省委组织部远教中心“优秀课件评比一等奖”和山东省“泰山文艺奖”科教片类三等奖。向中央校报送的六部专题片，有一部被推荐为C类片、有两部被推荐为B类片、三部被推荐为A类片。省农广校也被省委组织部授予“全省党员干部现代远程教育教学资源建设先进单位”。

第三，中等职业教育招生有突破。2008年全省农广校完成中专招生8 380人，超额完成了年初既定的目标任务。中等职业教育招生工作的突破主要取决于以下几个因素：一是积极争取当地党委政府、主管部门和各联合办学单位支持。如东营市分校2008年由于积极争取承担了由东营市委组织部、东营市农业局、东营市教育局联合实施的“农村党员干部素质提升工程”，一次性完成300人的中专招生任务。历城区分校主动承担区委农村工作领导小组实施的农村农业技术员培训行动，由此超额完成了中专招生任务。二是不断扩大联合办学面向。泰安市岱岳区农业局、新泰市农业局与畜牧局联合下发了《关于对村级动物防治员进行学历教育的通知》，使新泰市分校完成招生200人以上，岱岳区分校完成100人以上。邹城市分校联合畜牧局对饲料经营户开展中等教育，任城区分校联合农业综合执法大队培训农资专业人员，汶上县联合供电局培训农电工等，都取得了良好的效果，超额完成了招生任务。三是采取了“抓大放小”的招生策略。允许市校因地制宜自开专业，扩大各地招生自主权。2008年，各地开展自主专业招生2 000多人，占全省招生总量的1/4，效果十分明显。四是实行竞争激励机制，提高了各级分校和办学人员招生主动性。省校及各级分校都将完成“成人中等专业教育招生完成当地人口万分之一点二”的目标任务作为评选优胜学校的四项条件之一，具有一票否决权。同时采取招生指标到人、招生任务与个人利益挂钩，多招多奖、超招重奖的激励政策，调动全体办学人员和社会各方面的力量，确保完成招生任务。五是加大宣传力度，营造了招生工作的良好氛围。省校及时印发了招生简章，利用《齐鲁晚报》等媒体资源发布招生信息。莱阳市分校在招生的关键时期，自己出资在当地电视台做了 2 个月的招生广告，岱岳区农广校还创造条件建立了自己的网站，利用互联网发布招生信息，扩大了招生宣传范围。六是发扬农广精神。广大办学人员把招生工作作为自己的首要任务来做，工作中勤奋敬业，不计较个人的得失，在招生的过程中发扬“铜头、铁嘴、橡皮肚子、飞毛腿”精神，充分调动各方面的积极因素，下基层、跑乡村、广泛宣传、积极发动，有力的确保了农广校招生任务的完成。

第四，教育培训能力建设有突破。一是为进一步适应新形势下农广校又好又快开展农民教育培训工作的需要，2008 年年初，省农广校科学合理的划分职能，明确分工，下发了《关于重新调整省农广校内部机构设置和职能分工的通知》，对省农广校内部机构设置和职能分工进行了重新调整和界定，对科级干部进行了轮岗使用。根据新的科室设置和职能分工，为加强科室间工作的协调衔接，建立健康有序的工作机制，制定了相关工作制度和工作流程，下发各科室和干部职工执行，确保了学校工作制度化、规范化、科学化。二是为提升县级分校实力，增强体系竞争力，以厅里的名义及时转发《农业部办公厅关于开展全国县级农业广播电视学校办学水平评估工作的通知》，成立评估工作领导小组。按照通知要求，市县两级高度重视，认真组织，实事求是地开展好自评工作，在各地自评的基础上，组织了由纪检、人事、财务、科教等单位人员参加的复评小组，分五路对全省所有县级分校进行实地复评。整个评估工作达到了“以评促建，以评促改，以评促管，评建结合，重在建设”的目的。三是为进一步提高农广校教师教学水平，加强教师队伍建设，我们开展了全省农广校系统第七届教学能手评选活动。全省 14 个市分校的 40 名选手参加了现场讲课。最后共评出一等奖 3 名，二等奖 9 名，三等奖 12 名，鼓励奖 16 名。并特别授予烟台、菏泽、济南市分校“全省教学能手评选活动组织奖”。四是为进一步强化农广校中等职业教育教学管理工作，经省社团管理局批准，在山东省农业远距离教育研究会设立中等教育教学研究专业委员会，开展教学研究，指导全省中等教育教学工作。2008 年 12 月在淄博市召开了第一届中等教育教学研究专业委员会成立筹备会，通过了研究会的领导机构和《工作条例》，部署了下一步的工作任务。

三、对农广校办学问题的几点思考

（一）农民教育的特点

农民教育范畴弹性很大，具有与其他教育不同的特点。农民教育中的农民主要特指居住在农村从事农业生产经营的劳动者，以及转移到城市就业仍具有农村户籍的农民工。农民的特殊性决定了农民教育的明显特点。一是面广量大，居住分散。二是和农业产业、农业农村经济发展实际结合非常紧密。三是需求差异大，既包括学历教育，也包括非学历培训，呈现个性化和多元化发展趋势。四是农民教育是终身教育，应多层次、多形式、多渠道开展。五是农民教育重在提升职业技能、实现增收致富，着眼提高自身发展能力。

（二）机遇与挑战

当前，农民教育正进入新的快速发展时期，机遇和挑战并存，机遇大于挑战。从机遇看：一是农民对教育培训需求比以往更加强烈，农民教育的服务领域和发展空间迅速拓展。二是中央高度重视，连续出台了一系列支持政策。特别是党的十七届三中全会，首次在目标上，明确要保证农村人人享有接受良好教育的机会；在原则上，将提高农民综合素质作为切实保障农民权益的重要内容；在措施上，提出了提高农民科学文化素质，培育新型农民的八项政策和措施，是农民教育事业发展的行动指南。三是呈现多部门齐抓共管，社会力量广泛参与的新格局，农民教育事业发展有了更好的社会环境。四是财政投入逐步增加，为农民教育事业发展提供了更有力的资金支持。五是已初步建立了旨在满足农民不同需要的教育培训体系，形成了新的农民教育工作机制，积累了很多成功经验。

从挑战看：一是随着经济社会进步，新型工农关系和城乡关系建立，对农民素质提出多方面综合要求，农民教育更具综合性。二是农民需求的个性化和多元化特点更加突出，农民教育内容、路径、方式和方法选择灵活多样，农民教育更具复杂性。三是农民数量大、素质低、要求高，呈现结构性素质下降趋势。农民教育条件差、过程长、见效慢，农民教育更具艰巨性。

（三）农广校处于历史转折的关键时期，转型定位成为不争的事实

从今年开始，我们必须响亮地提出农广校的两个重点转向一个重点——农民培训。学校指导思想、工作定位、工作方法都将发生变化，办学定位必须面对新形势的要求，符合十七届三中全会对农民教育培训工作的要求。学校工作重心也将由过去学历教育和农民培训并重转向以农民教育培训为主。强化公益性事业服

务的地位、强化体系服务能力已成为摆在我们面前的首要任务。如何面对新形势、应对新挑战，是摆在我们面前的重要任务。

有几个不争的事实：一是农业中专的招生工作难度越来越大。在政策性障碍没有突破之前，我们的招生基本上是靠体系内部与部门联合来实现的。很难想象，在种地补贴、买家电补贴的今天，让农民自己拿钱来提高自身的综合素质了。二是高等教育联合办学问题已接近尾声。推荐生今年已经停招，专业证书本科班虽然在人事处的帮助下，解决了证书的效力问题，但是今年也是最后一年。联合办学问题招生随着形势的发展（据教育厅测算 2013 年高校参考学生数将减少一半）也基本趋于扫尾，今年也将与青岛农大停止联合，人数太少了。三是公共资源的利用也趋于紧张。过去电台电视台的节目是他们求我们，现在利用的难度加大了。

（四）如何抓住机遇应对挑战

一要建立有效工作协调机制，落实责任、明确任务，统筹规划、综合协调，落实专门机构负责具体事务，充分利用各种教育培训资源，切入到党委政府的中心工作中去，争取农业行业部门的领导，领导支持、项目支撑、体系组织，完善机制。二要重点加强县及其以下农民教育培训基础条件建设，加快推进农民教育信息化步伐，构建天网、地网和人网三网合一的公共服务平台，及时把优质教育资源送到农村。要充分利用目前已有的项目，武装自己。三要充分发挥现代农业远程教育的作用，把传统方式与现代方式有机衔接起来，做到长短结合、远近结合，阶段性教育与终身教育结合，普及性培训与系统性教育结合。紧密结合农民特点和农业生产实际，选择适合农民学习的时间、地点和形式，为农民提供丰富、管用的各种新技术、新成果、新信息。以实际行动，证明我们能够干事、能干成事。四要积极争取扶持政策上，加快实行农村中等职业教育免费政策，将农民不离土、不离乡、不离岗参加非全日制中等职业教育，纳入国家助学政策体系。省里今年已经立项了乡村公益型岗位人才培养工程，虽然不理想，我们有决心争取事实。五要不断研究总结农民教育的普及性、针对性、基础性、系统性的特征和规律，按照规律办事，推进农民教育走上科学发展轨道。学校准备在这方面进行一些探索。2009 年提出了一二三四五的工作目标。

四、2009 年农广校的几项关键工作

（一）大力开展中等农村实用人才培养工作

农村实用人才队伍建设已引起党中央、国务院以及各级党委政府的高度重视，在培养农村实用人才工作中，农广校必须勇挑重担，有大的作为。开展中等农村实用人才培养工作，首先，要继续实施好中央校提出的农村实用人才培养“百万中专生计划”。其次，省农广校要积极争取省财政立项实施“乡村公益型岗位人才培养工程”。第三，各地也要主动切入当地政府的中心工作，积极与组织部门、教育部门等加强协调沟通，争取各方面支持，承担公共财政资金支持的农民教育培训项目。要努力争取形成一个大联合、大协作的中等农村实用人才培养格局，以村组干部、农民技术员、动物防疫员、远程教育接收站点管理员等为重点培养对象开展培养工作，千方百计完成中专招生任务。2008 年农广校系统仍有部分分校没有招生，主要原因是农业主管部门重视不够，农广校校长缺乏事业心，希望这些分校在 2009 年好好谋划一下，力争甩掉“空白校”的帽子。

（二）全面实施农民科技教育培训“三进村”行动

为了让农民教育培训工作更加贴近农村，更加方便农民，切实解决教育培训“最后一公里”、农技推广“最后一道坎”的问题，农广校提出将工作重心下沉到村一级，大力实施培训教师、

媒体资源、人才培养“三进村”行动，这种教育培训思路和方式都很好，是构建农民科技教育培训长效机制的重要途径。那么如何实现“三进村”呢？一要建立村级培训场所，组织教师进村办班指导。按照有关农民培训项目要求，可在村级建立新型农民科技培训学校、田间培训课堂、绿色证书学校等培训场所，就地就近培训农民；二要利用村级广播站，传播实用技术和致富信息。主要是结合“致富早班车”下乡进村计划、生态家园富民计划的实施，通过“大喇叭”进村形式培训农民，并向农民免费发放录音带、DVD 光盘、培训教材等辅导资料；三要建立农民科技书屋和光碟销租点，现场播放农业科技教学片，并向农民提供借读、借看服务；四要采取送科技下乡、科技赶大集、技术示范现场会、田间学校、网络终端等有效方式，举办现场科技讲座，开展远端培训和视频咨询；五要从优秀培训学员中，选拔一部分人进入农广校中专班学习，大力开展中等农村实用人才培养。

（三）加强教学管理，提高教学质量

质量就是声誉，质量就是吸引力，质量就是竞争力，质量就是生命力，提高质量始终是农广校发展农民教育培训事业的根本保证。各级分校必须进一步提高教学质量对农广校生存和发展的重要性、必要性、紧迫性的认识，把提高教学质量放到农广校办学的头等大事和永恒的主题上，上下步调一致，齐抓共管，在教学工作中坚持“严密的组织，严格的管理，严肃的纪律”，一丝不苟的落实自学、作业、面授辅导、实验实习、考试考核等教学环节。通过实施一个目标（确保教学质量）、建立二个体系（质量评估体系、质量监控体系）、加强三项工作（加强制度建设、加强师资队伍建设、加强教学环节落实），确保教学质量。

（四）实施人才兴校，壮大教师队伍

人才决定着学校的兴衰和事业的发展。农业广播电视学校要肩负起培养新农民、服务新农村的重大历史使命，必须有一支爱岗敬业、团结奋斗、求真务实、勇于开拓、不断创新的办学队伍，特别是要培养一支识大局、谋实事、讲实干的各级校长队伍；培养一支既具有教育教学能力，又具有实践技能和指导能力的“双师型”教师队伍。目前，农广校系统的人才队伍不仅在数量上远远不足，而且在质量上要大大提高。为此，农广校要建立专职师资继续教育证书制度，定期参加培训，着力提高教师的实践能力、教学能力、表达能力和创新能力。要实行开放式教师培养体制，面向社会招聘专业师资和实习指导教师，从社会聘请一部分兼职老师，实行专兼结合，不断拓宽师资来源渠道。

（五）开展理论研究，指导实践工作

当前，农广校必须深入开展农民教育和现代远程教育的理论和实践研究，以及农民科技教育培训的需求和发展研究，切实为培养新农民、服务新农村提供理论支撑。要充分发挥山东省远距离教育专业委员会的学术团体作用，组织和引导全系统办学人员，有针对性地开展对农广校系统创业发展典型经验、办学模式、办学特点、教学规律的实证研究和成果推广。要积极组织群众性的教育实践研究活动，加强对新农民、新农村的需求调查研究和对现代远程教育教学规律和发展的基础性、理论性研究。要根据客观情况的变化，及时发现和研究前进中的新情况、新问题。要解放思想，大胆探索，勇于创新，力求推出新成果。临沂市的多层次、立体式模式，淄博市优质媒体资源进农村模式，东营市的农民教育培训大合唱模式等，要继续进行探索，推动农广校的工作上台阶。

（此文为2009年1月17日在全省农广校工作会议上的讲话）

科学规范扎实推进保质保量地完成农村公益型岗位人才培训试点工作

今天我们在这里召开会议，主要任务研究部署农村公益型岗位人才培训试点工作。在此，我代表省校向参加会议的承担这次培训试点工作的各市、县（市、区）分校的校长表示热烈的欢迎。为把农村公益型岗位人才培训试点工作做得更加科学规范、扎实有效，下面我讲三方面的意见，供大家参考。

一、充分认识做好农村公益型岗位人才培训试点工作的重要性

（一）培养农村公益型岗位人才是构建农村和谐社会和建设社会主义新农村的迫切要求

实施农村公益型岗位人才培训工程是推进农村公共事业发展的必然要求，也是加快农村改革，促进农村繁荣的有效途径。当前，各级党委政府十分重视农村人力资源开发和农村实用人才队伍建设工作，全省农村公共事业也取得了长足的发展，但农村实用人才总量不足、地区间分布不均衡、结构不合理、学历总体偏低等问题仍旧十分突出，山东省农村实用人才总量不足50万人，仅占乡村从业人员的1.12%，其中具有中专以上学历的只占7.3%，公益型岗位的服务人员15万人、中专以上学历人员8万人，同时由于青壮年、素质高的农民大量转移到城镇第二、第三

产业就业，农村从业人员“结构性素质下降”的现象也日益突出。

农村实用人才总量不足，特别是农村公益型岗位人才队伍现状与建设社会主义新农村的目标要求相比，差距更是十分巨大，农村公共事业长期存在“有人建、无人管”等问题，这已经成为发展农村公共事业主要的瓶颈之一，严重制约了新农村建设进程。因此，实施乡村公益型岗位人才培养工程，加快培养农村公益型岗位人才，壮大农村实用人才队伍，是推进农村改革发展，促进农村繁荣稳定，加快社会主义新农村建设和农村和谐社会构建的基本战略方针。

（二）中共中央国务院省委省政府对发展农村公共事业，实施农村公益型岗位人才培训提出了明确要求

2008 年，中共中央国务院下发的《关于进一步加快农村人力资源开发和加强农村实用人才队伍建设的意见》中，提出要通过加强农村实用人才队伍建设，发展农村社会事业。党的十七届三中全会提出：“加快发展农村公共事业，促进农村社会全面进步”，同时要求“强化农村社会管理”，“大力办好农村教育事业”。

为落实中央有关文件精神，山东省委九届六次会议通过《关于认真贯彻落实党的十七届三中全会决定推进我省农村改革发展的意见》（鲁发［2008］23 号），决定启动实施农村公益型岗位人才培养工程。2008 年 8 月，省委办公厅和省政府办公厅下发了《关于印发山东省实施新农村人才资源开发“绿色行动”的意见》（鲁办发［2008］13 号），文件明确提出：“依托农广校和职业院校等教育培训机构实施农村公益型岗位人才培养工程，到 2020 年培养造就一支 40 万人左右、适应农村和谐社会建设需求的公益服务人才队伍。”

（三）财政立项实施农村公益型岗位人才培训试点工作是农广校近年来不断争取的结果

按照中央和省委省府有关文件要求，2009 年 9 月，省农业厅和省财政厅联合下发的《关于做好 2009 年新型农民科技培训工作的通知》（鲁农科字［2009］28 号）中提出“启动实施公益性岗位人才培训试点工作，2009 年全省培养农村信息员、农村卫生防疫、农产品质量安全监督员 2 000名”的目标任务，同时省财政按照每人培训补贴 500 元的标准，列专项资金 100 万元支持该项目实施。随即，省农业厅下发了《关于做好农村公益型岗位人才培训试点工作的通知》（鲁农广字［2009］4 号），明确提出“农村公益型岗位人才培训试点工作具体组织实施由山东省农业广播电视学校承担”。

虽然农村公益性岗位人才培训试点工作规模不是很大，财政资金投入不是很多，但该项目的启动实施，标志着我省农广校体系独立承担省财政农民培训项目的首次突破，是近年来省农广校不断争取的结果。为争取财政支持启动农村公益性岗位人才培训试点工作，从省里研究落实中央文件精神，起草《山东省实施新农村人才资源开发“绿色行动”的意见》（鲁办发［2008］13 号）和《关于认真贯彻落实党的十七届三中全会决定推进我省农村改革发展的意见》（鲁发［2008］23 号）两个文件起，就派专人参与，将“启动实施农村公益性岗位人才培训工程”写入两个文件中；在省农业厅编制 2009 年财政预算时，我们又积极争取厅领导和有关处室予以支持，将该项目列入 2009 年农民培训专项预算。从 2009 年 4 月下旬开始研究到 8 月正式下文实施，省校积极争取省农业厅领导和有关处室支持，与省财政厅协调了多次，最终启动实施了该项目。今天回想起来，真是来之不易。

（四）做好农村公益型岗位人才培训试点工作是省农业省财政厅对农广校的信任，也是农广校义不容辞的责任

由省农广校体系承担农村公益型岗位人才培训试点工作，这充分体现了省农业厅和省财政厅领导和有关处室对农广校极大的信任和鼓舞，同时也是各级领导对农广校农民培训服务能力的一次大检阅，各地对此必须有一个清醒的认识。

农广校是政府实施农民教育培训的公益性事业单位，做好农民教育培训工作，培养新型农民是农广校义不容辞的责任。农广校经过近30年的改革发展，利用丰富的教学资源、高水平的教师队伍、优质的广播电视教学栏目和快捷的互联网教学点播系统，基本构建起了“三网合一”农民远程教育培训平台，已经发展成为全省重要的农民教育培训、农业职业教育和农村实用人才培养基地。因此，科学规范、按时按要求、保质保量地完成今年的农村公益性岗位人才培训试点工作，是理所当然的。

当前，农广校办学重心正由偏重开展学历教育向发展农民职业教育培训和实施农村实用人才培养转变，扎实推进、富有成效地完成农村公益性岗位人才培训试点工作，对于今后争取财政支持，实现农广校工作重心及时顺利转移，更是不容半点闪失。正因为此，又好又快地完成农村公益型岗位人才培训试点工作，已经成为当前全省农广校工作的重中之重，必须抓紧抓好。希望承担项目的各市、县分校要格外珍惜这一来自不易的机会，进一步提高认识，统一思想，高度重视，加强组织，完善培训条件、强化师资力量，落实培训环节，确保培训质量，圆满完成这次培训任务。

二、认真做好农村公益型岗位人才培训试点准备工作

“兵马未动，粮草先行”。认真做好农村公益性岗位人才培

训开班前的准备工作，是圆满完成整个工作的前提和基础，从任务量看，要占60%以上，从重要性看，也要高于开班后的工作。对于前期准备工作，各地应注意以下几个方面。

（一）加强领导，成立机构

项目县分校要在市分校和当地农业主管部门的统一领导下，组成专门的领导小组，成立专门办事机构，安排专门管理人员，切实加强工作组织管理。要做到思想认识到位，机构人员到位，工作行动到位，以积极主动的态度，科学合理的方法，实事求是的作风，稳步推进这项工作的实施。

（二）详细计划，优化方案

省校根据农村公益型岗位人才培训目标的要求，制定了全省统一的试点工作培训计划，培训工作进度。各市要指导各项目县分校认真学习，深刻领会，并严格按照省校的要求，结合当地实际情况，本着“方便农民、就近培训”的原则，制定具体培训工作计划，不断优化工作实施方案，合理安排，精心组织。

（三）广泛发动，组织报名

各项目县分校要积极争取当地农业主管部门、组织部门的支持，要注意调动乡镇党委政府的积极性，做好学员的组织报名工作。要结合当地实际，确定培训岗位，按照自愿报名，村、镇推荐，农业主管部门审核的程序，坚持“公开、公正、透明”的原则，广泛宣传发动，积极组织报名，做好学员公示。要按照规定优先选择综合素质高、学习愿望强、已经在岗的学员参加培训。参加培训的学员所在村镇要相对集中。

（四）改善条件，强化师资

良好的培训条件和优秀的教师队伍是确保培训效果的基础。各试点市、县分校要尽自己最大努力加大投入力度，加强和改善培训条件；选聘优秀培训教师要基于专业技术水平高、综合素质强且熟悉农民教育培训等基本条件，强化师资队伍建设，提高培训教师水平，确保培训质量。

三、确保农村公益型岗位人才培训试点工作按时按要求圆满完成

（一）落实培训环节

各项目县分校要按照制定好的培训方案，认真组织学员，开展培训工作。要加强培训过程管理，把学员培训组织、集中教学培训、现场考察学习、学员交流研讨和跟踪服务等培训环节落到实处，将培训工作切实有效地抓紧、抓好，不搞形式主义，扎扎实实完成培训任务。

（二）材料及时归档

培训档案是项目验收工作的重要依据，培训档案资料的收集、整理要涵盖从学员宣传发动组织报名到培训期间以及后期跟踪的全过程。各试点县分校要加强对培训过程资料的归档和管理，学员登记表、基本情况汇总表、培训考勤册、教师教案、教师跟踪服务手册、学员培训手册学员、岗位工作计划书等培训过程资料以及有关文件、工作计划、实施方案等及时入档；档案整理和归类做到条理清晰、整齐有序、符合档案管理规定，方便查阅。

（三）组织培训考核

培训结束后，各项目县分校要积极组织培训学员参加职业技能鉴定考核，引导学员参加农广校中专学习。要组织力量，对学员开展综合考核。要在市分校和当地农业主管部门的统一领导下，按照省校制定的评价指标体系，及时组织开展自查，按时上报自查报告，积极迎接省校检查验收。

（四）加强资金管理

每个项目县（市、区）安排财政专项补助资金 10 万元，专项

用于农村公益型岗位人员的培训。培训经费主要用于教材费、教师讲课费、场租费（培训、实训）、实习费、学员食宿费、后续指导经费等。培训补助资金实行县级报账制。要严格培训资金使用，不得以任何形式违规使用培训经费。对弄虚作假，擅自改变资金用途，挤占、挪用、套用或造成资金损失的单位和个人将严肃查处。

（五）及时宣传总结

各市、县分校加强对宣传工作的组织领导，全面做好宣传工作。要让更多的农民了解农村公益型岗位培训，提高农民参与培训的积极性；要注重培养和树立典型学员，及时进行培训工作经验总结，利用各种宣传媒体，广泛宣传农村公益性岗位人才培训试点工作成效，一方面为扩大实施农村公益性岗位人才培训广造舆论；另一方面为今后实施农村公益性岗位人才培训积累经验。

同志们，开展农村公益性岗位人才培养，是一项崭新的工作，需要我们农广校体系要一边研究，一边探索，一边工作，一边总结。为指导各地做好农村公益性岗位人才培训试点工作，省校制订了《农村公益性岗位人才培训试点工作管理办法（暂行）》、《农村公益性岗位人才培训试点工作绩效评价体系》；为保证全省培训工作的一致性，省农广校统一了培训计划、培训教材、工作进度；为方便学员学习，省农广校编制了学员培训手册、岗位工作计划书，其征求意见稿已经发给大家，希望大家会后仔细研究，提出并及时反馈修改意见。

到年底还有两个月多一点的时间，农村公益型岗位人才培训试点工作可谓是时间紧、任务重，这对我们农广校培训能力是一种考验，在此，要求承担项目各市、县分校一定要千方百计、排除万难，按时按要求、保质保量地完成农村公益型岗位人才培训试点工作，为山东省农广校体系增光添彩。

（此文为2009年10月21日召开的全省农村公益型岗位人才培训试点工作部署会议上的讲话）

创新工作思路　促进事业发展

今天我们在这里召开一年一度的全省农广校办学工作会议。回顾一年来的办学情况，表彰先进，同时梳理一下明年的工作思路。会上我们将根据1号文件的规定表彰济南、淄博、烟台、临沂、德州5个市分校"2009年度优胜学校"，表彰各分校在不同领域作出的贡献。省农业厅庄文忠副厅长将做出重要讲话，对2009年全省农广校系统农民科技教育培训工作进行分析、并提出要求。同时安排部分校长进行交流与发言，并就做好2009年的工作提出建议和意见。

一、2009年体系办学工作的基本情况

2009年是一个不平凡的年份，是全体系成功转型的重要年份。我们不仅完成了年初制定的各项目标任务，而且成功的实现了体系的转型。主要表现在一下几个方面：

（一）自身建设不断加强，服务能力稳步提高

1. 认真开展了全国县级农广校办学水平评估迎评工作，评估验收取得了显著成效

按照中央农广校《关于开展全国县级农业广播电视学校办学水平评估验收工作的通知》（农播督［2009］15号）要求，我校积极组织有关市、县分校做好准备，成立专门小组两次到相关市县分校现场指导迎评工作，使得准备工作"硬件历历在目、

软件有据可查”，在学校办学条件、扶持政策、资金投入、人员编制、师资队伍建设等方面得到不同程度的加强，地位和作用进一步得到巩固和提高。整个评估和检查验收情况得到了中央农广校评估验收组成员的高度赞扬和一致肯定。通过此次评估工作真正达到了“以评促建，以评促改，以评促管，评建结合，重在建设”的目的。根据评估结果，山东省123所县级分校中有40所入围全国A级校，12所县级校分别入围了“中等职业教育”和“农民培训”两个单项全国百强校。数量和比例均列全国第一。

2. 成功举办了全省农村实用人才队伍建设师资高级研修班，农广校校长能力得到了快速提升

2009年，按照山东省人力资源和社会保障厅、山东省农业厅《关于举办全省农村实用人才队伍建设师资高级研修班的通知》（鲁人社函［2009］232号）要求，在分管厅长和厅人事处的大力支持下，全省农村实用人才队伍建设师资高级研修班于10月26日至31日在北京成功举办，全省61名市、县（市、区）分校校长及省校办学人员共计74人参加了研修班。为提升研修班水平，确保培训效果，研修班实行准军事化管理，邀请到了中央农广校常务副校长曾一春、中组部远程试点办公室副主任中央农广校副校长刘天金、农业部教育司原副司长孙翔、国家农业信息化工程技术研究中心副主任郭建鑫、中国农民大学副校长王新武、中国农民大学培训部部长黄鹏程等领导和专家担任研修班授课任务，主要讲授了农民教育发展形势和农广校的任务、校长能力建设与农广校事业发展、现代远程教育创新应用、农业科技创业培训模式探究等专题。研修班期间参加研修的人员还进行了交流研讨，开展了拓展训练、军事训练、参观考察等活动，我校与中国农民大学还就下一步如何在农民培训领域开展合作进行了探讨交流，并达成了初步的意向。崭新的研修模式、良好的研

修环境、顶尖的师资力量、完善的保障体系，确保了研修班效果。

3. 深入进行了全省农业和农民教育培训调查研究，农民教育培训的针对性不断加强

为适应农业农村经济社会发展和农民实际需要，进一步增强农民职业教育培训的针对性和有效性，我们按照农业部和省厅要求，分三个大组、派出9个人，赴招远市、淄博市临淄区、阳谷县3个不同经济特点的县（市、区），与当地市县分校共同对3个县（市、区）以及辖区内9个乡镇、27个行政村、270户农民，进行了有关农民劳动力素质和职业教育培训情况的调研。在调查研究的基础上，形成了《山东省县域职业教育培训和农村劳动力素质调研报告》。为指导农广校开展农民教育培训工作奠定了基础。

为进一步强化农广校中等职业教育教学管理，推进中等职业教育教学研究工作的深入开展，2009年4月中等教育教学研究专业委员会召开了各门类教研组相关人员研讨会，研究确定了2009年工作计划和精品课件制作等教学研究工作，编制下发了《中等教育教学研究专业委员会工作条例》和《中等教育教学研究专业委员会各专业教研组2009年工作重点》，按照工作计划和重点，年内教研会分专业召开了4次教研组会议，完成了山东省农广校教学管理规定的修订工作和部分课程的课件制作任务，对中等职业与成人教育各门类学科建设、教材建设、教学计划的制定和教学方法的创新提出了意见和建议。

4. 进一步强化了农业职业鉴定考评员督导员队伍的建设与管理，农民职业技能鉴定工作步伐得以加快

为进一步适应农民职业技能鉴定考核工作需要，2009年我校又先后选派省校和系统内8名办学人员参加了农业部举办的农业职业技能考评员、督导员培训班。为进一步加强考评员、督导

员队伍建设与管理，年内我们又对现有考评员、督导员进行了重新登记、换证工作。目前，全省农广校系统拥有在职考评员185名、督导员16名，考评工种分布在农业生产资料生产、营销、农业种植、养殖、农产品加工、流通等各领域。2009年，我校全年共鉴定初、中、高级工2 753人，创历史新高。

（二）远程教育充分发挥，积极服务中心工作

1. 积极组织开展返乡农民工再就业引导性远程培训和抗旱保春管远程技术培训

2010年年初积极配合厅科教处和省委组织部党员干部现代远程教育中心，针对农民工大量返乡，节后外出打工困难的实际情况，邀请省委农工办刘同理副主任，利用省党员干部现代远程教育直播平台和全省市县乡村84 540个终端接收站点，就我省农业农村经济形势、惠农政策和农村劳动力就业形势与途径等内容进行远程培训。还专门录制了《返乡农民工再就业指南》电视讲座，利用山东电视台农科频道《农广校之窗》栏目专题播放，为全省返乡农民工尽快实现再就业起到良好的指导作用。

年初为配合做好小麦抗旱保苗和田间管理工作，我们根据厅里和中央校的部署，迅速下发了《关于组织全省农广校专兼职教师进村入户开展抗旱保苗管理技术培训的通知》文件，组织全省各级分校和广大专兼职教师，积极开展小麦春季抗旱保苗和春季田间管理技术培训等科技服务工作。并在泰安市岱岳区举办了省市县乡“四级联动春季抗旱保苗培训班和现场会”，邀请了中央农广校张瑞慈处长和有关小麦专家进行了集中授课和现场指导。全省农广校系统举办各类抗旱保苗培训班300多场次，发放科技明白纸20万余张、图书近万册、光盘4 600多片，专兼职教师进村入户深入田间地头现场指导3 000多人次。期间，配合科教处、远程中心聘请了中国工程院院士、山东农业大学于振文教授专门录制了《加强小麦春季管理和小麦抗旱保苗关键技术》

电视讲座，通过省党员干部现代远程教育直播平台和全省市县乡村84 540个终端接收站点开展远程培训，为提高我省农民科技种田和规避自然灾害能力，确保小麦增产增收起到了积极的作用。

2. 切实办好电台、电视台节目实施农业实用技术普及性培训

2009年，我们继续坚持在山东人民广播电台播出《致富指南》栏目，全年播出365讲（次）；在山东电视台农科频道开播农业教育培训专栏《山东农广校之窗》，全年播出104讲。栏目受到了广大农民的关注，平均每周收到热线电话40次左右，每月接待群众来访10次以上。据统计，全省有42所市县分校在地方电视台开播了农广校农民教育培训栏目，对广大农民实施普及性远程教育培训，得到了中央校和有关方面的充分肯定。

3. 编制了大量农业实用技术和农民教育培训工作宣传电视片

2009年，我们按照“技术要新、内容要全、质量要高、及时真实”的工作目标，完成了21项行业关键技术电视片的后期制作工作，整个系列片分为47讲，总片长为23.5小时，整理专家讲课稿共计26万字。编录了《全省小麦抗旱保苗和春季田间管理技术远程培训》、《全省农民工再就业引导性远程培训》、《农民进程务工指南》专题讲座类节目8讲，总长240分钟；编录了《进城务工阳光路》、《培养新农民服务新农村》等电视新闻宣传类专题片10期，总长150分钟。完成了省农业科教执法工作培训会议讲座、农村公益型岗位人才培训会议、全省小麦秋种技术培训班、全省出口型农业龙头企业负责人培训班、全国小麦节本提质增产综合配套技术高级研修班的摄制任务，共计5 340分钟，刻录光盘300余片。在向省委组织部远程教育中心上报的《2008年新型农民科技培训工程行业培训主推技术》系列讲座节目中，11个节目通过审查，总长811分钟。向中央校

报送的5部共10集电视科教片，全部推荐为A类片，得到了中央农广校领导的好评，并得到补贴制作经费10万元。

（三）积极承担培训项目，大力开展农民培训

1. 扎实开展全省农村公益型岗位人才培训试点工作

2009年，我校被确定为全省新型农民科技培训工程农村公益型岗位人才培训试点工作的实施单位，承担了全省10个县1 100名农村信息员和900名农产品质量监督员的培训。按照培训的要求，我们根据不同的岗位分别制定了培训计划、培训内容、培训教材，研究制定下发了试点工作管理办法、绩效评价表，编印了试点工作指导手册、岗位工作计划书、教师跟踪服务手册、培训学员手册。为保障培训组织，我们专门召开了承担本次试点工作的项目县和相关市分校的负责人会议。为加强学员组织，合理利用培训资源，确保有序开班，我们实行了开课申报制度。为确保培训质量，我们实行了三加一式培训模式，即集中面授、考察学习、交流研讨加上培训结束后一年的跟踪服务。经过培训，94%的参培学员达到了中级以上职业技能水平，获得了农业职业技能鉴定证书。

2. 积极争取承担阳光工程农民创业培训任务

2009年，我校作为农村劳动力转移培训阳光工程农民创业培训项目的实施单位，承担了500人的培训任务。我们充分发挥体系优势，确定了在济南、淄博和临沂三地进行培训。为使培训任务能够按时按要求开展，我们成立了项目领导小组，指派专门人员负责项目的筹备和组织，召开了三地分校校长和培训科长会议，明确了各级的职责分工，研究讨论了关于创业培训工作的意见和要求，制定了“2009年创业培训培训环节、内容及日程安排表”。为了进一步做好农民创业培训工作，提高培训教师的授课水平，我们积极指派承担项目地市的管理人员和教师参加由农业部组织的农民创业培训师资培训班。目前，创业培训工作正在

有序开展。

3. 继续承办全省出口型农业龙头企业负责人培训班

按照厅里要求，在分管厅长的领导下，在厅财务处、产业化办公室、对外合作处等有关处室的大力支持下，与厅科教处一起举办了2009年全省出口型农业龙头企业负责人培训班。我们具体承担了聘请授课专家、确定培训地点和整个培训期间的组织与管理工作。培训班分四期在济宁、济南、临沂、烟台举办，全省1 059家出口型农业龙头企业负责人参加了培训，效果明显。

4. 实施了山东省预防与控制全球基金艾滋病项目

2009年，我们继续争取山东省疾病预防与控制中心，加入到“山东省全球基金艾滋病项目多部门和社会参与活动”中，争取到专项资金8.5万元，通过在农广校中专学员中开设相关课程，相关专家现场授课，网上多媒体点播，开展送知识下乡进村活动，举办相关知识竞赛等多种形式向全省广大农民普及艾滋病基本知识，培训外来务工人员和外出打工人员3 000余名，免费发放教材2 000本，宣传材料4 000余份，取得了很好的效果，得到了省防艾办领导的好评。

（四）稳定学历教育规模，强化教学管理质量

面对成人中高等教育招生十分艰难的局面，各级分校采取求实措施，完成中专注册7 418人，高等教育招生3 000多人。

针对当前部分分校放松教学管理，出现了“重招生、轻教学，重数量、轻质量”的现象，省农广校年初就提出了“抓管理，保质量”的教育教学目标。重点抓了以下几方面的工作：一是召开专门会议研究部署招生与教学管理工作。2009年全省农广校先后召开了3次会议，专题研究部署教学、教材和学籍管理工作。二是严抓考务管理工作，严肃考风考纪。省校先后派出40多人次，分赴全省各地开展巡考、监考工作。三是不断完善成人高等教育函授站建设，对各级分校提出了“成立专门机构

管理，安排专门人员负责，遵章守制开展工作”的基本要求，并加大督导检查力度。四是是清查核对学员学籍，不断规范学籍管理，按照实名制清查核对在校生学籍的要求，对全省中高等学历非学历教育在校生学籍档案进行了一次全面的清查核对工作，根据目前学籍管理的新形势和新任务，我们在已有的学籍管理制度上，又进行了修订和完善。

（五）实施“三进村”行动，拓展业务领域

2009 年我们继续争取中央农广校支持，实施“致富早班车”节目下乡进村项目。安排“致富早班车”节目下乡进村项目至日照、济南、德州等 10 市 20 县 50 个乡（镇、办事处）100 个村，无偿赠送培训录音带 10 000盘；开展千名教师下乡进村活动。全年共有 1 326名农广校专兼职培训教师下乡进村深入田间地头，现场指导农户生产经营，进村人次达 46 248人次；做好“生态家园富民计划”。无偿赠送培训教材 400 套、光盘 300 套、录音带 950 套；扩大学历教育下乡进村规模。2009 年全省农广校按照“人才培养进村”的要求，全年进村办班 120 多个，培养绿证学员 21 368名，培训中专学员 3 064名；加快农民科技书屋建设步伐。全年我们通过开展“媒体资源进村”活动，又在 36 个县 52 个村建设农民科技书屋，全省购买发放和无偿赠送科技图书 22 234册、科技光盘 18 578片，其中省校购买发放科技图书 9 228册、科技光盘 9 540片，无偿赠送科技图书 2 616册、科技光盘 1 658片。

同时，争取科教处的支持，包括省校等 8 所学校承担了现代农业技术培训基地的培训任务。为全省的培训工作上层次、上水平拓展了新的途径。

2009 年我校保质保量出版《农村远教》6 期 50 万字，开辟东平、岱岳、滕州等 9 个县（市、区）的宣传专页。对全省农广校县级农广校评估、龙头企业负责人培训、农村实用人才培训师资队伍高级研修班等重点工作，以及优秀办学人员和优秀学员的先进事迹进行了宣传报道。2009 年《山东省农业远距离教育网站》编排上载更新内容 700 多条，涉及全省农广校农民教育培训工作的各个方面。

二、对农广校体系办学转型中的认识与实践

（一）农广校处于历史转折的关键时期，转型定位成为不争的事实

当前，有几个不争的事实：

一是各级党委政府越来越重视农民教育培训工作，今年的中央的一号文件提出：大力发展中等职业教育，继续推进农村中等职业教育免费进程。逐步实施农村新成长劳动力免费劳动预备制培训。2008 年、2009 年国家和省两级财政在我省新型农民科技培训、创业培训、农村劳动力转移培训阳光工程 3 个项目上，资金投入就达到 2.3 亿元。

二是农民教育培训市场竞争越来越激烈。在各级党委政府的重视下，在各级财政的支持下，在社会的广泛关注下，各部门给类培训机构都涌入了农民科技教育培训市场，竞争日趋激烈，与公办职业学校相比，我们的条件差了些，与民办学校相比，我们又缺少了灵活性，几年下来，农广校农民科技教育培训主渠道地位受到了威胁。没有体系的支撑，我们在培训能力上真可谓是散兵游勇。

三是农业中专的招生工作难度越来越大。在政策性障碍没有突破之前，我们的招生基本上是靠体系内部与部门联合来实现的。很难想象，在种地补贴、买家电补贴的今天，让农民自己拿钱来提高自身的综合素质。这头好不容易争取来财政培训资金，那头还得求着农民来参加培训，这就是目前的现实。

四是高等教育联合办学问题已接近尾声。推荐生今年已经停招，专业证书本科班虽然在人事处的帮助下，解决了证书的效力问题，但是今年也是最后一年。在成人教育联合办学上，随着形势的发展（据教育厅测算 2013 年高校参考学生数将减少一半）也基本趋于扫尾阶段，今年也将与青岛农大停止联合。靠目前的渠道，高等教育招生规模只能是逐渐缩小，要维持甚至扩大规模必须开辟新的渠道。

五是公共资源的利用也趋于紧张。举个例子讲，过去电台电视台的节目是他们求我们，现在是不断的向我们施压，减少我们的时间，改变我们的播出时段，提高我们的播出费用。

从以上看，强化公益性事业服务的地位、强化体系服务能力、加快实现我们思路上的转变、重点上的转移已成为摆在我们面前的首要任务。为此，从去年开始，我们提出了农广校的两个重点转向一个重点——农民培训。学校工作重心也将由过去学历教育和农民培训并重转向以农民教育培训为主。去年在临沂市召开的教学管理工作会议上，我们又提出了学历教育新的指导思想、目标要求、工作思路。强化招生、强化教学管理，更重要的是在政策上寻求突破。

那么今年我们又实行了重大改革，即 2010 年优胜学校的考核不再实行中专招生一票否决，而是实行了综合考评。我们将今年的 1 号文件的征求意见稿已经发给大家，请大家修改后，尽快反馈意见，以便尽早下发实施。

（二）确立农广校体系的主渠道地位与作用

农民教育范畴弹性很大，具有与其它教育不同的特点。农民教育中的农民主要特指居住在农村从事农业生产经营的劳动者，以及转移到城市就业仍具有农村户籍的农民工。农民的特殊性决定了农民教育的明显特点。一是面广量大，居住分散。二是和农业产业、农业农村经济发展实际结合非常紧密。三是需求差异大，既包括学历教育，也包括非学历培训，呈现个性化和多元化发展趋势。四是农民教育是终身教育，应多层次、多形式、多渠道开展。五是农民教育重在提升职业技能、实现增收致富，着眼提高自身发展能力。

农民教育的特点决定了农民教育的艰巨性、复杂性。而我们农广校经过近30年的建设和发展，业已形成的自上而下的、完整的办学体系有其独特的办学优势，它利用现代教育培训技术和先进的传播手段进行远程教育和培训，具有容量大，覆盖面广，教育成本低，教学手段先进，教学形式灵活，学员不脱产、不离岗即可参加学习的特点；它能够多出人才，快出人才，出好人才，非常适合我们穷国办大教育的国情，在急需大规模提高广大农民科技和文化素质的情况下，更具有其他部门和其他教育形式不可替代的、独特的作用。

农广校的办学特点决定了我们是一支适应农民需求的专门的教育培训机构。这为我们奠定主渠道地位与作用提供了条件。只要我们在今后的建设和发展中，树立体系办学的认识，充分依靠体系的支撑，利用好现代化的教育培训手段，着力于条件建设、队伍建设、制度建设，规范管理、组织有序、科学发展。

（三）适应新形势，实践农民培训的主渠道地位作用

今年，我们在继续组织实施出口创汇型龙头企业负责人培训班的同时，开辟了“农村公益性岗位人才培养试点”、承办了“农村劳动力转移培训阳光工程农民创业培训”试点班、确定了8所学校为基层农技推广体系建设基层农技推广人员培训基地。创造性地开展了前所未有的工作，为体系的发展和创新，发挥主渠道作用奠定了基础。

对于财政支持的农业培训项目，省农广校一直积极为体系在争取，去年实现了突破。几年我们还将积极协调努力争取。由于财政体系的原因，国家和省里下达的一些农民培训项目需要直接

到县一级。比如新型农民科技培训工程，这需要我们各市分校从各市农业主管部门开始帮助县级分校，通过协调争取，积极承担项目实施。从去年项目实施情况看，新型农民科技培训工程承担量不足60%，阳光工程不足30%。总体情况不好，今年需要我们一起努力。

（四）发挥自身优势，为中心工作服务

一要建立有效工作协调机制，落实责任、明确任务，统筹规划、综合协调，落实专门机构负责具体事务，充分利用各种教育培训资源，切入到党委政府的中心工作中去，争取农业行业部门的领导，领导支持、项目支撑、体系组织，完善机制。

二要重点加强县及其以下农民教育培训基础条件建设，加快推进农民教育信息化步伐，构建天网、地网和人网三网合一的公共服务平台，及时把优质教育资源送到农村。要充分利用目前已有的项目，武装自己。

三要充分发挥现代农业远程教育的作用，把传统方式与现代方式有机衔接起来，做到长短结合、远近结合，阶段性教育与终身教育结合，普及性培训与系统性教育结合。紧密结合农民特点和农业生产实际，选择适合农民学习的时间、地点和形式，为农民提供丰富、管用的各种新技术、新成果、新信息。以实际行动，证明我们能够干事、能干成事。

四要不断研究总结农民教育的普及性、针对性、基础性、系统性的特征和规律，按照规律办事，推进农民教育走上科学发展轨道。

五要积极争取扶持政策上，加快实行农村中等职业教育免费政策，将农民不离土、不离乡、不离岗参加非全日制中等职业教育，纳入国家助学政策体系。

今年，我们的校长队伍高级研修班的成功举办，为我们全体系解放思想、开拓创新奠定了基础。起到了非常重要的作用，许多校长回去后利用的自己的工作中去，收到了很好的效果。

三、2010 年省农广校工作的初步思考

2010 年，我们以科学发展观为指导，克服制约农广校发展的瓶颈，紧紧围绕“培养新农民，建设新农村”这一工作中心，坚持“固本求生存、创新谋发展”两个基本原则，努力做好以下五方面的工作：

一是在学校管理上下功夫，营造良好的工作氛围。通过加强制度建设和加大监督检查力度，创造健康、和谐、愉快的工作环境，形成有秩序、快节奏、高效率的工作局面。

二是在农民培训上上规模，不断强化公益性地位。充分发挥体系优势，争取领导和有关部门支持，积极承担和圆满完成各项农民培训项目，强化和稳定农广校的公益性地位。

三是在中等职业教育上找突破，主动推进农村实用人才培养。以农村公益性岗位人才和农业服务业人才培训为抓手，稳步推进农村实用人才队伍培养，积极主动争取农广校开展的农民中等职业教育享受学费补贴和农林专业免费政策。

四是在体系建设上搞强化，提高农广校整体服务水平。科学合理地整合全省农广校体系内教育培训资源，发挥集团优势，真正把我省农广校体系建设成为集农民教育培训、科技普及、推广服务和信息传播多功能一体化的农业现代远程教育公共服务平台。

五是在基本建设上求发展，重点建设一批特色明显、机制灵活、实用实效的农民教育培训基地。建设一批设施完善、条件过硬、经验丰富，具有示范带动作用的农民教育培训基地。

（此文为 2010 年 1 月 27 日在全省农广校工作会议上的讲话）

充分发挥体系优势
促进农民培训工作再上新台阶

首先，我代表省农广校对亲临会议指导的厅科技处各位领导以及参加会议的各市分校和部分县级分校校长表示热烈的欢迎。这次全省农广校农民培训工作会议是根据厅里的会议计划和学校的年度整体安排召开的，会上我们将总结交流去年以来的农民培训工作情况，研究和梳理下一步农民培训的工作思路，安排和部署下半年的培训工作任务。明天上午我们还要举办农民创业培训项目管理人员培训班。下面我讲几方面的意见。

一、2009 年以来农民培训工作的基本情况

（一）发挥优势，农村劳动力转移“阳光工程”效果显著

2009 年，在各市、县（市、区）分校的积极争取和不懈努力下，全省农广校体系内共有 64 所分校承担了培训任务，培训人数达到 63 600 人，占全省总任务量的 31.8%，培训工作得到了各级党委政府和农业主管部门一致好评。同时省校承担了农民创业培训 500 人的培训任务，在与济南、淄博、临沂 3 市分校的共同努力下，圆满的完成了培训任务，并在招生形式、师资选聘、基地建设、培训模式、跟踪服务等环节中进行了全方位的的探索和创新，受到了农业部、省农业厅和各级党委政府的充分认可。这项工作是农广校去年在培训工作方面抓的重点、难点和亮

点，为今年全系统大规模开展创业培训工作奠定了基础。

（二）积极争取，新型农民科技培训项目实现突破

2009 年，在新型农民科技培训的 50 个项目县中，有 31 个县（市、区）分校承担了培训任务，占项目县总数的 62%。从省厅的检查情况来看，培训的质量和效果都比较明显。在省校的积极争取下，我校还被确定为全省新型农民科技培训工程农村公益型岗位人才培训试点工作的实施单位，承担了全省 10 个县 1 100名农村信息员和 900 名农产品质量监督员的培训，雄厚的师资力量、完备的培训教材、崭新的培训模式、有效的后续服务，为培训班高水平的完成提供了有力的保障。通过培训，94% 的参训学员达到了中级以上职业技能水平，获得了农业行业的职业技能鉴定证书，并有 56% 的学员注册了农广校的中专，农村公益型岗位人才培训试点工作的圆满完成，得到了各级农业主管部门的充分肯定。

（三）加强管理，职业技能鉴定工作步伐逐步加快

2009 年以来，我们的职业技能鉴定工作，实现了从无到有、从有到多，并逐步发展到从多到精、从多到规范的过程。为进一步加强职业技能鉴定工作的扎实有效开展，规范体系内考评员、督导员队伍建设与管理，我们对现有考评员、督导员进行了重新登记、换证工作，并建立了考评员、督导员数据库。目前，全省农广校系统拥有在职考评员 185 名、督导员 19 名，由于考评员、督导员队伍的不断壮大，鉴定考核工种结构合理，鉴定考核能力不断较强，2009 年，我校职业技能鉴定工作步伐得到了不断加快，全年共鉴定初、中、高级工 2 753人，创历史新高。

（四）全面铺开，大力开展面上普及性培训

2009 年，省校继续坚持在山东人民广播电台播出《致富指南》栏目，在山东电视台农科频道开播农业教育培训专栏《山

东农广校之窗》。全年《致富指南》栏目播出365讲（次），《山东农广校之窗》播出104讲，每讲（次）30分钟。栏目内容有相当一部分是我们自己制作的节目，受到了广大农民的关注，平均每周省校收到热线电话40次左右，每月接待群众来访10次以上。经统计，我们体系内共有42所市、县（市、区）分校在地方电视台开播了农广校农民教育培训栏目，对广大农民实施普及性远程教育培训，此项工作得到了中央校、省农业厅和有关方面的充分肯定。

二、认清形势，提高对加强农民培训工作重要性的认识

近年来，在各级党委和政府部门的重视支持下，在全省农广校系统的共同努力下，全省农广校农民科技培训工作取得了长足发展，在提高农民科技素质，促进农业生产发展，推进社会主义新农村建设，发挥了十分重要的作用。随着形势的发展，为全省农广校的农民教育培训工作提出了新的课题、新的任务。

（一）各级党委政府和主管部门对农民培训工作越来越重视，对农广校支持力度越来越大，期望也越来越大

从当前形势看，一是政策好。党的十七大、十七届三中全会、近年来中央1号文件以及今年2月刚刚出台的《国家中长期人才发展规划》都强调了发展农民教育培训工作，以及培养农村实用人才的重要性，并在政策、投入等方面给予重点倾斜。二是社会环境好。今年的中央1号文件《关于加大统筹城乡发展力度进一步夯实农业农村发展基础的若干意见》，为推进农民培训工作提供了宽松的宏观环境。三是财政支持逐年增加。近10年来，公共财政资金对农民培训工作的支持力度逐年加大，今年，仅中央和省级财政就投入农民培训在专项资金近1亿元。可以说，当前各级党委政府不仅为农民培训提供了政策保障，更为

农民培训发展注入了新的动力。

在各级党委政府和主管部门的重视支持下，近年来农广校承担了越来越多的农民培训任务。随着农民培训任务重，责任大，要求高。对农广校的农民培训工作能力和水平也提出了新的要求。农广校必须思想认识到位，组织管理到位，计划行动到位，保障措施到位，才有可能圆满完成各项培训任务。

（二）农广校发挥主渠道作用，进一步强化农民培训工作，是公益性本色的重要体现

今年是中央农广校建校 30 周年，经过近 30 年的建设和发展，农广校已经形成的自上而下的、完整的教育培训体系，利用体系优势和现代教育培训技术进行农民科技教育培训，容量大，手段先进，形式多样，培训效果好，学员不脱产、不离岗即可参加培训，确立了农广校农民教育培训主渠道地位。在各级党委政府的重视下，在各级农业主管部门的支持下，在社会的广泛关注下，农广校在农民培训中越来越起到不可替代的作用，因此，加强农民科技教育培训，是农广校义不容辞的责任和义务，也是公益性事业单位本色的重要体现。

当前，农广校正处于关键时期，一方面高等教育联合办学比例减小，传统中专招生工作难度越来越大；另一方面各级党委政府越来越重视农民教育培训工作。因此，加快实现我们思路上的转变、重心上的转移已成为摆在我们面前的首要任务。

（三）发展现代农业建设社会主义新农村，对于农民培训工作提出了新的要求

现代农业是用现代农业科学技术和现代技术装备，实行现代经营管理的农业。发展现代农业是建设社会主义新农村的重要内容，也是当前农业和农村经济工作的主线。在我省要实现农业的大发展，破解长期困扰农业发展缓慢的难题，加快发展现代农

业，必须在科技创新、科技推广、科技培训上做文章，在科技成果转化率上下功夫。将新技术新成果转化为现实生产力，需要大批思想观念新、掌握现代农业技术的高素质劳动者。需要切实抓好农民培训，通过教育培训，提高农村劳动者的综合素质和生产能力，使农村潜在的自然资源优势和人力资源优势转化为竞争优势与发展优势。

农广校作为农村实用人才培养、农业职业教育、农民技术培训的主阵地，必须研究现代农业发展和新农村建设对农民培训工作的要求，统筹城乡发展和农村城镇化进程对农民培训工作的要求，紧紧围绕政府中心工作，不断满足农民对培训内容、培训形式的需求，创新管理模式、培训模式，确保培训质量。

（四）适应需求，探索机制，建立起适应农民需要、功能齐全的农广校农民培训平台，不仅是农民的需求，也是我们体系生存与发展的基础

农民培训工作是一项系统工程，只有不断创新工作思路，逐步建立培训工作新机制，全方位构建农民培训平台，才能扎实稳步地推进农民培训工作。一是形式要活，注意研究方便农民学习的机制，通过开展“三下乡”活动、建立农民科技书屋、设立农民科技热线等多种形式，搭建方便农民学习平台，提高培训效果。二是针对性要强，农民需要什么，我们就培训什么，只有适应了农民需求，我们的培训才有效果。三是内容要丰富，围绕当地主导产业、区域性优势产业和地方性特色产品产业发展开展多层次培训，提高农民学员致富能力。

当前，我们自身尚未建立起有效的长效机制，培训的基础条件长期得不到有效的改善，很难完全适应农民培训的有效需求，阻碍了农民培训的经常化和规范化。农广校必须通过不断开展农民培训工作实践，来探究和建立农民培训工作的长效机制，必须通过不断适应农村人力资源开发需要和满

足农民培训需求，来开发和建设形式多元化、科学搭配、结构合理、功能齐全的农民教育培训服务平台。要通过十二五规划的制定，定目标，做计划，拿措施，找支持，加快农广校农民教育培训服务能力建设。

三、齐心协力圆满完成今年的各项工作

（一）科学规范完成各项培训项目

近年来，在各级农业主管部门的支持和全体系的共同努力下，农广校在农民培训项目中所占的份额越来越重。据统计，今年全省95个县（市、区）分校承担了全省60%的“阳光工程”培训任务。35个县（市、区）分校承担了新型农民科技培训项目，占全省总任务的70%。省校承担了新型农民创业培训3 000人的培训任务，涉及到了10个市31个县，培训人数是去年的6倍。这给我们农广校体系在农民培训工作上提出了更高的要求。应验了我们常说的一句话：为我们提供了有力的发展机遇，同时也是培训能力的一次大检阅。

为此，各级分校在培训项目的实施过程中，一是要统一思想、高度重视。各市分校要专门召开承担培训项目的县级分校校长会，进一步学习掌握文件精神和工作规范要求，从思想认识上统一到上级精神和要求上来。二是加强领导、严密组织。承担项目的分校要切实加强对培训项目的组织领导，成立项目领导小组和专门机构，明确各级职责分工。各市分校要加大各项监督检查力度，做好相关督导工作，严把“三堂课”制度，这三堂课都要有专人到场，进行现场督导，确保培训工作取得实效。三是严格规范、有序开展。承担项目的分校要严格按照农业部、省农业厅和省校下达的各项农民培训规范、培训要求开展培训，严格落实好培训经费的使用，保证培训工作有序开展。四是突出重点、

提升质量。在“阳光工程”示范性培训中，我们农广校系统承担的农产品经纪人、农村信息员、农产品质量监督员3个工种要在培训过程中做到“五统一”的标准（即：统一培训规范、统一培训计划、统一培训教材、统一考试考核、统一审核发证）；在新型农民创业培训中，我们要在总结去年培训经验的基础上，在师资选聘、模拟训练、跟踪服务等环节上完善和创新。五是注重总结、广泛宣传。各级农广校要充分利用各种媒体加强宣传，要宣传培训的成效，宣传培训好的做法，宣传通过培训涌现出的学员典型，为农广校营造一个良好的社会环境。同时要注重总结各个培训项目中的好经验、好做法，为下一步的培训提供有力的保障。

（二）大力开展职业技能培训和鉴定工作

加快开展农业行业职业技能培训和鉴定是目前全省农广校的主要工作之一。今年各市分校一是要加强基础条件建设。逐步改善农业行业职业技能培训和鉴定条件建设，加大对基础设施的资金投入，提高服务能力；二是加强督导员和考评员队伍建设。积极选派体系内教职员工参加农业部、中央校和其他有关部门开展的督导员和考评员培训班，充实和壮大我省农广校体系督导员和考评员队伍，同时建立督导员和考评员考核评价标准体系，对督导员和考评员的工作进行综合评定；三是加强制度规范建设。最近，在征求了部分分校意见的基础上，根据我们农广校体系的特点，省校制定并下发了《山东省农业广播电视学校鉴定站鉴定工作程序规范（暂行）》，各级分校要严格按照规范的内容开展鉴定考核工作，确保鉴定工作上规模、上水平；四是拓宽鉴定渠道、扩大鉴定规模。我们目前已经开展了动物疫病防治员、菌类园艺工、农产品经纪人等9个工种的培训鉴定工作，下一步我们要结合近年来农村出现的热点行业，有重点的拓宽鉴定工种，在与相关农民培训项目做好结合的同时，加强与农业企业、监狱、农村专业合作社等的联合，多渠道开展职业技能培训和鉴定工作。

（三）全力推进“三进村”行动

今年省校的1号文件中，将农民教育培训“三进村”行动作为农民培训工作的一个重点。从目前开展情况来看，“示范村建设”这项工作的推进速度不是很理想，所以在下半年的农民培训工作中要按照省校1号文件的要求，以加快“示范村”建设为重点全力推进“三进村”行动。

（四）加强远程教育平台建设，实现农民培训全覆盖

远程教育是一种典型的“修路与跑车”的问题，从目前的情况来看，我们的路建设的比较慢，车也不够多。现代远距离教育平台即互联网教育培训平台还存在着技术不够尖端、手段不够丰富的问题，广播电视等常规手段又达不到真正的普及。多媒体教育培训资源开发和制作工作也十分落后，更新率不高，没有形成一种全方位的远程教育培训机制，造成了平台不平、不稳、不实用、不能够充分发挥出作用的现状。省校目前已在对山东省农村远程教育网进行升级改造，计划实现智能化、多样化、综合性服务，真正开发出贴近农民、方便农民、服务农村的远程教育网络平台，目前此项工作正在进行中。未来几年，远程教育的平台建设要紧密关注我国信息化的发展趋势，不久的将来“三网合一”的实现已是不争的事实，那么我们目前的工作就是要在站稳广播电视这一常规化远程教育阵地的基础上，一方面集中体系优势加快多种农民教育培训媒体资源建设，另外一方面加快现代远程教育平台开发与建设，力争在互联网、广播电视、信息通讯等领域都要站住一席之地，真正体现出我们农广校体系在远程教育上的优势地位。

同志们，由于目前全社会关注农民教育培训问题，各级党委

政府重视农民教育培训工作，使我们遇上了近年来农民培训最好的发展时机，让我们上下一心，携手共进，努力开创农民培训工作新局面。

（此文为2010年8月2日在全省农广校农民培训工作会议上的讲话）

抓好招生　强化管理　提升素质
促进农广校整体工作上水平

经过近三天紧张而有序的工作，全省教师教学评优活动即将结束了，期间我们又专门召开了全省农广校招生工作会议。在此，我首先代表省农广校对不辞辛苦亲临指导工作的各位专家评委表示衷心的感谢，对参加招生工作会议和教学评优活动的各市、县级分校校长、科长和老师表示热烈的欢迎，向获奖的同志们表示热烈的祝贺。下面我就今年的招生工作和本次教学评优活动讲几方面的意见。

一、认清形势，进一步增强做好招生工作的信心和决心

从今年上半年看，全省农广校系统中高等教育招生情况不容乐观。原因是多方面的，有主观的也有客观的，从客观上看，今年的招生大的形势和环境仍然困难，主要表现为：

一是生源进一步减少。今年山东省有五十多万的中职生的招生任务，而今年全省中职学校仅有不足四十万的初高中应届毕业生源。

二是中专吸引力不强。由于高等教育不断扩招，造成了中专文凭“贬值”。中等教育无论对应届毕业生还是对成人缺乏吸引力。

三是自身教育能力不高。由于办学条件、师资力量薄弱，再加上教学管理松懈，教学环节落实不到位，教学质量得不到保

证，农广校的竞争力不够强。

四是农民承担不起教育费用（收费难的问题）。由于农民收入仍然不高，除去供子女上学，看病就医以及日常生活费用外，已经没有能力为自己购买教育消费了。

虽然中职招生依然困难重重，但对主要开设涉农业类专业的农广校来说，总体态势要略好于往年。这是因为：

第一，生源减少对农广校的影响不大。从以往我们农广校的招生对象分析，我们的学员主要以成人为主，因此，应届初高中毕业生生源减少，应当说，对农广校招生影响不会很大。

第二，国家对中职教育的支持力度越来越大。2007 年在实行中等职业教育学生生活补贴政策后，今年国家又实行了中等职业教育涉农专业免费政策。

第三，农广校系统承担越来越多的农民培训项目。今年全省农广校系统承担了 60% 的阳光工程任务，70% 的新型农民科技培训任务，10 个市分校还承担了 3 000人的创业培训任务。这为农民职业技能培训与中等职业教育协调发展提供了前提，也为靠农民培训项目拉动中专招生提供了更大的空间。

从以上分析看，全省农广校只要上下一心，共同努力，我们完全有可能而且一定也能够完成今年全省农广校中专招生既定的目标任务。

二、采取得力措施，千方百计完成今年的中专招生任务

虽然今年总的形势好于往年，但今年全省上半年招生数量特别是中专招生数仅为去年同期的 1/4，其主要原因还是在主观上。主要表现为：思想有所松懈，积极性主动性不强，方法路子不多。

对今年的高等教育招生工作，省校也未在做具体要求。对中专招生，省校也只是下了指导性计划，不再作为优胜学校评比的

一票否决权。但党这但绝不是我们要放松中专招生。我们必须上下努力完成省校年初向中央校和省农业厅上报的招生计划和任务。要完成这个目标任务，在今后三个月中，我们农广校还要真正下点功夫。

一是思想上要高度重视。各级分校必须从确保农广校持续健康发展的角度，认识和把握中专招生工作。招生工作是办学的重中之重。作为一所中等职业与成教育的学校，没有学生还叫什么学校，还要什么校长、老师，还搞什么教学、教管、教研？作为农民教育培训的主渠道，农民职业教育和农村实用人才培养的基地，每个县级分校必须具有一定的办学规模。这一点毋容置疑。

二是加强领导齐心协力。招生工作关系全省农广校的生存和发展。为此，各级分校要强化领导责任意识，进一步落实招生工作一把手负责制，要加强对招生工作的组织领导，详细部署、精心组织、加强调度，要实行竞争激励机制，调动县级分校和办学人员的主动性、积极性和创造性，群策群力，确保完成招生任务。

三是争取中职招生政策。目前全社会都在重视关注中职教育。对于中职教育助学金补贴和涉农专业免费政策，省校已经实现了历史性的突破。经省教育厅批准，自 2010 年起省农广校将开办中职教育全日制班，包括 9 个涉农专业和 6 个非涉农专业，今年正式试点，全省计划招收 2 000 人。据省校了解，目前全省仍有部分分校在农民业余中等教育和培训上争取到了当地政府支持，财政部门每年列专项予以支持。在目前这样好的形势下，各级分校都要向这些分校学习，想方设法，出台政策，争取支持。

四是拓宽中职招生渠道。在招生渠道上，要进一步强化行业支持办学，除继续寻求当地驻军、属地监狱等部门行业支持办学外，当前，尤其要抓住组织部门加强农村实用人才培养这一契机。今年国家和省相继召开了人才工作会议，各市、县（市、区）都在制定计划安排部署，各地都应主动争取当地组织部门支持，积极开展农民中职教育。

五是依靠培训项目带动。近年来，我们部分分校充分利用项目带动农广校中专学历教育，把参加新型农民科技培训工程的农民辅导员、参加新型农民创业培训工程和阳光工程培训学员招收为中专生，进一步提高学员综合素质，取得了很好的效果，这一经验还要坚持和推广。

六是继续发扬农广精神。团结拼搏，敢打硬仗，勇于胜利，珍惜荣誉是我们农广人的传统。近年来我省农广校中专招生数量之所以始终排在全国农广校系统和全省中职学校前列，靠的就是这股子精神。在此中专招生紧要关头，要完成今年的目标任务，还得靠全体农广人继续发扬这样的精神。

三、精心组织，严格管理，确保中等职业教育教学质量

确保教学质量是学校办学永恒的主题，是教师义不容辞的责任。对我们农广校来说，我们搞了三十年的业余教育，在管理上我们有一整套行之有效的制度，在教学上我们积累了丰富的经验，能否确保质量关键在于我们的责任心。开展全日制教育，特别是开展职业农民的全日制职业教育，对于我们绝大多是分校和教师还是比较陌生的。经过省校的不懈努力，为我们全省农广校系统争取到了中等职业教育全日制办学权，这是历史性的突破，确属来之不易，应该倍加珍惜。这项事业能够长久开展下去，关键要看我们的管理，我们的质量。如何确保农民中职教育全日制班的教学质量，我看主要做好以下几方面的工作。

第一，必须建立一种符合职业农民实际中职教育全日制办学模式。国家四部委在《关于中等职业学校农村家庭经济困难学生和涉农专业学生免费工作的意见》（财政［2009］442号）和省四部门《关于中等职业学校农村家庭经济困难学生和涉农专

业学生免费工作的通知》（鲁财教［2009］89号）文件中明确提出，建立“工学结合”、“校企结合”、“顶岗实习”的办学模式。坚持理论学习与技能培养结合、课堂教学与岗位技能培训结合、校内实训与校外实训结合。按照这一要求，省已着手建立一种符合职业农民实际中职教育全日制办学模式。这一模式将作为全省农广校系统中职教育全日制教学班的主流模式进行推广。

第二，必须制定符合实际的一整套行之有效的全日制中职教育教学管理制度。目前，我们现有的中职教育教学管理制度、职责分工主要是针对业余办学。农广校开展的全日制中职教育必须根据农民学习的特点和需求，制定新的教学管理制度和重新划分职能、合理分工，抓紧建立健全质量保障机制，确保教学质量。

第三，必须按全日制中职教育办学要求加强教学班基础条件建设。国家对全日制中职教育的办学条件是有专门标准要求的。各级分校举办全日制中职教育教学班，必须按照国家标准，加强办学条件建设，满足学生理论学习和实训需要。

第四，必须坚持先试点后推广的原则，稳步推进全日制中职教育。开展全日制中职教育对农广校来所是一项崭新的工作，对职业农民开展全日制中职教育更是没有经验可循。因此，我们必须先期试点，然后逐步展开。各市分校要根据省校指导性招生计划分配，确定先期试点的县级分校，承担试点任务的分校必须按照要求，提出开办申请，上报申报书，经省校审核批准后方可实施。在试点过程中既要大胆设计，又要谨慎论证，要尽快形成一种独具特色行之有效的职业农民全日制中职教育办学模式。

四、以培养“双师型”教师为目标，不断加强师资队伍建设

百年大计，教育为本，教育大计，教师为本。有好的老师，才能有好的教育。从目前发展看，各职业院校都在加快培养

“双师型”教师。“双师型”教师是既能讲授专业知识、又能开展专业实践；既能引导学生形成人格价值、又能指导学生获得与个人个性匹配的职业，其第一层次为能力之师，即：经师（经典专业知识）/技师（精湛专业技术）：第二层次为素质之师，即：人师（价值引导）、事师（职业指导）。

农广校的专职教师必须是“双师型”教师。各级分校要把加强教师队伍建设作为一个重要工作，以培养“双师型”教师为目标，制定专门的教师培养长远规划和年度计划，采取有力措施，提高教师队伍的整体素质。

近三天来，参加省农广校教师教学评优活动的 47 名教师，先后登台讲课，不但展现了新时期农广校教师的风采，而且相互观摩，互相学习。从刚才评委点评看，各位老师的讲课水平和往年相比又有了很大的提高。由此看，本次全省农广校教师评优活动达到了预期的目的。

参加本次教学评优活动的的老师大多长期以来一直工作和生活在农民教育培训一线，在艰苦清贫的条件下，恪尽职守，默默耕耘，为农民教育培训事业无私奉献，充分体现了陶行知先生当年倡导的“捧着一颗心来，不带半根草去”的崇高精神。这种平凡而伟大的精神，永远值得我们学习和发扬。我想借这个机会，也给老师提几点希望：

一要志存高远，爱岗敬业。学为人师，行为世范。教师的神圣职责就是传授知识技能，为社会培养合格的人才。教师要忠诚于人民教育事业，以培育人才，发展先进文化和推进社会进步为己任，积极引导和帮助受教育者树立正确的世界观、人生观。

二要为人师表，教书育人。教书者必先强己，育人者必先律己，教师的道德品质和人格对学生有重要的影响。教师要注重言教，更要注重身教。教师的日常工作虽然是平凡的，但教育工作的意义却是不平凡的。教师应该自觉地加强道德修养，率先垂范，既要有脚踏实地、乐于奉献的工作态度，又要有淡泊明志、甘为人梯的精神境界。以自己的高尚人格教育和影响学生，努力成为受教育者学习的良师益友，成为全社会尊敬的人。

三要严谨笃学、与时俱进。教师在教育创新中承担着重要的使命，教师富有创新精神，才能培养出创新人才。教师应该具备求真务实，勇于创新，严谨自律的治学态度和学术精神，努力发扬优良的学术风气和学术道德。教师是知识的重要传播者和创造者，连接着文明和进步的历史、现在和未来，更应该与时俱进，不断用新的知识充实自己，成为热爱学习，学会学习和终身学习的楷模。

同志们，农民教育培训工作是值得我们为之不懈奋斗的事业，开展农民教育培训，加快农村实用人才队伍建设，使命光荣，责任重大。当前无论是职业教育还是农民教育都面临着前所未有的发展机遇，让我们携起手来，进一步解放思想，改革创新，真抓实干，奋发进取，努力开创农广校办学和农民教育培训工作新局面。

（此文为2010年8月20日在省农广校招生工作会议和教师教学评优活动上的讲话）

后　记

2002年9月，根据厅党组安排，我被任命为省农广校校长，至今已8年有余。几年来，我在农民教育培训的管理工作岗位上，延续着自己挚爱的农民教育事业。工作的变化，更加强化和升华了对于农民教育工作的热爱。我始终怀着对三农、对农民教育割舍不下的情怀，努力学习农民教育的知识、参与农民教育的研究课题，研究农民教育的理论和方法并且总结和升华，用以指导实践。工作之余，思考了一些农民教育的问题，逐步形成了自己的观点，撰写发表了农民教育问题的一些文章。值此学校建校30周年之际，将在农广校期间撰写的文章、讲话进行整理，收录成册，作为学校和本人的资料，也作为工作的回顾。有些文章和研究是与姜家献等同志们共同探讨撰写而成，有些是吸收了同事同仁的观点和撰文，在此深表感谢，不再一一赘述。

在该书出版过程中，中央农广校曾一春常务副校长亲自作序，中国农业科学技术出版社和学校的许多同事给予大力支持和指导，在此一并感谢。

由于本人水平有限，加之资料年度跨度大，肯定会有不少错误和谬误之处，敬请批评指正。

姜卫良

2010年10月